劳动合同法十讲

——法条解释、实务问答与事例分析

马立云 著

·广州·

版权所有　翻印必究

图书在版编目（CIP）数据

劳动合同法十讲：法条解释、实务问答与事例分析/马立云著.—广州：中山大学出版社，2015.7
ISBN 978-7-306-05297-1

Ⅰ.①劳… Ⅱ.①马… Ⅲ.①劳动合同法—基本知识—中国 Ⅳ.①D922.52

中国版本图书馆 CIP 数据核字（2015）第 141787 号

出 版 人：	徐　劲
策划编辑：	陈　霞
责任编辑：	陈　霞
封面设计：	林绵华
责任校对：	李培红
责任技编：	何雅涛
出版发行：	中山大学出版社
电　　话：	编辑部 020-84111996，84113349，84111997，84110779
	发行部 020-84111998，84111981，84111160
地　　址：	广州市新港西路 135 号
邮　　编：	510275　　　传　真：020-84036565
网　　址：	http://www.zsup.com.cn　　E-mail：zdcbs@mail.sysu.edu.cn
印 刷 者：	广州中大印刷有限公司
规　　格：	880mm×1230mm　1/32　10.25 印张　275 千字
版次印次：	2015 年 7 月第 1 版　2015 年 12 月第 2 次印刷
印　　数：	1601～2600 册　　定　价：28.80 元

如发现本书因印装质量影响阅读，请与出版社发行部联系调换

序

　　劳动、资本和技术是市场的三大基本要素，因而，调整劳动关系的法律也就日显重要。用人单位为劳动者提供了就业岗位，劳动者通过劳动获取合法收入的同时创造了商品价值，两者通过劳动合同联系在一起，构成一个有机、相互促进的共同体，为社会发展作出了重要的贡献。用人单位和劳动者的劳动合同权益均应受到法律保护。

　　笔者自1993年开始律师执业以来，办理了大量的劳动纠纷案，为维护企事业单位和劳动者的权益尽了微薄之力。但在办理相关案件的过程中，发现有些用人单位或劳动者，因对现行法律制度和具体规定不甚了解，引发了劳动纠纷。因此，普及相关的劳动合同法律知识就显得尤为迫切。现有的劳动合同法书籍中，教科书类，适合在校学生的学习使用；案例类，适合司法实践部门的人士参阅。而以通俗易懂的行文，深入浅出的法理阐述，以法条解释为主线，结合实务问答和事例说明的劳动合同法书籍则较少见。本书通过总结笔者在工作中的劳动法律实践经验，以专题讲座的形式，将劳动合同法的相关知识有机地组合在一起，"条文解读"详细地解读了法律条文的基本含义及适用条件；"实务问答"则是针对现实中经常出现的用人单位及劳动者比较关心的问题进行解答；"典型事例"介绍了基本的过程并有针对性地做出了相关的分析。

　　本书内容除笔者本人撰写外，部分来源于判决、书刊、报纸或网站的"典型事例"，未能一一注明，在此对相关作者及出版单位表示真挚的感谢。

本书适合于用人单位的人力资源工作者、劳动者使用，也可作为在校大学生学习劳动合同法律知识的参考书，还可作为在职管理干部专题培训的教材。

本书尚有不足之处，恳请读者批评指正。

马立云

2015 年 6 月 28 日

目　录

第一讲　保护劳动者与促进就业政策的新发展 …………（1）
　　第一节　劳动者与就业形势 ……………………………（1）
　　第二节　有关劳动就业的立法 …………………………（9）
　　第三节　有关劳动就业的政策 …………………………（15）
　　第四节　劳动就业状况的新发展 ………………………（18）

第二讲　劳动合同法综述 ……………………………………（35）
　　第一节　劳动合同法的立法定位 ………………………（35）
　　第二节　劳动合同法的适用范围 ………………………（42）
　　第三节　劳动合同的订立原则 …………………………（48）

第三讲　劳动合同的成立和效力 ……………………………（52）
　　第一节　劳动关系的建立 ………………………………（52）
　　第二节　劳动合同的期限 ………………………………（64）
　　第三节　劳动合同的续订 ………………………………（74）
　　第四节　劳动合同的效力 ………………………………（80）

第四讲　劳动合同的基本内容 ………………………………（90）
　　第一节　劳动合同的基本条款 …………………………（90）
　　第二节　试用期与专业技术培训 ………………………（106）
　　第三节　商业秘密与竞业限制 …………………………（118）

第五讲　劳动合同的履行与变更 ……………………………（126）
　　第一节　用人单位的权利和义务 ………………………（126）
　　第二节　劳动者的权利和义务 …………………………（140）
　　第三节　劳动合同主体的变更 …………………………（151）
　　第四节　劳动合同内容的变更 …………………………（156）

第六讲 劳动合同的解除和终止 ……………………………（165）
　　第一节　用人单位解除劳动合同 ……………………（165）
　　第二节　劳动者解除劳动合同 ………………………（176）
　　第三节　劳动合同解除的限制 ………………………（185）
　　第四节　劳动合同的终止条件和限制 ………………（197）

第七讲 经济补偿与违约赔偿 ……………………………（205）
　　第一节　经济补偿的条件 ……………………………（205）
　　第二节　经济补偿金的计算标准 ……………………（213）
　　第三节　违约赔偿的条件 ……………………………（219）
　　第四节　赔偿金的计算方式 …………………………（228）

第八讲 劳动合同法的特别规定 …………………………（232）
　　第一节　集体合同 ……………………………………（232）
　　第二节　劳务派遣 ……………………………………（244）
　　第三节　非全日制用工 ………………………………（260）

第九讲 劳动合同的管理 …………………………………（271）
　　第一节　行政部门的管理 ……………………………（271）
　　第二节　工会监督和社会监督 ………………………（282）
　　第三节　用人单位的内部管理 ………………………（285）

第十讲 劳动合同纠纷的解决 ……………………………（292）
　　第一节　劳动合同纠纷的表现和成因 ………………（292）
　　第二节　调解 …………………………………………（293）
　　第三节　劳动仲裁 ……………………………………（296）
　　第四节　诉讼 …………………………………………（311）

第一讲　保护劳动者与促进就业政策的新发展

第一节　劳动者与就业形势

一、劳动者

1. 劳动者的界定

劳动者在不同语境下有不同的含义。《中华人民共和国宪法》（以下简称"《宪法》"）的"序言"所称"社会主义劳动者"中的"劳动者"是在政治学意义上使用的。日常生活中，不仅一般工人，而且企业的经营者、高层管理者，也被称作劳动者，这是在社会学意义上使用的。

劳动者可以划分为社会学意义上的和法学意义上的劳动者。社会学意义上的劳动者外延十分宽泛，凡是参与实际社会劳动的人，皆可以被称为劳动者。而法学意义上的劳动者，则与法律关系相联系。①我国劳动法没有对劳动者下定义，而大多数市场经济国家和地区对劳动者进行了明确界定。例如，《西班牙劳动者宪章》规定，劳动者是指"一切自愿受雇于他人，领取报酬的雇佣劳动者"②。《加拿大劳动标准法》规定："'职工'表示任何被雇佣以从事熟练的或不熟练的、体力的、办公室的、技术的或经营工作的人。"③《日本劳动组合法》规定："'劳动者'是指不问其职业为

---

① 参见姜颖《劳动合同法论》，法律出版社2006年版，第54～54页。
② 《西班牙劳动者宪章》（1980年），第一章第一节第一款。
③ 《加拿大劳动标准法》（1965年），第二条第三款。

何,以工资、薪俸或其他相当于工资、薪俸的收入为生活来源者。"①《韩国劳工标准法》规定:"是指以获得工资为目的而从事向企事业或工作场所(下称'企事业')提供劳动服务的任何职业的人。"②我国台湾地区的《劳动基准法》规定:"为受雇主雇佣从事工作而获得工资者。"③

有学者把劳动者称为受雇人,"受雇人谓劳动法上劳动之人"④。因此,有些学者便认为,在用人单位中享有经营、管理、决策权的厂长、经理和其他高级管理人员是一种特殊的劳动者,他们与聘任的组织签订合同,适用公司法、企业法和合同法等民法规定。⑤2008年1月1日实施的《中华人民共和国劳动合同法》(以下简称"《劳动合同法》")第二十三条、第二十四条把在用人单位中享有经营、管理、决策权的厂长、经理和其他高级管理人员等纳入了《劳动合同法》的适用范围。⑥

广义的劳动者是指具有劳动权利能力和劳动行为能力的公民。狭义的劳动者是指具有劳动权利能力和劳动行为能力并且依法参加劳动关系的自然人。⑦

劳动合同法意义上的劳动者是指达到法定年龄,具有劳动能力,以从事某种社会劳动获得收入为主要生活来源,依据法律或劳动合同的规定,在用人单位的管理下从事劳动并获取劳动报酬的自然人,包括本国人、外国人和无国籍人。通常有如下称呼:职工、

---

① 《日本劳动组合法》(1949年),第三条。
② 《韩国劳工标准法》(1953年),第十四条。
③ 我国台湾地区《台湾劳动基准法》(1984年),第一章第二条第一款。
④ 史尚宽:《劳动法原论》,世界书局1934年版,第7页。
⑤ 参见姜颖《劳动合同法论》,法律出版社2006年版,第54~59页。
⑥ 根据《劳动合同法》的规定,在用人单位中享有经营、管理、决策权的厂长、经理和其他高级管理人员等均属于劳动者。
⑦ 参见田开友主编《〈中华人民共和国劳动合同法〉释义》,农村读物出版社2007年版,第33页。

管理人员、工人、学徒、帮手、帮工等。①

要成为合法的劳动者除了必须具备劳动权利能力和劳动行为能力之外,还必须履行一定的法律程序、具备一定的法律条件。例如,偷渡者打工,因不具备成为国际劳工的条件,是非法劳工;用人单位招用劳动者,如果不具备法定条件,则属于非法用工。

2. 劳动者的权利

依据《中华人民共和国劳动法》(以下简称"《劳动法》")的规定,劳动者的基本劳动权利有:①平等就业和选择职业的权利;②取得劳动报酬的权利;③休息休假的权利;④获得劳动安全卫生保护的权利;⑤接受职业技能培训的权利;⑥享受社会保险和福利的权利;⑦提请劳动争议处理的权利;⑧法律规定的其他劳动权利。

《劳动合同法》还规定了劳动者有与用人单位签订劳动合同时的知情权;女职工和未成年工获得特殊劳动保护的权利;组织和参加工会的权利;与用人单位协商、修改完善直接涉及劳动者切身利益的规章制度和重大事项的权利;民主管理企业的权利;等等。

3. 劳动者的义务

依据《劳动法》的规定,劳动者的基本义务主要有:①按照规定、完成劳动任务的义务;②提高劳动技能的义务;③执行劳动安全卫生规程的义务;④遵守劳动纪律和职业道德的义务;⑤法律规定的其他义务。

《劳动合同法》还规定了劳动者有披露相关必要信息、保守商业秘密、不违反竞业限制等其他义务。

二、就业形势

1. 就业总体形势

(1) 已经取得的成绩。"十一五"时期,我国的劳动就业工作

---

① 参见王昌硕主编《劳动和社会保障法学》,中国劳动社会保障出版社 2005 年版,第 37 页。

取得了显著的成就,为深化改革、促进经济发展、维护社会稳定作出了贡献。

第一,就业再就业取得明显成效。积极就业政策体系更加完善,就业规模持续扩大,劳动就业总量稳步增长,就业结构进一步优化,就业形势保持基本稳定。更加有利于促进就业的产业、贸易、财政、税收、金融等政策得以实施,促进就业的综合政策体系得以完善。到"十一五"期末,全国城乡就业人员达到76105万人,城镇登记失业率控制在4.1%以内。"十一五"期间,城镇新增就业5771万人,转移农业劳动力4500万人。①

第二,职业培训取得较大进展。政府支持的市场化、社会化的职业培训体系逐步健全,高技能人才培养力度加大,再就业培训、创业培训和农村劳动力转移培训扎实推进。职业技能培训能力建设发展明显,统筹利用各类职业培训资源,以职业院校、企业和各类职业培训机构为载体的职业培训体系初步建立。人才资源总量不断增长,人才队伍素质明显提高,为经济社会发展提供了有力的人才和智力支持。2010年,专业技术人才总量达4686万人,与2005年相比上涨11.7%;技能劳动者总量达11200万人,与"十一五"初期相比上涨23.1%;技师和高级技师占技能劳动者总量的比重成功实现"十一五"5%的目标,而高级工占技能劳动者总量的比重目标更是超额完成,比例为20.5%。②

第三,劳动关系协调机制、劳动争议调处机制和劳动保障监察执法机制逐步完善,劳动关系总体保持和谐稳定。我国已初步形成以劳动法为基础,以劳动合同法、就业促进法和社会保险法为骨干,其他单项法律和行政法规为重要组成部分的劳动保障法律体系。1994年7月5日通过的《劳动法》是一部全面调整市场化劳动关系、规范劳动行为的基本法律,"十一五"期间为应对新形势进行了修改。2007年《劳动合同法》出台,《中华人民共和国劳动

---

① 数据来源于《人力资源和社会保障事业发展"十二五"规划纲要》。
② 数据来源于《人力资源和社会保障事业发展"十二五"规划纲要》。

合同法实施条例》（以下简称"《劳动合同法实施条例》"）亦于2008年相继通过，劳动合同领域有了明确独立的法律规范，再加上2007年通过的《就业促进法》与2010年通过的《社会保险法》，劳动法实体层面体系基本健全。劳动争议解决机制方面，2007年通过的《劳动争议调解仲裁法》是其核心，2010年发布的《人力资源社会保障行政复议办法》及其他法律法规的出台逐渐将此体系完善。

第四，覆盖城乡居民的社会保障体系框架初步形成，社会保障制度建设实现重大突破，社会保险待遇水平大幅提高，与就业相关的社会保险制度发展成效显著。2010年，失业保险参保人数达1.34亿；工伤保险参保人数为1.62亿，与规划初期相比增长比例高达90.6%；生育保险参保人数更是大幅增长，高达1.23亿，与5年前相比翻了一番多，也比预期目标高了53.8%。[①] 2010年，《社会保险法》、《工伤保险条例》与《工伤认定办法》的出台从法律层面完善了社会保险制度，为劳动者从保险层面提供了保障。

（2）存在的问题。随着经济形势、社会结构的不断变化，各种社会问题和矛盾趋于复杂化、多样化，劳动就业工作依然面临着许多困难和问题。

第一，就业形势依然严峻。我国人口多，就业压力大，劳动力供大于求的矛盾在一定时期仍将存在。就业总量压力和结构性矛盾并存，高校毕业生等重点群体就业问题依然十分突出。体制转轨时期遗留的企业下岗失业人员再就业问题尚未得到全部的解决，国有企业重组改制过程中职工分流安置的任务十分繁重，部分困难地区、困难行业和困难群体的就业问题仍然存在。高校毕业生、农村劳动力转移和被征地农民就业问题凸显。劳动者整体技能水平偏低，高技能人才严重缺乏，与加快经济增长方式转变，推进产业结构优化升级的要求不相适应。人才队伍建设与更好实施人才强国战略的要求还不相适应，高层次创新型人才成长发展机制尚不健全，

---

① 数据来源于《人力资源和社会保障事业发展"十二五"规划纲要》。

充满生机活力的选人用人机制和科学的评价机制尚未形成。①

第二,劳动关系中的矛盾日益突出。随着城镇化、工业化和经济结构调整进程加快,以及经济成分多元化和就业形式多样化,劳动关系将更趋复杂化,协调好利益关系的难度进一步加大。劳动关系协调、纠纷调处和劳动监察执法机制还不完善,劳动关系领域进入矛盾多发期。人力资源和社会保障公共服务能力比较薄弱,难以满足人民群众日益增长的公共服务需求。社会保障体系在体现公平性、适应流动性、保证可持续性等方面均有待加强。职工工资正常增长机制和支付保障机制还不完善,工资收入分配差距较大。② 用人单位安排劳动者超时加班、拖欠和克扣劳动者工资等侵害劳动者合法权益现象比较严重。劳动争议继续呈大幅度上升趋势,劳动争议预防和处理工作仍将面临相当大的压力。

2. 焦点问题

我国的就业困境有其必然性。一方面,人口众多,资源人均占有量低,创造就业机会本来就相对困难。2013 年我国劳动年龄人口 9.2 亿,今后几年新成长劳动力仍将维持在年均 1600 万人的高位。③另一方面,中国目前正在经历的经济结构调整,使劳动岗位面临急剧转变,人力资源管理模式不断推陈出新。

另外,经济增长未必一定就能带动就业的增长,经济增长过程中出现的资本深化现象,正迫使企业为提高竞争力而减少用工,机械化生产时代的到来也使得我国传统的人力输出模式必须发生相应变化。1992—1995 年经济高位运行,GDP 增长率超过 10%,但就业增长率没有显著变化,说明经济增长的拉动效应变得微弱;2000

---

① 参见《人力资源社会保障部关于印发人力资源和社会保障事业发展"十二五"规划纲要的通知》,人社部发〔2011〕71 号文件。
② 参见《人力资源社会保障部关于印发人力资源和社会保障事业发展"十二五"规划纲要的通知》,人社部发〔2011〕71 号文件。
③ 参见李瑞英《我国首次发布《中国劳动保障蓝皮书(2014)》,光明网: http://politics.gmw.cn/2014-09/19/content_ 13302475.htm,访问时间:2015 年 2 月 11 日。

年之后,我国经济再度显示增长加快的迹象,但进入新一轮增长的最近四年里,较高的 GDP 增长不仅没有显示就业增长回升的苗头,失业率反而不断攀升。① 目前,我国劳动力供大于求的总体格局没有改变,农村转移劳动力和高校毕业生的就业工作依然是焦点问题。

(1) 农民工就业。我国相关法律都明确规定,劳动者享有平等就业的权利。由于农民工进城就业对于城市具有一定的挤出效应,导致一些地方政府对农民工现象产生认识误区,于是要求农民工办理各种证件并收取相关费用。过去相当长一段时间内,农民工需要办理的证件包括务工证、婚育证、健康证、居住证等,交纳治安管理费、卫生费等。这些证件和费用是农民工进城就业遇到的第一道门槛。目前,国家逐步取消了各种就业限制和歧视性收费,但一些用人单位仍然存在变相收费的现象。②

国家统计局 2014 年 5 月 12 日发布的《2013 年全国农民工监测调查报告》显示,农民工从事的事业以制造业与建筑业为主。新生代农民工中,39% 从事制造业、14.5% 从事建筑业、10.1% 从事批发和零售业、10% 从事居民服务和其他服务业。老一代农民工中,29.5% 从事建筑业、26.5% 从事制造业、10.9% 从事批发和零售业、10.6% 从事居民服务和其他服务业。③ 农民工的主要就业领域仍为第二产业,但随着视野的拓宽,以及对生活质量的追求不断提高,新生代农民工选择从事建筑业的比例在快速下降,不及老一代农民工的一半。④ 工资长期低水平徘徊、劳工权益缺乏保障、经

---

① 参见陈桢《经济增长与就业增长关系的实证研究》,载《经济学家》2008 年第 2 期,第 91 页。

② 参见刘唐宇、罗丹《我国农民工就业歧视:现状、原因及政策建议》,载《四川理工学院学报》(社会科学版) 2014 年第 3 期,第 4 页。

③ 参见国家统计局《2013 年全国农民工监测调查报告》,中华人民共和国国家统计局:http://www.stats.gov.cn/tjsj/zxfb/201405/t20140512_551585.html,访问时间:2015 年 2 月 11 日。

④ 参见彭一苇《新生代农民工不爱建筑业》,荆楚网:http://news.cnhubei.com/xw/jj/201407/t2995366.shtml,访问时间:2015 年 2 月 11 日。

济模式缺乏改善等是建筑领域民工短缺的主要原因。

伴随着知识经济时代的到来和经济全球化的加快,国家、社会、企业的繁荣需要依靠劳动力知识、技能和能力的不断提升和补充,技术工人短缺已成为制约中国制造业发展和升级的瓶颈因素。外出农民工初中文化程度的占多数,为64.18%,而且51.11%的外出农民工没有接受过任何形式的技能培训,因此农民工提升自身职业技能的任务任重而道远。①

目前,我国劳动力市场供需矛盾还只是结构性矛盾,是行业、地区性失衡造成的,低层次劳动力目前供过于求的现状并未发生实质性改变,农民工就业和维权仍是社会焦点问题。

与农民工就业形势严峻共存的一个状况是,产业集聚地区初级劳动力市场的青年劳动力开始紧缺,技术工人的缺口也越来越大,而新型产业的高级专业人员同样存在短缺情况。"民工荒"席卷东部经济发达省份的同时,中西部农民工输出大省也出现了"民工短缺",基层劳动力短缺,已经由东南沿海蔓延到北方内陆,从东部扩展到中部乃至全国,从暂时的缺工变成了长期的趋势。

(2) 高校毕业生就业状况堪忧。从新增劳动力就业来看,全国还有相当数量的失业大学毕业生并没有到培训就业部门登记。数据显示,2014年全国高校毕业生人数727万人,相比2013年699万毕业生增长28万人次,再创历史新高。在经济充满挑战的大环境下,每年都在增加的毕业生人数,使得"就业难"备受毕业生、家长以及媒体广泛关注。②

在劳动力市场供需关系上,已经僧多粥少,加之我们一般的用人单位无意高薪养才,毕业生也还要挑挑拣拣,实现就业自然不太容易。事实上,从文化程度上看,初中及以下、硕士及以上文化程

---

① 参见杨伟国、陈玉杰《"十二五"时期中国就业形势、战略定位与政策选择》,载《教学与研究》2010年第9期,第43页。
② 参见杨伟国、陈玉杰《"十二五"时期中国就业形势、战略定位与政策选择》,载《教学与研究》2010年第9期,第43页。

度的人员求职难度要高于其他学历,这种状况从现在到未来一段不短的时间内仍将持续。

根据麦可思《2014年中国大学生就业报告》,2013届大学生毕业半年后就业率为91.4%,比2012届的90.9%略有上升。2014年全国高校毕业生规模达727万。社会上普遍认为的热门专业,其就业形势并不尽如人意。本科专业中,数学与应用数学、英语由2013年的红牌专业转为2014年的黄牌专业。2014年本科红牌专业有生物科学与工程、法学、生物技术等;比如法学专业,就有371所在招;中文、秘书、计算机技术有770所高校在招;英语专业有800所高校在招,工商管理专业有1300多所高校在招。①

为了帮助大学生毕业生实现就业,国家也出台了一系列的扶持和优惠措施:首先,如果大学生们想创业,如做个小生意、办个小企业等,各种行政性、事业性收费3年内不用交。而如果创办的是小型微利企业,还可以按照20%的比例减征所得税。其次,对于那些缺乏创业资金的人员将给予小额担保贷款,国家还可以对一些微利项目进行贴息。再次,对于灵活就业的人员也有相应的扶持政策。在劳动关系、户籍管理、社会保险缴纳、保险关系的接续等方面都可以提供相应的保障。最后,对于创业能力不足的人员将提供创业培训服务。现在很多城市都为大学生提供创业培训、开业指导、贷款、收费减免等一条龙的服务。

第二节 有关劳动就业的立法

劳动法是调整劳动关系以及与劳动关系密切联系的社会关系的法律规范总称。其内容主要包括:劳动合同的订立、变更与解除程序的规定;集体合同的签订与执行办法;工作时间与休息时间制度;劳动报酬制度;劳动卫生和安全技术规程;女职工与未成年工

---

① 参见定军、张梦洁《高校就业结构性问题突出 文科转职业院校应先行》,载《21世纪经济报道》2014年6月10日,第6版。

的特殊保护办法；劳动纪律与奖惩制度；社会保险与劳动保险制度；职业培训制度；工会及职工参加企业管理制度；劳动争议的解决程序以及对执行劳动法的监督、检查制度等。

一、有关劳动就业的法律

为了保护劳动者的合法权益，调整劳动关系，建立和维护适应社会主义市场经济的劳动制度，促进经济发展和社会进步，1994年7月5日第8届全国人民代表大会常务委员会（以下简称"全国人大常委会"）第8次会议通过了《劳动法》，自1995年1月1日起施行。2009年8月27日，第11届全国人大常委会第10次会议通过了《全国人民代表大会常务委员会关于修改部分法律的决定》，对《劳动法》第九十二条进行修改。

《劳动法》规定了促进就业的政策，保障女工、残疾人、退役军人等特殊群体的就业权益以及保护未成年人受教育的权利。

为了完善劳动合同制度，明确劳动合同双方当事人的权利和义务，保护劳动者的合法权益，构建和发展和谐稳定的劳动关系，2007年6月29日第10届全国人大常委会第28次会议通过了《劳动合同法》，该法自2008年1月1日起施行。全国人大常委会对《劳动法》进行了两次执法检查，发现劳务派遣领域出现了较多的问题，而国企、央企内部劳务派遣问题尤其突出。

《劳动合同法》因其内容涉及人群、领域众多而被中国公众与媒体热切关注。新劳动合同法明确了保护劳动者权益的原则，增加了若干有利于劳动者的条款。如工作地点和职业病危害等防护条款、工作时间和休息休假条款、合同到期前终止要付经济补偿金条款等等。而关于无固定期限劳动合同、违约金、试用期及其工资标准的规范，则是劳动法上的一大变革，为中国建立市场经济制度、改变低工资的廉价劳动力状况起到了重要的作用。

为了促进就业，促进经济发展与扩大就业相协调，促进社会和谐稳定，2007年8月30日第10届全国人大常委会第29次会议通过了《就业促进法》，该法自2008年1月1日起施行，规定了国家对于劳动就业方面提供的政策支持、扩大就业服务和管理、职业教育和培训以及就业援助，提供公平就业的机会、创造公平就业的社会环境。法律明确表明了"国家把扩大就业放在经济社会发展的突出位置，实施积极的就业政策，坚持劳动者自主择业、市场调节就业、政府促进就业，多渠道扩大就业"的方针。

为了终结社保领域各自为政的乱象，统一我国在社会保险领域已经颁布的大量行政法规、规章和相关文件，规制因基本法律的缺位而导致的各种规定层级无序、规范分散、社会保险制度难以定型的问题，2010年10月28日第11届全国人大常委会第17次会议通过《社会保险法》，该法自2011年7月1日起实施，规定了"多缴多得、少缴少得、可按月领取"的养老保险待遇、中国境内就业的外国人参照本法规定参加社会保险、工作人员不得泄漏参保信息、社保基金不得挪作他用、异地就医结算等制度。

为了公正及时解决劳动争议，保护当事人合法权益，促进劳动关系和谐稳定，2007年12月29日第10届全国人大常委会第31次会议通过了《劳动争议调解仲裁法》，该法自2008年5月1日起施行。《劳动争议调解仲裁法》规定了解决劳动争议的调解和仲裁两大程序。规定了关于举证责任、调解制度、仲裁前置、劳动仲裁的时效期间、仲裁管辖、先予执行等制度。此外，还有《工会法》、《安全生产法》、《职业病防治法》等法律。

以上基本立法，构成了我国劳动就业促进与稳定劳动合同、解决劳动纠纷的基本法律框架，为促进就业、保护劳动者、维护劳动用工的正常秩序，促进社会发展发挥着积极的作用。

二、有关劳动就业的行政法规、部门规章

为了贯彻实施《劳动合同法》，国务院于2008年9月3日第25次常务会议通过《劳动合同法实施条例》，于2008年9月18日实施。该条例明确了劳动合同的订立、解除与终止，并对劳务派遣作出了特殊规定，从多个角度对《劳动合同法》做了进一步释明，例如该条例第八条对应的是《劳动合同法》第七条规定的职工名

册备查制度，补充明确了"职工名册"应当记载的内容，增强了该制度的可操作性。

为维护女职工的合法权益，减少和解决女职工在劳动和工作中因生理特点造成的特殊困难，保护其健康，以利于社会主义现代化建设，国务院曾经颁布了《女职工劳动保护规定》。

为了维护职工休息休假权利，调动职工工作积极性，根据劳动法和公务员法，国务院于2007年12月7日第198次常务会议通过《职工带薪年休假条例》，自2008年1月1日起施行。

为了贯彻实施劳动和社会保障法律、法规和规章，规范劳动保障监察工作，维护劳动者的合法权益，根据劳动法和有关法律，国务院2004年11月1日颁布了《劳动保障监察条例》，该条例自2004年12月1日实施。

为了维护劳动者取得劳动报酬的合法权益，保障劳动者个人及其家庭成员的基本生活，根据劳动法和国务院有关规定，劳动和社会保障部于2004年1月20日颁布《最低工资规定》，该规定于2004年3月1日实施。

为指导和规范集体协商及签订集体合同，协调处理集体合同争议，加强集体合同管理，劳动和社会保障部于2004年1月20日颁布《集体合同规定》，该规定于2004年5月1日实施。

此外，国务院修订公布了《工伤保险条例》、制定公布了《劳动保障监察条例》，劳动保障部公布了《工伤认定办法》、《人力资源社会保障行政复议办法》、《劳务派遣暂行规定》等部门规章，适应社会主义市场经济体制的劳动保障法律体系框架初步形成。在"建立健全同经济发展水平相适应的社会保障制度"已经被写入《宪法》的新形势下，劳动保障法制建设取得新进展。有关的行政法规、部门规章，已经构成了我国劳动法律的重要组成部分。

有关劳动就业的法律法规详见表1-1所示。

表 1-1 有关劳动就业的法律法规

序号	法律、法规名称	通过时间、机构	文件编号	颁布时间	实施时间
1	《劳动法》	1994年7月5日第8届全国人大常委会第8次会议		1994年7月5日	1995年1月1日
2	《劳动合同法》	2007年6月29日第10届全国人大常委会第28次会议		2007年6月29日	2008年1月1日
3	《工会法》	1992年4月3日第7届全国人大第5次会议		1992年4月3日	1992年4月3日
4	《社会保险法》	2010年10月28日第11届全国人大常委会第17次会议		2010年10月28日	2011年7月1日
5	《就业促进法》	2007年8月30日第10届全国人大常委会第29次会议		2007年8月30日	2008年1月1日
6	《劳动争议调解仲裁法》	2007年12月29日第10届全国人大常委会第31次会议		2007年12月29日	2008年5月1日
7	《未成年人保护法》	1991年9月4日第7届全国人大常委会第21次会议		1991年9月4日	1991年9月4日
8	《女职工劳动保护特别规定》	2012年4月18日国务院第200次常务会议	《国务院第619号令》	2012年4月28日	2012年4月28日
9	《劳动合同法实施条例》	2008年9月3日国务院第25次常务会议	《国务院第535号令》	2008年9月18日	2008年9月18日

续表 1-1

序号	法律、法规名称	通过时间、机构	文件编号	颁布时间	实施时间
10	《劳动保障监察条例》	2004年10月26日国务院第68次常务会议	《国务院第423号令》	2004年11月1日	2004年12月1日
11	《工伤保险条例》	2003年4月16日国务院第5次常务会议	《国务院第375号令》	2003年4月16日	2004年1月1日
12	《失业保险条例》	1998年12月16日国务院第11次常务会议	《国务院第258号令》	1999年1月22日	1999年1月22日
13	《国务院关于职工工作时间的规定》	1994年2月17日国务院第8次全体会议	《国务院令第146号》	1995年3月25日	1995年5月1日
14	《劳务派遣暂行规定》	2013年12月20日人力资源社会保障部第21次部务会议	《人力资源和社会保障部令第22号》	2014年1月24日	2014年3月1日
15	《工伤认定办法》	2010年12月31日人力资源和社会保障部第56次部务会议	《人力资源和社会保障部令第8号》	2010年12月31日	2011年1月1日
16	《人力资源社会保障行政复议办法》	2010年2月25日人力资源社会保障部第41次部务会议	《人力资源和社会保障部令第6号》	2010年3月16日	2010年3月16日

续表 1-1

序号	法律、法规名称	通过时间、机构	文件编号	颁布时间	实施时间
17	《集体合同规定》	2003年12月30日劳动和社会保障部第7次部务会议	《劳动和社会保障部令第22号》	2004年1月20日	2004年5月1日
18	《最低工资规定》	2003年12月30日劳动和社会保障部第7次部务会议	《劳动和社会保障部令第21号》	2004年1月20日	2004年3月1日

第三节　有关劳动就业的政策

一、鼓励扩大就业政策

国家鼓励各类企业在法律允许的范围内，通过兴办产业或者拓展经营，增加就业岗位；发展劳动密集型产业、服务业，扶持中小企业，多渠道、多方式增加就业岗位；鼓励、支持、引导非公有制经济发展，扩大就业，增加就业岗位。国家发展国内外贸易和国际经济合作，拓宽就业渠道。各级人民政府在安排政府投资和确定重大建设项目时，应当发挥投资和重大建设项目带动就业的作用，增加就业岗位。国家实行有利于促进就业的财政政策，加大资金投入，改善就业环境，扩大就业。

二、税收、收费优惠政策

国家鼓励企业增加就业岗位，扶持失业人员和残疾人就业，对下列企业、人员依法给予税收优惠：吸纳符合国家规定条件的失业人员达到规定要求的企业；失业人员创办的中小企业；安置残疾人员达到规定比例或者集中使用残疾人的企业；从事个体经营的符合国家规定条件的失业人员；从事个体经营的残疾人；国务院规定给予税收优惠的其他企业、人员。

对于符合规定的人员，有关部门应当在经营场地等方面给予照顾，免除行政事业性收费。

三、金融辅助政策

国家实行有利于促进就业的金融政策，增加中小企业的融资渠道；鼓励金融机构改进金融服务，加大对中小企业的信贷支持，并对自主创业人员在一定期限内给予小额信贷等扶持。

国家设立就业专项资金，用于职业介绍、职业培训、公益性岗位、职业技能鉴定、特定就业政策和社会保险等的补贴，小额贷款担保基金和微利项目的小额担保贷款贴息，以及扶持公共就业服务等。国家建立健全失业保险制度，依法确保失业人员的基本生活，并促进其实现就业。

四、城乡统筹政策

国家实行城乡统筹的就业政策，建立健全城乡劳动者平等就业的制度，引导农业富余劳动力有序转移就业。

县级以上地方人民政府应当推进小城镇建设和加快县域经济发展，引导农业富余劳动力就地就近转移就业；在制定小城镇规划时，将本地区农业富余劳动力转移就业作为重要内容。劳动力输出地和输入地人民政府应当互相配合，改善农村劳动者进城就业的环境和条件。

五、就业援助政策

各级人民政府建立健全就业援助制度，采取税费减免、贷款贴息、社会保险补贴、岗位补贴等办法，通过公益性岗位安置等途径，对因身体状况、技能水平、家庭因素、失去土地等原因难以实现就业，以及连续失业一定时间仍未能实现就业的就业困难人员，实行优先扶持和重点帮助。政府投资开发的公益性岗位，应优先安排符合岗位要求的就业困难人员；被安排在公益性岗位工作的，按照国家规定给予岗位补贴。政府加强基层就业援助服务工作，对就业困难人员实施重点帮助，提供有针对性的就业服务和公益性岗位援助；鼓励和支持社会各方面为就业困难人员提供技能培训、岗位信息等服务。各级人民政府应当采取特别扶助措施，促进残疾人就业。

六、倾斜保护政策

国家实行对劳动者倾斜保护的政策。为了充分保护劳动者的权益，原劳动和社会保障部办公厅于 2007 年 3 月 13 日发布了《关于进一步做好劳动合同制度实施三年行动计划工作的通知》，明确提出了四点要求：①大力推进劳动合同签订工作；②完善劳动合同管理规章制度；③推进劳动合同制度实施示范点建设；④建立和运用切实有效的管理手段，促进劳动合同的依法履行。

建立劳动用工备案制度。原劳动社会保障部于 2006 年发布了《关于建立劳动用工备案制度的通知》（劳社部发〔2006〕46 号），明确了从 2007 年起，我国境内所有用人单位招用依法形成劳动关系的职工，都应到登记注册地的县级以上劳动保障行政部门办理劳动用工备案手续，具体要求为：①用人单位进行劳动用工备案的信息应当包括用人单位名称、法定代表人、经济类型、组织机构代码，招用职工的人数、姓名、性别、公民身份号码，与职工签订劳动合同的起止时间，终止或解除劳动合同的人数、职工姓名、时间等。劳动保障行政部门可根据实际需要适当增加备案信息。②用人单位新招用职工或与职工续订劳动合同的，应自招用或续订劳动合同之日起 30 日内进行劳动用工备案。用人单位与职工终止或解除劳动合同的，应在终止或解除劳动合同后 7 日内进行劳动用工备案。用人单位相关信息发生变更后，应在 30 日内办理劳动用工备案变更手续。用人单位注销后，应在 7 日内办理劳动用工备案注销手续。③用人单位登记注册地与实际经营地不一致的，在实际经营地的劳动保障行政部门进行劳动用工备案。

七、特殊群体政策

我国规定了保护女职工、未成年工等特殊群体就业权益的政策。用人单位应当加强女职工劳动保护，采取措施改善女职工劳动安全卫生条件，对女职工进行劳动安全卫生知识培训。用人单位不得因女职工怀孕、生育、哺乳降低其工资、予以辞退、与其解除劳动或者聘用合同。女职工在孕期不能适应原劳动的，用人单位应根据医疗机构的证明，予以减轻劳动量或者安排其他能够适应的劳动。对怀孕7个月以上的女职工，用人单位不得延长劳动时间或者安排夜班劳动，并应当在劳动时间内安排一定的休息时间。《女职工劳动保护特别规定》还具体规定了女职工的产假、流产假期、哺乳时间等。对未成年工的使用和特殊保护实行登记制度。用人单位需要对未成年工进行定期健康检查。《未成年工特殊保护规定》明确规定了未成年工不得从事的各种工作范围。

《劳动法》还规定：残疾人、少数民族人员、退出现役的军人的就业，法律、法规有特别规定的，从其规定。

第四节 劳动就业状况的新发展

一、《劳动合同法》颁布以前的用工状况

1. 总体形势

我国于20世纪80年代中期开始进行劳动合同制度试点。1995年1月1日施行的《劳动法》正式确立了劳动合同制度。我国企业劳动用工总体形势如下：[①]

（1）形成了以劳动合同工为主、劳务工为辅的用工格局。目前，我国企业主要有以下几种劳动合同工：①无固定期限合同工。

[①] 参见中国企联雇主工作部课题组《我国企业劳动用工面面观》，载《企业管理（北京）》2006年第2期，第11页。

在同一企业连续工作满 10 年以上，当事人双方同意续延劳动合同后，劳动者提出签订无固定期限劳动合同，应当签订无固定期限劳动合同。②固定期限合同工。固定期限劳动合同工是当前企业用工的主要方式，合同期限在 3 年以内的被称为中短期合同工，合同期限在 3 年以上的被称为长期合同工。③临时性和季节性合同工。企业为了完成临时性、突击性的工作，以合同的方式与劳动者建立劳动关系，企业可以根据所要完成的生产任务或工作，自主决定用工数量、用工期限，工作完成后即解除合同。

劳务工大致有以下几种情形：①企业将某项工程或者将某项临时性或一次性工作交给某个人或某几个人，双方订立劳务合同，形成劳务关系；②企业向劳务输出公司提出所需人员的条件，由劳务输出公司向企业派遣劳务人员，双方订立劳务派遣合同，形成较为复杂的劳务关系；③企业中的待岗、下岗、内退、停薪留职人员，在外从事一些临时性有酬工作而与另外的用人单位建立的劳务关系；④已经办手续的离退休人员，又被企业聘用后，双方签订聘用合同。

（2）劳动合同制度得到普遍执行。劳动合同制度在 2007 年《劳动合同法》颁布以前就已普遍在企业推行。事实上，劳动合同制度铺开因为有法律责任作为后盾已经成为企业用工管理的必然趋势，其实施既是国家大力推行的结果，也是劳动者努力争取的结果。

国有企业以及集体企业因为其所有制的性质而使得其劳动合同制度的执行遭遇到较小的阻力而得到了政府的更多监督，外商投资企业因为其母国的制度要求和国际惯例而把劳动合同的签订也视为理所当然的事情。值得注意的是部分私人企业仍然抗拒着劳动合同的签订，希望以事实劳动关系规避自身的法律责任：2005 年全国人大常委会在劳动法执法检查中发现，中小型企业和非公有制企业的劳动合同签订率不到 20%，个体经济组织的签订率更低。[①] 由于

---

① 参见何鲁丽《全国人大常委会执法检查组关于检查〈中华人民共和国劳动法〉实施情况的报告——2005 年 12 月 28 日在第十届全国人民代表大会常务委员会第十九次会议上》，载《全国人民代表大会常务委员会公报》2006 年第 1 期，第 84 页。

没有书面劳动合同,劳动争议处理机构在解决劳动争议时缺乏有力的凭据,事实劳动关系难以举证,劳动者的合法权益得不到维护。

(3)企业根据市场需求决定用工数量,用工自主权增强。目前,企业用工机制更加灵活,企业用工数量随着市场需求波动而变化。具体表现为:一方面,季节性用工和临时性用工占企业职工的比例增大。另一方面,劳务工大量增加,这是近年来我国劳动用工出现的新情况。

在当代的劳动力市场上,企业劳动者的双向选择,使择业就业灵活自主已经成为必然,一辈子打长工已经不是被大力推崇的理念。而为了促进市场经济的发展,国家也以各种形式不断赋予企业更为广泛的劳动用工决定权。

(4)劳动合同签订期限以中短期为主。签订中短期劳动合同的现象很普遍,据调查显示,目前我国劳动合同期限以短期合同为主,签订3年以下的占60%左右,签订无固定期限的仅占20%左右,不少省份都在10%以下。[1] 劳动合同的短期化问题,严重影响了职工的职业稳定感和对企业的归属感,不利于企业发展和社会稳定。产生这种状况的原因一方面在于市场竞争激烈,企业从提高竞争力的角度出发,为方便裁员不愿与雇员签订长期合同;另一方面部分年轻和有技术专长的雇员希望签订中短期劳动合同,其目的是为了流动(即俗称"跳槽")方便。中短期合同有其机动灵活的特点,但这也为劳动合同的管理带来了困难,容易成为企业规避相关法律责任的手段。

(5)"技工荒"对企业的影响远甚于"民工荒"。目前,我国农村有1.5亿富余劳动力,每年还要新增600万。在2007年以前,仅在广东、福建等地区出现了局部的"民工荒"。[2] 现有劳动力市

---

[1] 参见吕蓁《坚持强调保护劳动者的合法权益》,载《中国证券报》2007年6月25日。

[2] 参见中国企联雇主工作部课题组《我国企业劳动用工面面观》,载《企业管理(北京)》2006年第2期,第11页。

场上并不缺少普通民工,没有技术特长而四处奔波找不到活干的民工比比皆是,随着农民工工资在市场需求调节下逐步趋向合理,局部的"民工荒"将会消失。尽管中国制造业在世界上所占比重越来越大,但技工和高级技工紧缺已经是我国成为"世界制造业的中心"的"瓶颈"之一。

（6）劳动争议案件数和集体劳动争议案件数持续增加。近年来,全国各级劳动争议仲裁委员会受理劳动争议案件和集体劳动争议案件数持续增加,劳动争议案件和集体劳动争议案件涉及人数也不断增长。1995—2006 年的 12 年中,劳动争议案件数量增加 13.5 倍;集体劳动争议也大幅度增长,12 年中的集体劳动争议案件数量增加 5.4 倍。2007 年各级劳动争议仲裁委员会处理劳动争议案件 50 万件,比上年增长 11.9%。①

企业在解除雇员劳动合同时,往往需要承担较多的责任,遇到的最大困难是雇员的安置问题和生活保障问题,而相应法律法规的可操作性不是很强,阻力很大,企业为避免解除劳动合同可能产生的麻烦,尽量签订期限较短的劳动合同,从而掌握用工主动权。

2. 存在的问题

综观上述劳动用工形势,我们可以发现在 2008 年《劳动合同法》实施前的劳动合同制度存在一些问题。具体表现为:②

（1）劳动关系法律规制复杂化。《劳动法》制定时,既为了保护劳动者的合法权益,同时也是为了对企业用工制度进行改革,因而侧重于企业劳动关系的调整。而对事业单位、社会团体以及其他用工形式的劳动者不完全适用,甚至不适用,造成适用范围较窄,不能使所有劳动者都一律平等地能获得劳动法的保护,这已成为影响劳动法权威性和发挥保护劳动者合法权益作用的瓶颈。随着我国

---

① 参见人力资源和社会保障部与国家统计局发布《2007 年劳动和社会保障事业发展统计公报》。

② 参见周宇、贺金生《劳动用工制度新思考》,载《中国电力企业管理》2007 年第 11 期,第 26～27 页。

经济的发展，灵活用工形式增多，用工主体多样化，用工形式多样化，如劳务派遣用工、非全时用工、承包工、包工头、民办非企业单位用工等。这些新的用工形式在劳动法中没有规范或规范较少，出现法律的真空。

（2）劳动力成本持续探低，对国家经济总体发展不利。企业在市场经济中是追逐利润最大化的经济组织，人力资源的对策主要就是如何降低劳动成本，同时也由于劳动立法规范不够或规范空缺等因素，使企业在用工时更多倾向于低劳动成本，例如：工资标准长期得不到提升、劳务派遣工与非劳务派遣工的同工不同酬、非全日制工的低工资、试用期成"白用期"、廉价使用劳动力、拖欠工资严重，等等。改革开放以来，我国工资总额占GDP的比例呈现走低趋势，1978年为16.1%、1990年为15.8%、2000年为10.7%、2005年为10.9%，而市场经济成熟国家，劳动者的工资总额占GDP的比重普遍都在54%~65%之间，如美国为58%。印度人均GDP只有中国的一半，但是其制造业工人的全部报酬却是中国的2.5倍。劳动力成本持续探低，会造成用人单位将低劳动力成本作为取得竞争优势的"法宝"，而忽视以科学管理、技术更新提高企业竞争优势的积极作用，长此下去不利于科学技术的自主创新。而劳动力成本的探低，社会保障制度的不健全，劳动者职业安全感的丧失，会抑制其消费水平和消费能力，影响消费市场的扩张，乃至国民经济的发展。[1]

（3）用人单位滥用试用期，严重侵害劳动者权益。2008年前，某些用人单位滥用当时法律中关于"职工在试用期内达不到录用条件的，用人单位可以随时解除劳动合同，不用支付经济补偿金"的规定，通过设定较长的试用期来规避对职工应尽的法律责任。由于试用期职工的工资待遇相对较低，一些用人单位在生产旺季大量招工，并规定较长的试用期，而在试用期结束前又解除劳动合同，

---

[1] 参见金英杰《〈劳动合同法〉的立法背景与立法趋势》，载《北京市工会干部学院学报》2007年第4期，第46页。

以此来降低人工成本。

（4）劳动者的择业自由权受到极大限制。择业自由权，是指劳动者根据劳动法规定，有自由选择职业和工种的权利。根据《劳动法》第三十一条规定："劳动者解除劳动合同，应当提前30日以书面形式通知用人单位"，劳动者单方解除劳动合同时，只需要提前30天书面通知，30天期满，该解除就可以发生法律效力。一些用人单位为了留住技术人才和生产骨干，强行设定高额的违约金，剥夺了劳动者的自由择业权。

（5）劳动关系法制化落实难。由于劳动法对法律责任追究规定不完善，致使法律明文规定的劳动者的权益不能得到及时有效地保护。据抽样调查统计，我国劳动合同平均签订率并不高，特别是建筑业、餐饮服务业的签订率只有40%左右。农民工劳动合同签订率在30%左右，中小型非公有制企业签订率不到20%。① 劳动法明文规定劳动合同应采取书面形式，但并未规定不以书面形式签订劳动合同将承担什么法律责任，致使劳动者维护权益时想要证明与企业之间存在劳动关系困难，国家劳动监察机构行使监察权也无法律依据。

（6）用人单位滥用劳务派遣制度，规避用工责任、降低用工成本。有的用人单位把本单位职工分流到新组建的劳务派遣企业，再由派遣企业重新派遣到原单位的原岗位工作，薪酬待遇却与原先相差甚远；有的用人单位将本单位自有职工解雇后空出岗位，大量使用劳务派遣工，规避对自有职工应当承担的责任；还有的劳务派遣单位运作不规范，从劳务工工资中高比例提取管理费，甚至克扣、拖欠劳务工的工资，不为其缴纳社会保险费等。

（7）劳动合同短期化现象普遍。用人单位出于用工成本低廉的考虑，普遍与劳动者签订短期劳动合同，使劳动者缺乏职业安全感，影响构建和谐稳定的劳动关系；同时，从企业长远发展需要稳

---

① 参见程延园《〈劳动合同法〉：构建与发展和谐稳定的劳动关系》，载《中国人民大学学报》2007年第5期，第108页。

定的训练有素的员工队伍来看,由于短期用工制度使劳动者缺乏职业安全感,对企业没有归属感,对企业的忠诚度低,流动率过高,短期用工的结果也会影响企业长远发展,同时对国家拉动内需促进经济发展也不利。

二、《劳动合同法》颁布以后的用工状况及新发展

1. 劳动用工关系确立方式的变化

2008年1月1日,《劳动合同法》正式实施,其中有些新的规定会对用工状况造成影响。

根据《劳动法》的规定,劳动关系的存在以订立劳动合同为主要标志。而《劳动合同法》调整了《劳动法》的有关规定,宣示"用人单位自用工之日起即与劳动者建立劳动关系"。这也就是说,即使用人单位没有与劳动者订立劳动合同,只要存在用工行为,该用人单位与劳动者之间的劳动关系即建立。

2. 人力资源管理模式转变

(1)从高压管理到情感管理。《劳动合同法》的实施为人力资源管理提供了提升的契机,在现阶段对人力资源管理水平的要求很高,预示着中国人力资源管理法制化的趋势,对于人力资源来讲既是巨大挑战又是巨大的机会。

贯彻执行《劳动合同法》在人力资源工作上的核心就是改变那种企图通过订立劳动合同约束劳动者行为的观念,保持劳动关系的和谐稳定、留住人才,人力资源工作必须在用人单位文化建设等软环境上下工夫。

《劳动合同法》在更大程度上保证了作为弱者——劳动者的权益,这有利于建设社会主义和谐社会,稳定劳资双方的关系。人力资源是以人为基本内容的,最终的目的应该是促成员工和企业共同健康和谐地成长。

新法的实施将会导致"马太效应"。① 企业的竞争归根到底是人才的竞争,人力资源基础工作牢固的企业会从中得到好处,吸引更多优秀人才的加盟,而那些人力资源工作薄弱,以往约定依靠巨额违约金、扣押劳动者身份证、财物以至档案,对劳动者实行"高压管理"的企业会导致更多的骨干员工流失,日子会更加难过。面对新的挑战,规范基础管理,实行"情感管理"将对吸引保留人才起到至关重要的作用。留住员工最好的办法莫过于"留心"。

"非货币激励"② 在西方很多国家已经采取多年,而这方面我国企业做得并不多。《劳动合同法》实施后,优秀企业会吸引更多的人才,这种"优秀"的定义显然是"软福利"在起作用。一份良好的"软福利"对于吸引人才亦起到了至关重要的作用。

规范人力资源管理体系,整合公司的各项福利,通过"非货币激励"手段增加员工的凝聚力,应对人员的自然流失,是企业用工管理工作的当务之急。

(2) 从辞退不合格员工到只选聘合格人员。全球知名人力资源公司万宝盛华最新公布的中国雇佣前景调查报告称,《劳动合同法》正逐步改变中国不少企业"速招速裁"的用工方式,促使企业更好地保留人才,并把招聘的重心从"量"转到"质"。

---

① 马太效应(Matthew Effect),是指好的愈好,坏的愈坏,多的愈多,少的愈少的一种现象。名字来由于《圣经·马太福音》中的一则寓言。美国科学史研究者罗伯特·莫顿(Robert K. Merton)归纳"马太效应"为:任何个体、群体或地区,一旦在某一个方面(如金钱、名誉、地位等)获得成功和进步,就会产生一种积累优势,就会有更多的机会取得更大的成功和进步。

② 芝加哥大学的斯科特·杰菲瑞曾经做过一个实验。在参与实验的63人中,18人未受到任何奖励,22人受到现金奖励,23人受到非现金奖励。这些人中,70%的人都表示"更愿意受到现金激励而不是奖品",但实验结果却表明,受到非现金激励的人员表现出更高的绩效提升。人们声称更喜欢现金奖励,但却为非现金奖励更努力工作。其实人们常常以为自己最需要钱,但是在实际行动中,却往往就不再把钱放在第一位了。美国薪酬协会与美国员工激励协会联合进行的调查表明:"非货币奖励"在加强内部沟通、强化企业文化和价值观、改善团队工作、提高客户满意度等方面具有较大的作用。

以往企业对于那些工作责任心不强，做事情"吊儿郎当"的员工，往往采取劳动合同到期后不再继续签约的方式自然辞退，《劳动合同法》实施后，这种方式会使企业付出更多的代价。

招聘工作对整个人力资源管理工作的影响都是举足轻重的，可是现实中我国很多的企业却忽视了招聘的重要性。随着《劳动合同法》的施行，不少企业逐步将招聘工作实行外包，这对企业挑选优秀的人才是不利的，一味依靠中介公司的推荐是不可能满足一个优秀企业长远发展的人才需求的，并将从源头上影响企业人力资源管理水平乃至企业的核心竞争力。

《劳动合同法》的实施更大程度地满足了员工自由选择职业发展的需要，他们不再有违约金的束缚，随着职业发展的需要，劳动者除了必要的薪酬需求外，更多的劳动者更看重的是工作带给自己的挑战，能够学到什么，是否有所发展。

（3）从劳务转包到劳务派遣[①]。劳务派遣表现出来的最大特点是劳动力雇佣与劳动力使用相分离，劳动者与派遣单位有劳动关系之名却无劳动之实，与用工单位无劳动关系之名却存在劳动之实，形成了复杂的"有关系没劳动，有劳动没关系"的特殊形态。正是由于劳务派遣的特殊性，实践中劳动者的合法权益往往难以得到充分的保护，发生纠纷时派遣单位与用工单位相互推诿，增加了劳动者维权的难度。

《劳动合同法》规定，劳务派遣单位应当与被派遣劳动者订立两年以上的固定期限劳动合同，按月支付劳动报酬，被派遣劳动者在无工作期间，劳务派遣单位应当按照所在地人民政府规定的最低工资标准，向其按月支付报酬。

劳动合同法在明确劳务派遣单位应当承担用人单位义务外，还规定了用工单位应当履行的义务：劳务派遣单位、用工单位违反本法有关劳务派遣规定的，由劳动行政部门责令限期改正；逾期不改

[①] 参见朱耘、张志坚《天堂之路还是地狱之门？——〈劳动合同法〉给 HR 带来的机遇和挑战》，载《管理@人》2007 年第 7 期，第 34 页。

正的，以每人 5000 元以上 10000 元以下的标准处以罚款，对劳务派遣单位，吊销其劳务派遣业务经营许可证。用工单位给被派遣劳动者造成损害的，劳务派遣单位与用工单位承担连带赔偿责任。《劳动合同法》在法律上对劳动力派遣三方的责、权、利加以明确，就使雇佣关系清晰化，从而有效地保护劳动者的合法权益。

3. 依法合理选择用工形式

（1）标准劳动关系的用工变化①。最常见的用工形式是标准劳动关系，即用人单位与劳动者之间建立劳动关系、实行八小时全日制劳动、劳动者遵守 1 个雇主的指挥，完全符合劳动关系的构成要件并适用全部的劳动基准。

定期和无固定期限合同在主体、订立程序和订立形式上均无差别，区别即在合同期限上。定期合同可以在合同到期时终止，无固定期限合同不存在到期终止。无固定期限合同虽然没有到期终止，但允许用人单位和劳动者约定终止条件，这实际上为当事人留下了自由协商的空间。无固定期限劳动合同由于不存在到期终止，也不允许约定终止，因而用人单位在解雇时只能选择合同解除。

无固定期限合同的解除难度大于固定期限合同。无固定期限合同一经签订，双方就建立了一种相对稳固和长远的劳动关系，只要不出现法律规定的条件或者双方约定的条件，劳动合同就不能解除。在用人单位与劳动者解除合同方面比《劳动法》"收得更紧"，设置了重重"关卡"，用人单位不再能随随便便炒掉员工。合同无期限，解除合同又很困难，被认为"此举帮助了劳动者重拾'铁饭碗'"。而由于无固定期限合同无法终止又难以解除，造成劳动者的工龄无限延长。劳动法律中诸多标准和工龄挂钩，例如与员工医疗期、病假工资的计算直接挂钩，工龄越长，医疗期越长，病假工资标准越高，又如经济补偿金根据工龄计算，工龄越长，经济补偿金越高。这些都是无固定期限合同的隐形成本。

---

① 参见董保华、杨杰《依法、合理选择用工形式》，载《中国劳动》2007 年第 8 期，第 21 页。

由于我国的劳动合同解除条件相对较严,所以无固定期限劳动合同实质上具有一定的福利性。为此,《劳动法》对必须签订无固定期限劳动合同的情形予以严格限制,规定必须同时满足三个条件才属于强制签订无固定期限劳动合同范围:其一,劳动者在同一用人单位连续工作满10年以上;其二,当事人双方同意延续劳动合同的;其三,劳动者提出订立无固定期限的劳动合同。不论是固定期限劳动合同还是无固定期限劳动合同,都难以提前解除。但固定期限合同可以在合同期限届满时终止,无固定期限劳动合同由于没有合同到期时间,劳动者可以一直工作至退休。为了维持用工的灵活性,用人单位一般倾向于不签、少签无固定期限劳动合同,固定期限劳动合同的期限也是越来越短,呈现"劳动合同短期化、劳动关系长期化"现象。

《劳动合同法》大力推行无固定期限劳动合同:

第一,扩大了适用范围。《劳动法》原来只规定"劳动者在同一用人单位连续工作满十年以上"一种情况,《劳动合同法》增加用人单位初次实行劳动合同制度或者国有企业改制重新签订劳动合同时,"劳动者在该用人单位连续工作满十年或者距法定退休年龄在十年以内以及连续签订两次固定期限劳动合同后且劳动者没有本法第三十九条规定的情形续订劳动合同的两种情况"。

第二,对劳动者的行为要求有了改变。《劳动法》中要求:"劳动者提出订立无固定期限的劳动合同",而《劳动合同法》只要求"劳动者提出或者同意续订、订立劳动合同的"。

第三,续订程序有了改变。《劳动法》中的续订是一个双方行为:"当事人双方同意续延劳动合同"。《劳动合同法》将这一双方行为改成了单方行为:"劳动者提出或者同意续订、订立劳动合同的",应当签订无固定期限劳动合同。

除期限限制、次数限制外,《劳动合同法》第十四条第三款还实行了"视为续订"制度:"用人单位自用工之日起满一年不与劳动者订立书面劳动合同的,视为用人单位与劳动者已订立无固定期限劳动合同。"

(2) 用人单位的劳动合同管理。劳动合同将从以固定期限劳动合同为主转向以无固定期限劳动合同为主,用人单位必须建立对无固定期限劳动合同的管理应对机制。

第一,建立无固定期限劳动合同评估机制。由于无固定期限劳动合同不能到期终止,而劳动法规对劳动合同提前解除又予以严格限制,所以,一旦用人单位与劳动者签订无固定期限劳动合同,可能要一直雇用其直到退休,故对签订无固定期限劳动合同需非常谨慎,应当予以充分评估。用人单位应对符合签订无固定期限劳动合同条件人员进行专门合同续签评估,对续签固定期限劳动合同和续签无固定期限劳动合同在评估要求上有所区别,用人单位应选择具有不可替代性的关键员工签订劳动合同。

第二,建立无固定期限劳动合同管理机制。用人单位如决定与劳动者签订无固定期限合同的,为避免出现工作效率低下、人浮于事的情况,有必要完善管理机制,建立起适应无固定期限劳动合同的制度体系。用人单位应当通过加强绩效管理来保证劳动者始终高效的工作,须细化各岗位职责,设计操作性强的考核标准。

(3) 非标准劳动关系用工变化。标准劳动关系中一个劳动者只能同时与一个用人单位形成一种劳动关系,但事实上用人单位的用工行为中广泛存在多重劳动关系的现象。《劳动合同法》注意到了非标准劳动关系的问题,开始对非标准劳动关系的部分类型进行规范,对劳务派遣和非全日制用工等问题进行专门规定。

第一,劳务派遣标准化。在标准劳动关系书面化的情况下,用人单位的劳动用工风险进一步增加,而市场竞争又客观上要求企业及时淘汰绩效不佳、不适应企业发展的员工,两者由此产生矛盾。降低劳动用工风险是劳务派遣的行业特点,劳务派遣可以在企业需要用工时及时提供大量劳动力,当企业不需要时,企业也可以退回劳务派遣企业,不必继续雇佣,大大提高了企业的用工灵活性。《劳动合同法》提高了企业的用工风险,必然导致企业更加依赖劳务派遣,并刺激派遣行业进一步发展。

《劳动合同法》对劳务派遣则采取了将非标准劳动关系标准化

的立法思路，在劳务派遣中大推常雇制派遣。《劳动合同法》主要从三方面着手推行常雇制。其一，规定劳务派遣应当在临时性工作岗位上使用。其二，规定劳动合同期限不少于两年。其三，规定派遣机构在被派遣劳动者无工作期间支付报酬。在常雇制的派遣模式中，虽然劳动者没有提供劳动，但其仍然是派遣机构的员工，派遣机构有义务支付劳动报酬。《劳动合同法》也按此操作，规定派遣机构应当按所在地最低工资标准支付劳动报酬。由此，劳务派遣中的劳动者将会获得基本的生活保障。

《劳动合同法》通过规定用工单位义务、要求用工单位和派遣单位承担连带责任的一系列规定，使劳务派遣的用工灵活、降低风险的功能受到限制。

第二，非全日制就业灵活化。以小时工为主要形式的非全日制就业在我国许多地方呈现迅速发展的趋势。特别是在餐饮、超市、社区服务等领域，用人单位使用的小时工越来越多。

劳动部于2003年颁布《劳动和社会保障部关于非全日制用工若干问题的意见》，确立了非全日制职工的概念，并在全国推广。

在非全日制用工上，《劳动合同法》作了较为宽松的规定，赋予了用人单位极大的用工自由和管理灵活度。其灵活性具体表现如下：首先，时间灵活。劳动者在同一用人单位一般平均每日工作时间不超过4小时，每周工作时间累计不超过24小时。其次，形式灵活。我国对标准劳动关系实行书面合同制，建立劳动关系必须签订书面合同，非全日制用工劳动合同形式则从宽要求，书面、口头均可，非全日制用工可以订立口头协议并且可以和多个用人单位签订合同。再次，内容灵活。《劳动合同法》对非全日制用工中用人单位和劳动者之间的权利义务作了分配，其特点为仅规定底限标准，不做过多干预。最后，终止灵活。标准劳动关系实行严格的解雇保护，而非全日制用工可以随时单方结束劳动关系，企业解雇不需要支付经济补偿金。另外，为保护非全日制就业者的基本权利，对非全日制用工不得约定试用期、小时计酬的最低标准及报酬结算支付周期的最长期限作出明确的规定。

三、《劳动合同法》针对劳务派遣的专门修改

1. 法律出台的逆势生长：劳务派遣的非正常繁荣

2008 年出台的《劳动合同法》对于劳务派遣本着约束、规范及限制的法律精神，对劳务派遣主要从如下几个方面进行了规范。其一，资本准入限制及经营主体限制，即 50 万元的最低注册资本及公司形式。其二，被派遣劳动者岗位稳定之考量，即劳务派遣单位与被派遣劳动者之间的两年以上的固定期限劳动合同及无工作期间的最低工资标准。其三，派遣单位与用工单位派遣协议及被派遣劳动者的信息对等，即被派遣劳动者的知情权，对派遣协议内容的知情权须得到保护。其四，劳务派遣只能适用于临时性、辅助性、替代性岗位，虽然具体内容存在争议，但"三性"的使用客观上对劳务派遣在"主业"上的实施具有抑制作用。

2011 年，全国人大常委会发布了关于《劳动合同法》实施情况的检查报告，报告显示："劳务派遣在部分单位被滥用，损害派遣工合法权益问题比较突出。检查发现，近三年来劳务派遣公司和劳务派遣人员明显增多，用工单位用工有不少超出临时性辅助性替代性岗位范围、在主营业务岗位长期使用劳务派遣人员、劳务派遣人员同工不同酬、不予参加社会保险或少缴社会保险费等；被派遣人员参加工会和参与企业民主管理等权利得不到保障、利益诉求表达渠道不畅、缺乏归属感和责任心并希望改变现状等；不少劳务派遣机构资质较低，难以履行法律责任，保障劳动者合法权益能力较低。"[①] 劳务派遣泛滥使得大部分派遣人员的福利低于其他员工。[②] 看似严苛的规制，其实却是漏洞明显，且很快被"应对"《劳动合

[①] 华建敏：《全国人民代表大会常务委员会执法检查组关于检查〈中华人民共和国劳动合同法〉实施情况的报告——2011 年 10 月 24 日在第十一届全国人民代表大会常务委员会第二十三次会议上》，载《全国人民代表大会常务委员会公报》2011 年第 7 期，第 690 页。

[②] 参见郝帅《劳务派遣泛滥让劳动者很受伤》，载《中国青年报》2012 年 7 月 17 日，第 3 版。

同法》者所洞悉,类似通过自设派遣、合谋派遣、派遣机构公营化等形式,使得实质派遣机构越来越繁荣,但这些机构在行派遣之"实"时,并不使用派遣之名,多数演变为人事外包、人力咨询、人力服务等名称不一的"隐名"派遣公司,形成了法律规制"表象严格"与治理环节"内虚"的格局。①

为何法律未及实施即有隐忧,而实施数年来又暴露出诸多问题,其中的原因主要可以概括为以下几个方面:

第一,企业的经济考量使其倾向于使用劳务派遣。一些企业在《劳动合同法》实施过程中,对劳务派遣规定的执行可谓带了坏"头",电力、电信、邮政、铁路、银行等企业在常年的、固定的岗位上大量使用派遣工。私营企业出于节约用工成本的考虑也大量使用派遣工。在我国,私人企业主除了要支付雇员的工资和加班费之外,还要承担有关养老、医疗、失业、生育和工伤等社会保险费,除此之外,企业还要承担与工资相关的其他费用,包括工会会费、残疾人就业保障金、教育培训费用、住房公积金等法律或政策规定的义务。这些费用的支出增加了私人企业的用人成本,而通过劳务派遣的形式,可以不交或少交这些费用,其减少了用工成本。②

第二,《劳动合同法》本身存在巨大的漏洞。就劳务派遣而言,法律规制不可谓不严,但有关"三角"用工却没有任何法律予以规制,以人事外包、人事代理而言,可以说目前法律一片空白。"在严格规制劳务派遣的同时放宽对外包用工的规制,其可能的后果是'堵住了后门'而'推倒了院墙';对劳动者合法权益保护来说,可能是'换汤不换药',甚至外包用工不及派遣用工。"③

---

① 参见郑尚元《不当劳务派遣及其管制》,载《法学家》2008年第2期,第10页。
② 参见倪雄飞《企业劳务派遣用工的制度困境:实质与路径》,载《现代管理科学》2013年第3期,第117页。
③ 王全兴:《劳务派遣规制七道"选择题"待解》,载《中国劳动保障报》2009年11月21日。

有的劳动者甚至于与任何一方都没有签订书面劳动合同。对于人事外包、人力资源服务经营业务的管制不足,尤其是这些非劳务派遣单位经办劳务派遣的法律漏洞过大,可以说是《劳动合同法》有关劳务派遣规定的致命伤。

第三,"三性"的混沌不清导致企业在主营业务岗位普遍使用劳务派遣人员。临时性、辅助性、替代性岗位系法律规定,临时性、辅助性、替代性岗位这种抽象的表述给执法者带来了迷惑,为当事人增加了应对相关法律腾挪的空间,为法律服务者提供了平台。"三性"岗位,如无司法解释和执法者一贯执行的认定标准,这样的定性最后只能是一种文字表述。劳务派遣用工出现在主业岗位,皆因目前所有执法机构在"三性"问题的处理上都感到有些棘手。于是,"三性"模糊与劳务派遣的非正常繁荣成为了催生《劳动合同法》修订的主要动力。①

2.《劳动合同法》的修订及《劳务派遣暂行规定》的出台

2012年12月28日,第11届全国人大常委会第30次会议通过了《全国人民代表大会常务委员会关于修改〈中华人民共和国劳动合同法〉的决定》,对劳动合同法的第五十七条、第六十三条、第六十六条及第七十二条进行了修订。

第一,提高进入门槛,设定行政许可。修订后的《劳动合同法》第五十七条首先将劳务派遣公司的最低注册资本从50万元提升至200万元。增加劳务派遣单位注册资本金,旨在增强派遣单位作为用人单位之"雇主责任能力",在被派遣劳动者工资被拖欠、解雇之经济补偿金发放、发生职业伤害后用人单位之责任承担等方面,使派遣单位具有相应的责任能力。同时,增加劳务派遣公司的注册资本金,从起步阶段即要求其有一定的经营规模,以保障后续经营能够规范运作。经营劳务派遣业务的应当向劳动行政部门依法申请行政许可并办理相应的登记。

---

① 参见郑尚元《劳务派遣用工管制与放松之平衡——兼析〈劳动合同法〉第58条第2款》,载《法学》2014年第7期,第51~52页。

第二，再次明确同工同酬原则。被派遣劳动者享有与用工单位的劳动者同工同酬的权利。用工单位应当按照同工同酬原则，对被派遣劳动者与本单位同类岗位的劳动者实行相同的劳动报酬分配办法。用工单位无同类岗位劳动者的，参照用工单位所在地相同或者相近岗位劳动者的劳动报酬确定。

第三，加大了处罚力度。未经许可擅自经营劳务派遣的，由劳动行政部门责令停止违法行为，没收违法所得，并处违法所得一倍以上5倍以下的罚款；没有违法所得的，可以处50000元以下的罚款。对于劳务派遣单位、用工单位违反其他规定的，由劳动行政部门责令限期改正；逾期不改正的，以每人5000元以上10000元以下的标准处以罚款，对劳务派遣单位，吊销其劳务派遣业务经营许可证。用工单位给被派遣劳动者造成损害的，劳务派遣单位与用工单位承担连带赔偿责任。

第四，界定了"三性"。修订后的《劳动合同法》第六十六条第二款规定前款规定的临时性工作岗位是指存续时间不超过6个月的岗位；辅助性工作岗位是指为主营业务岗位提供服务的非主营业务岗位；替代性工作岗位是指用工单位的劳动者因脱产学习、休假等原因无法工作的一定期间内，可以由其他劳动者替代工作的岗位。修订后的《劳动合同法》第六十六条第三款还要求"用工单位应当严格控制劳务派遣用工数量，不得超过其用工总量的一定比例，具体比例由国务院劳动行政部门规定"。

人力资源和社会保障部于2013年12月20日发布了《劳务派遣暂行规定》，并于2014年3月1日起生效。该行政规章对于用工单位使用劳务派遣人员在所有员工中占比不得超过10%的规定最为引人注目。与此同时，《劳务派遣暂行规定》还加大了对非法经营劳务派遣业务的处罚力度，其他的环节亦更加具有操作性。

第二讲 劳动合同法综述

第一节 劳动合同法的立法定位

一、条文解读

第一条 为了完善劳动合同制度,明确劳动合同当事人权利和义务,保护劳动者的合法权益,构建和发展和谐稳定的劳动关系,制定本法。

此条是对《劳动合同法》立法目的之规定,体现了完善劳动合同制度、明确劳动合同双方当事人权利义务、保护劳动者合法权益以及构建和发展和谐稳定的劳动关系四个立法目的。

1. 完善劳动合同制度

我国在《劳动合同法》施行前的劳动合同制度是1987年开始推行,并在1994年通过《劳动法》确立的。制定一部专门的法律来规范劳动合同的订立、履行、变更、解除和终止以及明确相关法律责任,并对各类劳动合同作出明确规定,以完善我国劳动合同制度,是十分必要的。

2. 明确劳动合同双方当事人的权利义务

劳动关系双方存在利益冲突,如果双方权利义务不明确,劳动合同就难以履行,劳动纠纷也难以解决。《劳动合同法》对劳动合同订立、履行、变更、解除和终止各个阶段劳动关系双方的权利义务作出了明确规定,有利于全面规范和保障劳动者与用人单位的权益,有利于经济社会的发展。

3. 保护劳动者权益

在劳动关系中,劳动者处于弱势地位,而我国劳动力市场在相当长的时期内都将处于买方市场的状态。要平衡劳动关系双方利益，就必须加强对劳动者的保护。《劳动合同法》为劳动者维护自身劳动权益提供了明确的法律依据，并通过对工会地位、权利的明确规定，增强了对劳动者的权益的保障。

4. 构建和发展和谐稳定的劳动关系

和谐稳定的劳动关系是构建社会主义和谐社会的重要内容和基础，更直接关系到企业的发展与广大劳动人民的切身利益。《劳动合同法》注重保护劳动者合法权益，直接明确劳动者权利，维护劳动者利益，对劳动者进行立法上倾斜保护，又对工会的地位作出明确规定，为工会组织协调劳动关系，维护劳动者合法权益提供了新的法律途径，有利于平衡劳动关系双方利益，构建和发展和谐稳定的劳动关系。

二、实务问答

问题1：《劳动合同法》与《劳动法》的关系是怎样的？

相对《劳动法》而言，《劳动合同法》是特别法。

劳动法律体系是一个包含《劳动法》、《劳动合同法》和《就业促进法》等一系列法律的庞大体系。在地位上，《劳动法》是劳动法律体系中的基准法，而《劳动合同法》是《劳动法》的特别法。

1994年颁布的《劳动法》，规定了劳动法律体系和重要劳动法律制度，其内容以原则性条款为主，主要反映了劳动立法的基本精神与原则，涉及劳动关系的各个方面；《劳动合同法》则是专门调整劳动合同所涉及的权利义务关系的法律。

问题2：若《劳动合同法》与《劳动法》冲突时，应适用哪个法律？

《劳动法》与《劳动合同法》两者在本质上不应发生冲突，但可能由于制定的时间不同和规定的层面不一，在具体的实施过程中难免会出现一些问题。

首先，根据"特别法优于一般法"的原则处理。其次，二者都是全国人大常委会先后通过的法律,《劳动合同法》通过在后。按照《立法法》第八十三条的规定"同一机关制定的法律、行政法规、地方性法规、自治条例和单行条例、规章,特别规定与一般规定不一致的,适用特别规定;新的规定与旧的规定不一致的,适用新的规定"。

问题3:《劳动合同法》与《劳动法》在哪些地方有不同规定?

《劳动合同法》与《劳动法》在无固定期限合同的订立、合同解除以及救济途径等方面都有许多不同之处,详见如表2-1所示。

表2-1 《劳动合同法》与《劳动法》比较

内容比较	《劳动合同法》	《劳动法》
无固定期限合同的签订前提条件	劳动者单方意思表示即可签订无固定期限劳动合同的情形:①劳动者在该用人单位连续工作10年以上的;②用人单位初次实行劳动合同制度或国有企业改制重新订立劳动合同时,劳动者在该用人单位连续工作满10年;③连续两次签订固定期限劳动合同后续订合同,且劳动者不具有用人单位可单方解除劳动关系及第四十条前两款情形的;④用人单位自用工之日起满1年不与劳动者签订合同的视为已签订无固定期限劳动合同。(第十四条)	①劳动者在同一单位连续工作10年以上,且劳动者与用人单位同意续延劳动合同。②劳动者提出订立无固定期限劳动合同。(第二十条)

续表 2-1

内容比较	《劳动合同法》	《劳动法》
劳动合同内容	①必备条款：用人单位的名称、住所和法定代表人或者主要负责人；劳动者的姓名、住址和居民身份证或者其他有效身份证件号码；劳动合同期限；工作内容和工作地点；工作时间和休息休假；劳动报酬；社会保险；劳动保护、劳动条件和职业危害防护；法律法规要求的其他条款。②可约定条款：试用期、培训、保守秘密、补充保险、福利待遇等内容。（第十七条）	①必备条款：劳动合同期限；工作内容；劳动保护和劳动条件；劳动报酬；劳动纪律；劳动合同终止的条件；违反劳动合同的责任。②可约定条款：劳动合同当事人可以在劳动合同中约定保守用人单位商业秘密的有关事项。（第十九条、第二十二条）
试用期	①试用期期限：劳动合同期限3个月以上不满1年的，试用期不得超过1个月；劳动合同期限1年以上不满3年的，试用期不得超过两个月；3年以上固定期限和无固定期限的劳动合同，试用期不得超过6个月。同一用人单位与同一劳动者只能约定1次试用期。以完成一定工作任务为期限的劳动合同或者劳动合同期限不满3个月的，不得约定试用期。试用期包含在劳动合同期限内。劳动合同仅约定试用期的，试用期不成立，该期限为劳动合同期限。②试用期工资：不低于正式工资的80%并且不低于当地最低工资标准。（第十九条、第二十条）	劳动合同可以约定试用期。试用期最长不得超过6个月。（第二十一条）

续表 2-1

内容比较	《劳动合同法》	《劳动法》
竞业限制	①竞业限制期内按月向劳动者支付相应的经济补偿，劳动者违反竞业限制约定的应当支付违约金。②可以约定不超过两年的竞业限制期限。③竞业限制的人员限于用人单位的高级管理人员、高级技术人员和其他负有保密义务的人员。（第二十三条、第二十四条）	未详细规定，只规定可约定商业秘密保密。（第二十二条）
救济途径	①仲裁、起诉。②申请支付令。（第三十条）	仲裁、起诉
劳动者单方解除合同的条件	①试用期内提前3日通知用人单位。②在正常的合同期内以书面形式提前30天通知用人单位。③用人单位未按照劳动合同约定提供劳动保护或者劳动条件的；用人单位未及时足额支付劳动报酬的；用人单位未依法为劳动者缴纳社会保险费的；用人单位的规章制度违反法律、法规的规定，损害劳动者权益的；用人单位因本法第二十六条第一款规定的情形致使劳动合同无效的；法律、行政法规规定劳动者可以解除劳动合同的其他情形；用人单位以暴力、威胁或者非法限制人身自由的手段强迫劳动者劳动的，或者用人单位违章指挥、强令冒险作业危及劳动者人身安全的。（第三十七条、第三十八条）	①试用期内可以随时解除；用人单位以暴力、威胁或者非法限制人身自由的手段强迫劳动者劳动的可以随时解除；用人单位未按照劳动合同提供劳动报酬或者劳动条件的可以随时解除。②在正常合同期内以书面形式提前30天通知用人单位。（第三十一条、第三十二条）

续表 2-1

内容比较	《劳动合同法》	《劳动法》
用人单位未为劳动者购买社会保险的责任	劳动者可以解除劳动合同,并有权要求经济补偿。(第三十八条、第四十六条)	必须缴纳社会保险费,未缴纳的责令限期缴纳,还不缴纳的可加收滞纳金。(第七十二条、第一百条)
代通知金	对用人单位解除劳动合同时规定应提前30天通知的情况,可以以额外支付1个月工资的方式来代替提前通知。(第四十条)	未规定
固定合同到期的处理	①需每工作1年补偿1个月的经济补偿金;②如果用人单位保持或提高待遇,劳动者不同意续约的,可以不补偿。(第四十六条、四十七条)	不需要补偿
经济补偿金	①经济补偿按劳动者在本单位工作的年限,每满1年支付1个月工资的标准向劳动者支付。6个月以上不满1年的,按1年计算;不满6个月的,向劳动者支付半个月工资的经济补偿。劳动者月工资高于用人单位所在直辖市、设区的市级人民政府公布的本地区上年度职工月平均工资3倍的,向其支付经济补偿的标准按职工月平均工资3倍的数额支付,向其支付经济补偿的年限最高不超过12年。②本条所称月工资是指劳动者在劳动合同解除或者终止前12个月的平均工资。(第四十七条)	未具体规定

续表 2-1

内容比较	《劳动合同法》	《劳动法》
劳务派遣	①劳务派遣用工形式有三方：劳动者、劳务派遣单位（用人单位）、用工单位（不得成立劳务派遣单位）。②仅限于用工单位的临时性、辅助性或替代性职位。③须与用工单位的员工同工同酬。④经营劳务派遣的必备条件：注册资本不得少于人民币200万元；有与开展业务相适应的固定的经营场所和设施；有符合法律、行政法规规定的劳务派遣管理制度；法律、行政法规规定的其他条件。（第五十七条至六十七条、第九十二条）	未规定
非全日制用工（俗称"兼职"）	①平均每日工作不超4小时，每周累计工作时间不超过24小时。②没有试用期，任何一方可随时终止合同，不必支付经济补偿。③工资结算支付周期不超过15天。（第六十八条至七十二条）	未规定
低于最低工资的、未按合同约定支付报酬或支付加班费的	除支付差额部分外，还应支付应付金额的50%以上100%以下的加付赔偿金。（第八十五条）	责令支付工资报酬、经济补偿，并可以责令支付赔偿金。（第九十一条）
未签订劳动合同或未签订无固定期限合同的	①用工之日起超过1个月不满1年未与劳动者订立书面合同的，应当向劳动者每月支付两倍的工资；②违反规定不与劳动者签订无固定期限劳动合同的，自应当订立之日起向劳动者每月支付两倍的工资。（第八十二条）	规定了赔偿，但没有规定标准。（第九十八条）

续表 2-1

内容比较	《劳动合同法》	《劳动法》
用人单位违法解除或终止劳动合同的	应按第四十七条规定的经济补偿的两倍向劳动者支付赔偿金（第八十七条）	给予经济补偿；未补偿的责令支付工资报酬、经济补偿，并可以责令支付赔偿金。（第九十一条）

第二节　劳动合同法的适用范围

一、条文解读

第二条　中华人民共和国境内的企业、个体经济组织、民办非企业单位等组织（以下称"用人单位"）与劳动者建立劳动关系，订立、履行、变更、解除或者终止劳动合同，适用本法。

国家机关、事业单位、社会团体和与其建立劳动关系的劳动者，订立、履行、变更、解除或者终止劳动合同，依照本法执行。

此条是对《劳动合同法》适用范围的规定，包括《劳动合同法》主体和行为调整的两个方面。

1.《劳动合同法》调整的主体

《劳动合同法》调整的主体，是指劳动者与哪些用人单位建立劳动关系、订立劳动合同时，应当适用《劳动合同法》。

凡属于中华人民共和国境内的企业、个体经济组织、民办非企业单位等组织，与劳动者建立劳动关系，订立劳动合同的，均适用《劳动合同法》。

企业是指法人企业或非法人企业的以盈利为目的的经济性组织，包括全民所有制企业、个人独资企业、合伙企业、中外合资经营企业、外资企业、中外合作经营企业、有限责任公司、股份有限公司等等；个体经济组织是指雇工在 7 人以下的个体工商户；民办非企业单位是指企事业单位、社会团体以及其他社会力量和公民个人利用非国有资产举办的从事非营利性社会服务活动，并在民政部门进行登记的社会组织，包括民办学校、民办医院、民办博物馆、民办图书馆等等。"等组织"是指上述用人单位之外的其他组织，如律师事务所、会计师事务所等。

国家机关、事业单位、社会团体和与其建立劳动关系的劳动者，订立、履行、变更、解除或者终止劳动合同的，也适用《劳动合同法》。

国家机关，是指从事国家管理和行使国家权力，以国家预算作为独立活动经费的中央和地方各级国家机关，包括国家权力机关、行政机关、司法机关、军事机关以及政协等；事业单位，是指国家为了社会公益目的，由国家机关举办或者其他组织利用国有资产举办的，从事教育、科技、文化、卫生等活动的社会服务组织，包括科技、教育、文化、卫生、广播、编辑事业单位等等；社会团体，是指中国公民自愿组成，为实现会员共同意愿，按照其章程开展活动的非营利性社会组织，包括中华全国总工会、中华全国妇女联合会以及中国科学技术协会等等。

在国家机关、事业单位和社会团体中作为公务员，或者参照公务员管理的人员，其与所在单位的劳动关系不在《劳动合同法》的调整范围之内。

2.《劳动合同法》调整的行为

《劳动合同法》调整的行为，是指用人单位与劳动者之间，通过劳动合同建立劳动关系的过程中，适用《劳动合同法》的具体行为。凡是用人单位与劳动者订立、履行、变更、解除或终止劳动合同的行为均适用《劳动合同法》。

二、实务问答

问题1：个人以及中介组织能否作为用人单位？

《劳动合同法》对用人单位的列举不是穷尽式的，只列举了企业、个体经济组织、民办非企业单位三类，其他的以"等组织"涵盖。对于个人能否作为用人单位，《劳动合同法》本身是没有明确规定的。但是，在个人承包经营的情形中，其与劳动者建立劳动关系，订立劳动合同，也要适用《劳动合同法》。

中介组织属于"等组织"涵盖的范围，其与劳动者建立劳动关系，订立劳动合同也适用《劳动合同法》。

问题2：事业单位与实行聘用制的工作人员之间的劳动关系是否在《劳动合同法》调整范围之内？

根据《劳动合同法》第九十六条规定，事业单位与实行聘用制的工作人员订立、履行、变更、解除或者终止劳动合同，法律、行政法规或者国务院另有规定的，依照其规定；未作规定的，依照本法有关规定执行。

问题3：《劳动合同法》在港澳台地区是否适用？

港澳台是中华人民共和国领土的一部分，当然也是《劳动合同法》第二条所称"中华人民共和国境内"，但由于我国一国两制以及法域差异和效力管辖等特殊情况，港澳台地区实际上并不适用《劳动合同法》。

问题4：如何区分雇佣关系与劳动关系？

雇佣关系与劳动关系都是有关劳动形成的法律关系，具有一定的相似性，但二者还存在着本质区别。雇佣关系是一种民事法律关系，主体之间具有平等性，双方在订立、履行、解除雇佣合同的过程中遵循意思自治的原则，有较大的自由，法律对此干预程度较小。而劳动关系则带有公法调整的性质，通说认为其应属于社会法的调整范畴；劳动关系主体之间并非完全平等，用人单位对劳动者尚有人事管理权限。

区分雇佣关系与劳动关系。首先，在主体范围上，凡是平等主体的公民之间或公民与法人之间均可形成雇佣关系，而劳动关系则必定一方为用人单位，另一方为劳动者。其次，在主体间的地位关系上，雇佣关系双方是平等的，不存在管理与被管理、领导与被领导的关系，而在劳动关系中则存在管理与被管理、领导与被领导的关系。此外，还可以从生产资料占有与否、是否以劳动结果作为支付报酬条件来区分雇佣关系与劳动关系。一般而言，在雇佣关系中，讲求结果，一般不存在人身依附关系；而在劳动关系中，强调的是劳动与生产资料相互结合的过程。

三、典型事例

事例：劳动关系与雇佣关系、劳务关系的区分。

【事件经过】

赵某是某城郊的一个建筑包工头，其既无施工资质又未经工商登记领取营业执照。赵某常能接到承建当地农民私人住宅的工程。赵某的施工队由十几名相对稳定的工人组成，这些工人按月领取工资。赵某在承建某处私人住宅工程时（包工包料5万元），将其中的木工活通过口头协议的形式交由木匠出身的钱某完成。钱以前也未曾独立承包过木工活。根据口头协议，木板等工具由钱某自备，完工后由赵某一次性付给钱某报酬2000元。钱某又临时聘请孙某等人进行木工作业，每天收工时付给孙某等人报酬50元。后孙某不慎从二楼上摔下来，花去医疗费等费用5万多元。该案中赵某和其施工队的工人是何种法律关系？赵某和钱某、钱某和孙某又是何种法律关系？孙某摔伤的法律责任应由谁来承担？

【点评】

在此，我们必须明确劳动关系、雇佣关系与劳务关系之间的区别与联系。

在《劳动合同法》中对劳动关系所作定义为：劳动关系是指用人单位招用劳动者为其成员，劳动者在用人单位的管理下提供有报酬的劳动而产生的权利义务关系。而雇佣关系，指的则是受雇人在一定或不定期间内，利用自己的技能为雇佣人进行劳动，不论劳动是否有成果，雇佣人都应向受雇人支付劳动报酬的社会关系。劳务关系，指的是平等民事主体之间约定由一方向另一方提供劳务，另一方接受劳务并支付对价形成的社会关系，具体包括承揽关系、运输关系、保管关系以及技术服务关系等等。

劳动关系与雇佣关系、劳务关系的主要区别在于：

第一，性质不同。劳动关系属于社会法调整的对象，而雇佣关系、劳务关系都属于民事关系的一种，属于私法范畴。

第二，主体不同。主体不同包括两方面的内容：一是指在主体范围上，劳动关系的主体必定一方是劳动者，一方是用人单位；而雇佣关系与劳务关系当事人双方只需要是平等的民事主体即可；二是指在主体之间的地位与关系上，劳动关系的主体具有人身关系上的从属性，一旦建立劳动关系，劳动者就成为用人单位的一员，需要接受用人单位的管理，包括规章制度与人事调动。这种从属性是劳动关系区别于雇佣关系与劳务关系的关键，在雇佣关系和劳务关系中，这种人身关系上的从属性较弱甚至不具备。雇佣关系中受雇人与雇佣人在人身关系上有相对的独立性，而在劳务关系中，双方是纯粹的财产关系而没有人身关系，由此产生三个法律后果：劳务合同的履行主体可替代，可以让他人替代履行；劳务合同如何履行，由劳务合同订立者自由安排；劳务合同中提供劳务的一方不享有社会保险和福利等权利。

第三，报酬确定依据不同。雇佣关系确定报酬的依据在于当时劳动力市场的价格，只需要受雇人提供了劳动，不论是否有劳动成果，均可取得报酬；而在劳务关系中，报酬的确定直接依赖于劳动成果及质量。

第四，盈亏风险不同。在雇佣关系中，受雇人只负责提供劳动，生产资料的筹措、劳动活动的组织等方面均由雇主负责，受雇人在受雇期内将获得劳动报酬；而在劳务关系中，由于劳务提供一方具有高度独立性，生产资料筹措以及劳动活动组织，甚至还有劳动力的购买,都由提供劳务一方提供,因此,劳务提供者需要支出一定的生产成本,有亏损风险。

在此案中,首先,赵某和其施工队的十几名工人之间是劳动关系。赵某和这些工人之间的关系稳定,赵某已将这些工人招为成员,双方存在隶属关系,工人按月领取工资,在赵某的管理下提供有报酬的劳动。赵某不具备经营资格属非法用工主体,非法用工主体违反的是行政法规,应受到行政处罚,但行政处罚不影响其民事行为的效力。即使赵某未领取营业执照,属于非法用工行为,也并不能排除劳动关系的存在。其次,赵某和钱某之间是承揽关系。钱某和赵某是彼此独立的主体,不具有从属性,赵某只是将临时性的木工活通过金钱对价交由钱某完成,工作结束后不再存在任何联系,且法律关系存续期间赵某也不能对钱某进行管理,不属于劳动关系,是承揽关系。再次,钱某和孙某之间是雇佣关系。因为双方之间存在支配关系,孙某利用自己的技能为钱某进行劳动,是按劳动时间领取工资而不论劳动是否有成果,孙某不以提供某种劳动成果作为获取报酬的依据,因此二者之间是雇佣关系。最后,孙某摔伤的法律责任依《最高人民法院关于审理人身损害赔偿案件适用法律若干问题的解释》第十一条"雇员在从事雇佣活动中因安全生产事故遭受人身损害,发包人、分包人知道或者应当知道接受发包或者分包业务的雇主没有相应资质或者安全生产条件的,应当与雇主承担连带赔偿责任"的规定。赵某明知钱某属于个人没有施工资质,也知晓其从未独立承包过木工活而不具有足够的经验保证生产的安全性,因此,赵某作为发包人应当与雇主钱某承担连带赔偿责任。

第三节 劳动合同的订立原则

一、条文解读

第三条 订立劳动合同,应当遵循合法、公平、平等自愿、协商一致、诚实信用的原则。

依法订立的劳动合同具有约束力,用人单位与劳动者应当履行劳动合同约定的义务。

此条规定的是劳动合同订立所应遵循的五个原则:合法、公平、平等自愿、协商一致、诚实信用。

1. 合法原则

合法原则是指用人单位与劳动者订立劳动合同,必须符合法律、法规规定。包括主体合法、内容合法和形式合法三个方面。

(1)主体合法。主体合法,是指订立劳动合同双方都必须具有相应的劳动权利能力与行为能力。就用人单位而言,是指该法人或组织必须享有劳动法律法规赋予的招工资格,具有承担相应责任的能力。而就劳动者而言,依据《劳动法》规定,公民必须年龄在16周岁以上,具有相应劳动能力,并能够以自己的行为行使劳动权利,承担劳动义务。年满16周岁而未满18周岁的公民属于限制劳动行为能力人,称为未成年工。对于未成年工及女职工,《劳动法》在第五十八条至第六十五条有特殊保护的规定:

第一,对未成年工,不得安排其从事矿山井下、有毒有害、国家规定的第四级体力劳动强度的劳动以及其他禁忌从事的劳动,同时,还必须对其定期进行健康检查。

第二,对女职工,禁止安排其从事矿山井下、国家规定的第四级体力劳动强度的劳动以及其他禁忌从事的劳动;不得安排其在经期从事高处、低温、冷水作业和国家规定的第三级体力劳动强度的劳动;不得安排其在怀孕期间从事国家规定的第三级体力劳动强度的劳动和孕期禁忌从事的劳动；不得安排怀孕 7 个月以上的女职工延长工作时间和夜班工作；不得安排在哺乳未满 1 周岁婴儿期间的女职工从事国家规定的第三级体力劳动强度的劳动和哺乳期禁忌从事的其他劳动，并不得安排其延长工作时间和夜班劳动。

（2）内容合法。所订立的劳动合同内容不得违反有关法律法规，合同中的权利义务必须符合法律法规或有关政策的规定并且具备必备条款，否则，不具法律效力。

（3）形式合法。劳动合同的形式必须符合法律法规要求，否则，不具法律效力。建立劳动关系，应当订立书面劳动合同。若双方没有订立书面劳动合同，则用人单位需承担一定的法律上的不利后果，如《劳动合同法》第八十二条规定，用人单位自用工之日起超过 1 个月而不满 1 年，未与劳动者订立书面劳动合同的，应当向劳动者每月支付两倍的工资。除应当以书面形式订立劳动合同外，劳动合同的订立还应当按照有关程序，履行相应手续，以保证其合法有效。

2. 公平原则

双方所订劳动合同的内容应当公平合理，双方的权利义务大致平衡。合法原则只是劳动合同有效的最低的衡量标准，而公平原则更加强调劳动合同的实质内容应当公平合理。公平原则有利于平衡用人单位与劳动者的利益，构建和发展和谐稳定的劳动关系。

3. 平等自愿原则

平等自愿是指用人单位与劳动者的法律地位平等，订立劳动合同，应完全出于双方真实意愿，既不允许一方将自己的意志强加于另一方，也不允许第三者对劳动合同的订立进行非法的干预。

4. 协商一致原则

协商一致原则是平等自愿原则的延伸，单位和劳动者，对订立合同的程序、期限、内容有分歧的，应通过协商，取得一致意见使分歧得到解决，不允许一方凭借有利地位凌驾另一方之上，更不允许以强迫、胁迫等方式订立劳动合同。

5. 诚实信用原则

诚实信用原则,是指在订立劳动合同时,双方当事人应当诚实地将有关对方利益的情况向对方说明,而一旦订立劳动合同,则应该按照劳动合同要求,履行劳动合同。

二、典型事例

事例1:招聘时向用人单位出示假文凭违背诚实信用原则。

【事件经过】

小杨高中毕业后就去城里打工。一次,他发现一家大公司张贴广告招聘技术人员且待遇优厚,但该公司注明只招收大学本科以上文凭的毕业生。于是,他想办法托"朋友"帮他办了一张某名牌大学的毕业证书,最终被该公司聘用为技术部的员工。但是当其进入工作岗位后,单位发现小杨根本不懂相关的技术问题。通过调查,终于发现原来其在招聘时使用的是花钱买来的假文凭。

【点评】

劳动者与用人单位建立劳动合同关系,必须遵循诚实信用的基本原则,不得以虚假的信息或者隐瞒重要的信息来欺骗对方签订合同。小杨通过造假的文凭获得了劳动岗位,实践证明其不称职,最终揭开了造假的面纱。用人单位可以将其除名,如果由此造成用人单位经济损失的话,用人单位还可依法向其追偿损失(如招聘、培训等相应的费用,以及劳动过程中直接造成的其他经济损失)。

事例2:非法用工,应承担法律责任。

【事件经过】

2007年5月,山西洪洞警方破获一起黑砖场虐工案,解救出多名民工,其中有部分童工。之后,数百失踪儿童的父母在网上联名发帖寻子。案件引起社会关注,有关领导作出重要批示。逃逸的工头最后落入法网。①

【点评】

国家的法律明确规定禁止录用童工。而一些不法之徒则明知故犯，且通过收买被拐骗来的儿童为其工作，甚至限制劳动者人身自由的方式来实施残酷的剥削，其程度已经到了令人发指的地步。任何用人单位，均应严格遵守法律规定，依照合法、公平、平等自愿、协商一致、诚实信用的原则建立劳动合同关系；否则，与山西黑砖窑的非法用工者一样，将受到严厉的法律制裁。

---

① 参见伍彧彧《清理"黑砖窑"已解救农民工 359 人，最小年龄 13 岁》，人民网：http://society.people.com.cn/GB/8217/85991/6107024.html，访问日期：2015 年 2 月 11 日。

第三讲　劳动合同的成立和效力

第一节　劳动关系的建立

一、条文解读

第七条　用人单位自用工之日起即与劳动者建立劳动关系。用人单位应当建立职工名册备查。

本条是对建立劳动关系的规定，明确了劳动关系建立的时间及用人单位的建册责任。

在用工实践中，用人单位为了规避法律责任，在招工用工时往往不与劳动者签订书面劳动合同。劳动关系成立的时间，决定了用人单位与劳动者劳动权利义务开始履行的时间。[①] 判断双方是否存在或建立劳动关系，是以用工为标准的。用人单位与劳动者的劳动关系自用工之日起建立。

有些用人单位为了日后否认与劳动者存在劳动关系，采取不签订书面劳动合同、不建立或者建立虚假职工名册的不规范作法。对此，用人单位建立职工名册备查是开展正常有序的管理工作的前提之一。用人单位应当根据现实情况，创建职工名册，对招用时间、劳动者姓名等信息进行登记，以备劳动监察部门查证。

"用工之日"，指的是用人单位将劳动者纳入其内部管理系统、劳动者成为用人单位内部人的起始时间。具体来说，就是用人单位决定招用劳动者后，对劳动者的工作进行安排，包括在实际投入工作前对劳动者进行岗前培训，安排劳动者到工作场所熟悉日后工作

---

① 参见程延园《劳动合同法教程》，首都经济贸易大学出版社 2009 年版，第 25 页。

环境，要求劳动者学习和熟悉单位的规章制度以及要求劳动者直接进行工作，等等。不能把"用工之日"理解为劳动者实际开始劳动的初始时间。

第八条 用人单位招用劳动者时，应当如实告知劳动者工作内容、工作条件、工作地点、职业危害、安全生产状况、劳动报酬，以及劳动者要求了解的其他情况；用人单位有权了解劳动者与劳动合同直接相关的基本情况，劳动者应当如实说明。

本条是对劳动合同订立前告知义务的规定。

劳动者在决定是否接受用人单位招用时，有权知悉日后的工作内容、地点、条件、职业危害以及安全生产保障条件和劳动报酬等基本情况。无论劳动者是否提出知悉要求，用人单位都有义务主动将上述情况如实向劳动者说明，而不应该附加任何条件。因为这些情况都是与劳动者的工作紧密相连的，也是劳动者进行就业选择的主要因素之一，充分知悉这些情况是劳动者实现就业权的必备前提。此外，对于劳动者要求了解的其他情况，如用人单位相关的规章制度，包括用人单位内部的各种劳动纪律、规定、考勤制度、休假制度、请假制度、奖惩制度以及企业内已经签订的集体合同情况等，只要该事项涉及劳动者的工作，涉及其自身利益并且不涉及用人单位商业秘密的，用人单位都应当如实详细地加以说明。

用人单位也有权利了解劳动者"与劳动合同直接相关的基本情况"，这些基本情况直接决定劳动者签订和履行劳动合同的能力和劳动者素质高低。例如，健康状况、知识技能、学历、职业资格、工作经历以及部分与工作有关的劳动者个人情况（如家庭住址、主要家庭成员构成）等。但是，劳动者的告知义务是附条件的，只有在用人单位要求了解劳动者与劳动合同直接相关的基本情况时，劳动者才有如实说明的义务。双方了解信息均应以劳动合同和对工作构成影响为限，用人单位不能根据此知情权要求劳动者提供一些与工作无关的信息，尤其是劳动者的个人隐私信息，否则就有可能构成对劳动者的就业歧视或者对他人隐私的侵害。

如果一方向另一方提供了虚假信息，将有可能致使劳动合同无效。例如，劳动者向用人单位提供了虚假学历证明，用人单位未如实告知工作岗位存在患职业病可能，等等，都属于《劳动合同法》规定的以欺诈手段订立劳动合同的情形，该劳动合同无效。告知应当以一种合理并且适当的方式进行，以求能够让对方及时知悉。在实践中可根据实际需要决定是否采用书面形式。

第九条 用人单位招用劳动者，不得扣押劳动者的居民身份证和其他证件，不得要求劳动者提供担保或者以其他名义向劳动者收取财物。

本条对用人单位扣押劳动者证件、要求劳动者提供担保和向劳动者收取财物作出了明确的禁止性规定。

一些用人单位为了防范用人风险，防止劳动者在工作中给用人单位造成经济损失后未赔偿就不辞而别的情况，在招用劳动者时往往要求劳动者提供担保或者向劳动者收取风险抵押金。对于这种行为，原劳动部早已通过《关于贯彻执行〈中华人民共和国劳动法〉若干问题的意见》第二十四条作出过禁止性的规定："用人单位在与劳动者订立劳动合同时，不得以任何形式向劳动者收取定金、保证金（物）或抵押金（物）。"对违反规定的，由公安部门或劳动行政部门责令用人单位立即退还给劳动者本人。

用人单位不得扣押劳动者的证件（包括但不限于护照、居留证、暂住证、学生证以及其他从业资格证等合法有效的证件）。用人单位若违反规定，应当由劳动行政部门根据本法第八十四条的规定责令限期退还劳动者本人，并依照有关法律规定进行处罚。

根据本条的规定，用人单位招用劳动者时，不得要求劳动者提供担保，包括要求劳动者提供第三人的担保或财产担保；也不得以任何名义向劳动者收取财物。用人单位违法向劳动者收取财物的情况主要有两种：一种是建立劳动关系时收取风险抵押金等费用，对拒交者以拒绝与其建立劳动关系相威胁；另一种是建立劳动关系后收取风险抵押金等费用,对拒交者以开除、辞退或者安排下岗相威胁。用人单位收取财物的形式不一定是直接向劳动者收取风险抵押金,也可能是采取各种变相名目收取款项,诸如服装费、电脑费、集资款(股金)或额外的住宿费、培训费等。因此,无论是在建立劳动关系之前,还是在建立劳动关系之后,用人单位招用劳动者皆不得要求劳动者提供担保或以其他名义向劳动者收取财物。

用人单位应当通过科学和严谨的审核手段,选择信用度高的劳动者;提高管理和防范风险的水平,避免劳动者个人掌控用人单位巨额财物。用人单位要避免劳动者给单位造成损失,不承担赔偿责任就离职或跳槽的风险,应通过加强内部管理来解决,而不是采用收取抵押金(物)的方式。①

第十条 建立劳动关系,应当订立书面劳动合同。

已建立劳动关系,未同时订立书面劳动合同的,应当自用工之日起一个月内订立书面劳动合同。

用人单位与劳动者在用工前订立劳动合同的,劳动关系自用工之日起建立。

本条规定了劳动合同的法定形式和补签的时间限制。

劳动合同作为确定用人单位与劳动者权利义务关系的凭证,应当以书面形式订立。一是,用书面形式订立的劳动合同准确清楚,有利于主管部门和劳动行政部门平时进行监督检查,在发生争议时也有利于裁判机关进行审查判断。二是,书面劳动合同能够加强合同当事人的责任感,促使合同所规定的各项权利得到充分保障,义务得到全面履行。口头劳动合同由于没有可以保存的文字依据,口说无凭,随意性大,导致容易发生纠纷且举证困难,不利于当事人合法权益的保护。书面劳动合同既不是劳动合同的生效要件,也不

---

① 参见程延园《劳动合同法教程》,首都经济贸易大学出版社2009年版,第28页。

是劳动合同的成立要件，只是对劳动合同存在的证明。①

在《劳动合同法》实施前，书面劳动合同的签订率很低，中小型非公有制企业劳动合同签订率不到20%，个体经济组织的签订率更低，大部分劳动者与用人单位是在没有书面劳动合同的情况下建立并维持劳动关系的。② 当出现纠纷时，劳动行政管理部门和司法机关最后只能以"事实劳动关系"这一特殊概念来形容没有签订书面劳动合同而存在的劳动关系。用人单位要在限期内与劳动者签订书面劳动合同；用人单位在规定时间内不与劳动者订立劳动合同即视为双方订立了无固定期限劳动合同；如限期内不签订书面劳动合同，用人单位需要承担给付劳动者双倍工资的责任。这些规定都是为了促使用人单位与劳动者以书面形式明确双方的权利义务，使劳动关系处于规范与稳定的状态。

"劳动关系自用人单位用工之日起建立"，但是书面劳动合同更加为法律所倡导和保障。用人单位有义务自用工之日起1个月内主动与劳动者订立书面劳动合同；劳动者也有权主动要求用人单位补签书面劳动合同，用人单位应当依法及时补签。

第十一条 用人单位未在用工的同时订立书面劳动合同，与劳动者约定的劳动报酬不明确的，新招用的劳动者的劳动报酬按照集体合同规定的标准执行；没有集体合同或者集体合同未规定的，实行同工同酬。

本条规定的是因没有书面劳动合同导致劳动报酬约定不明确时，如何确定劳动者劳动报酬的问题。

本条是"用人单位未在用工的同时订立书面劳动合同"而且"与劳动者约定的劳动报酬不明确"两个前提条件同时存在的情况

---

① 参见黎建飞《劳动合同法热点、难点、疑点问题全解》，中国法制出版社2007年版，第33～35页。

② 参见何鲁丽《全国人大常委会执法检查组关于检查〈中华人民共和国劳动法〉实施情况的报告——2005年12月28日在第十届全国人民代表大会常务委员会第十九次会议上》，载《全国人民代表大会常务委员会公报》2006年第1期，第84页。

下才适用的。实践中有可能会出现虽然没有订立书面劳动合同,但双方对劳动报酬的约定则很明确,应当按照之前明确的约定给付劳动报酬。劳动报酬是合同的重要组成内容,所以一般也不会出现劳动报酬约定不明确的情形。劳动报酬应当依次按照以下标准执行(见图3-1)。

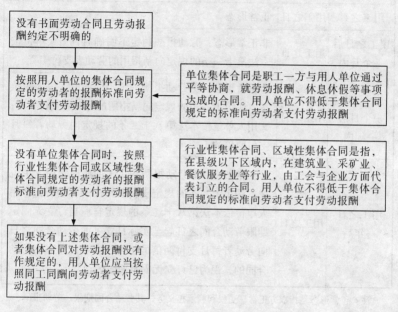

图3-1 劳动报酬执行标准

"同工同酬"是指用人单位对于从事相同工作,付出等量劳动且取得相同劳绩的劳动者,应支付同等的劳动报酬。理解"同工同酬"时应注意两点:①同工同酬原则并不排斥基于资历、贡献、产量的不同或者其他合理原因;②考虑到不同单位的效益不同,这里的"同工"应是指同一单位内性质相同的同种或同类岗位,而不是行业内的普遍薪酬水准。

在实践中,由于劳动合同订立时间的不同,因此产生的法律后果也将各有不同。详见表3-1。

表3-1 劳动合同签订时间及对应的法律后果

合同签订时间	劳动关系建立时间	法律后果
用工之日前	用工之日	正常形态
用工之日	用工之日	正常形态
用工之日后一个月内	用工之日	非正常形态：劳动报酬约定不明确时，用人单位按本法第十一条的规定向新招用的劳动者支付工资
用工之日一个月后一年内	用工之日	非正常形态：①劳动报酬约定不明确时，用人单位按本法第十一条的规定向新招用的劳动者支付工资；②用人单位按本法第八十二条的规定向劳动者每月支付两倍的工资
用工之日一年后	用工之日	非正常形态：①劳动报酬约定不明确时，用人单位按本法第十一条的规定支付新招用的劳动者；②用人单位依本法第八十二条的规定自应当订立无固定期限劳动合同之日起至实际订立书面劳动合同之日向劳动者每月支付两倍的工资；③不订立书面劳动合同的，视为已订立无固定期限劳动合同

注：正常形态是指双方正常享受权利、承担义务，其劳动合同期限、劳动报酬、试用期、经济补偿金等，均从用工之日起计算。

上表所列的对用人单位的一系列不利法律后果，都是在一个前提下产生的：书面劳动合同的未能订立是用人单位造成的。根据《劳动部办公厅关于固定工签订劳动合同有关问题的复函》（劳办发〔1996〕71号）第一条第一款的规定："职工不愿与用人单位签订劳动合同，经双方协商同意，可在书面申请三十日后解除劳动关系。对于用人单位招收（接）收的大中专毕业生，按有关规定签订了服务合同或其他协议的，未到期的仍应继续履行，并应与用人单位签订劳动合同；对于拒绝签订劳动合同又不履行协议的，用人单位可在其提出书面申请三十日后解除劳动关系。劳动关系解除后，如原服务合同、协议约定或用人单位依法规定了赔偿办法的，职工应按服务合同、协议约定和用人单位规定承担赔偿责任；如无约定或规定的，按国家有关规定执行。""对拒绝签订劳动合同但仍要求保持劳动关系的职工，用人单位可以在规定的期限届满后，与职工解除劳动关系，并办理有关手续。"

如果由于劳动者的原因导致没有订立劳动合同的，实际上并不能适用上表对于用人单位的各项规定，但是不能适用的举证责任应由用人单位承担。①《劳动合同法》颁布后，对劳动合同的书面化要求更严格了，如果劳动者拒绝订立劳动合同，用人单位有权与其解除劳动关系。

二、实务问答

问题1：订立劳动合同应当注意哪些问题？

订立劳动合同时应当注意以下问题：

第一，签订劳动合同要遵循平等自愿、协商一致的原则。用人单位不得强迫，劳动者也不得采取欺诈等非法手段签订劳动合同。

第二，用人单位应当依法成立，能够依法支付工资、缴纳社会保险费、提供劳动保护条件并能承担相应民事责任的机构。劳动者应当达到法定就业年龄，具有与履行劳动合同义务相适应的能力。

第三，劳动合同应以书面形式订立，双方当事人签名（盖章）后各执一份。

第四，合同的内容不得违反法律、法规的禁止性规定。有些合同规定女职工不得结婚、生育子女，因工负伤时"工伤自理"，甚至是生死合同，等等，这些显失公平的内容为法律所否定，因此，这些合同条款自签订之时就无效或部分条款无效。

第五，签订劳动合同时，在行文表达和用词上必须准确、通俗

---

① 参见孙瑞玺《劳动合同法原理精要与实务指南》，人民法院出版社2008年版，第17页。

易懂,以免发生争议。

第六,劳动合同一般由用人单位法定代表人(也可授权委托劳动人事部门负责人或具体经办人)与劳动者本人签订,合同经双方签字、盖章(用人单位加盖公章)后生效。用人单位法定代表人委托管理人员与劳动者签订劳动合同的,应有授权委托书,如没有授权书而签订劳动合同的,只要有加盖单位公章或者单位劳动人事部门印章,合同仍然生效。

问题2:没有签订书面劳动合同时,如果要认定劳动关系存在,需要提供哪些证据?

劳动关系的认定是明确用人单位与劳动者权利义务的前提。虽然《劳动合同法》规定了用人单位自用工之日起即与劳动者建立劳动关系,但在没有书面劳动合同的情况下,则需证明用工事实存在,才能以此认定劳动关系的存在。

在书面合同缺失的情况下,认定事实劳动关系需具备以下要件:①用人单位和劳动者符合法律、法规规定的主体资格;②用人单位对劳动者有管理和指挥权,劳动者在从属的关系中提供劳动;③劳动者提供的劳动是用人单位业务的组成部分。

劳动者与用人单位劳动关系存在的证据包括劳动合同和各种约定等。劳动者可以收集和保存如工作证、用人单位出入证、工资发放的银行存折和工资条、上班与加班卡、工作服、工友的证词等证据。2005年5月25日劳动部的《关于确立劳动关系有关事项的通知》(劳社部发〔2005〕12号)就明确规定,"用人单位未与劳动者签订劳动合同,认定双方存在劳动关系时可参照下列凭证:工资支付凭证或记录(职工工资发放花名册)、缴纳各项社会保险费的记录;用人单位向劳动者发放的'工作证'、'服务证'等能够证明身份的证件;劳动者填写的用人单位招工招聘'登记表'、'报名表'等招用记录;考勤记录;其他劳动者的证言等"。上述前四项的有关凭证由用人单位负举证责任。劳动者要注意保存自己与单位存在劳动关系的证据。

问题 3：什么是非正常劳动关系的劳动合同？

以下情形为非正常劳动关系，可建立非正常劳动关系合同。[1]

（1）富余人员、放长假的职工与单位的劳动合同。用人单位与这类职工可以经过协商一致，在劳动合同中对不在岗期间的待遇等事项作出明确的约定。

（2）长期被外单位借用、带薪上学或其他非在岗但仍与用人单位保持劳动关系的人员的劳动合同。根据相同情况相同处理，不同情形不同对待的基本原则，经过协商，单位与劳动者可以作出特殊的合同约定。

（3）变化后的用人单位与劳动者之间的合同。用人单位分立或合并后，分立或合并后的用人单位可依据其实际情况与原用人单位的劳动者在平等自愿、协商一致的原则下，变更原劳动合同。

（4）外派员工与单位之间的劳动合同。在对外开放的过程中，引进外资建立的中外合资经营企业或中外合作经营企业，通常需要由中方外派管理人员到合资或合作企业工作。在劳务派遣这种用工方式中，被外派的员工也应明确与其建立劳动关系的单位。劳动者如与原单位保持劳动关系，则应当与派出单位签订劳动合同，享受派出单位的相关福利待遇。如果被外派的员工断绝了与派出单位的劳动关系，则应依法与实际用工单位建立劳动关系，明确工资、保险、福利、休假等有关待遇。

（5）劳动者与特殊经营的经营者之间的劳动合同。租赁经营、承包经营[2]的企业，企业的所有权乃至法人的名称均未变更，法律地位上也没有任何的改变。企业在与职工订立劳动合同时，该企业作为合同主体的资格并没有发生变化。

建筑施工、矿山等用人单位将工程（业务）或经营权发包给不

---

[1] 参见谢良敏、吕静《劳动合同法 200 问》，法律出版社 2007 年版，第 52 页。
[2] 承包经营，是指在坚持生产资料所有制不变的基础上，按照所有权和经营权分离的原则，承包方通过签订合同，明确责权利关系，为发包方完成一定生产任务、工程建设项目、技术设计任务等而进行自主经营的一种经营制度。承包经营期间劳动者的劳动关系一般都会作出相应的变化。

具备用工资格的组织或自然人的,对该组织或自然人招用的劳动者,一般应由具备用工主体资格的发包方与劳动者建立劳动合同关系。

(6)"临时工"与单位建立的劳动合同。"临时工"是指用人单位对临时性岗位上的劳动者的用工称谓。用工单位也应与"临时工"签订劳动合同并依法为其购买各种社会保险,使其享有相关的福利待遇。用人单位可按照具体用工时间长短需要来确定合同的期限。

问题4:《劳动合同法》的实施时间对不同时间签订的劳动合同有什么不同的影响?

根据不同的劳动合同类型,《劳动合同法》的颁布会产生不同的效力,具体如表3-2所示。

表3-2 《劳动合同法》实施前后不同合同的效力

不同时间段的合同	《劳动合同法》对其效力
2008年1月1日前解除或终止的劳动合同	没有约束力
2008年1月1日前订立的劳动合同,延续至2008年1月1日之后	有约束力。双方应继续履行,不得随意解除
2008年1月1日之前已经与劳动者建立劳动关系,但是并没有同劳动者订立书面的劳动合同(包括自始没有签订劳动合同和劳动合同到期后未续签)	有约束力。用人单位应当在2008年1月31日之前补签书面的劳动合同。如果到了2008年1月31日之前还没有补签,那么从2008年2月份起,用人单位应当向劳动者支付两倍的工资;如果到2008年的年底还没有与劳动者签订书面的劳动合同,则从2009年1月1日起视为与劳动者订立了无固定期限的劳动合同
2008年1月1日后订立的劳动合同	有约束力,应依法建立劳动合同关系

三、典型事例

事例1：用人单位扣留劳动者证件和财物强行要求续签劳动合同。

【事件经过】

吴某、张某于2008年10月21日与某出租公司签订书面劳动合同，合同期6年，每月底薪600元，奖金根据客运效益按季度发给。该公司把与所有司机签订的劳动合同送交市劳动局劳动争议仲裁科进行合同鉴证。合同履行期间，该公司先后派吴某、张某到某某交通学校汽车驾驶培训中心进行业务技能培训一个月，支付培训费2500元/人，共计5000元。

6年劳动合同期限届满，吴某、张某两人书面向该公司提出不愿再与公司续订合同。公司则以两人是公司的业务骨干为由，不愿意终止合同，要求两人续订6年劳动合同，并承诺考虑将两人底薪调高，如果二人坚持离开，则必须交回驾驶执照，并交清公司的培训费2500元/人。未上交驾驶执照和交清款项前，两人的《职工待业证明》、《劳动手册》及生活补助费不予发放。

【点评】

合同关系应建立在合法、自愿、公平的基础上。劳动者有选择是否订立劳动合同，与谁订立劳动合同的权利，劳动合同期届满，吴某、张某有权拒绝续订劳动合同，用人单位对此无权干涉。用人单位不能以不发放《职工待业证明》、《劳动手册》及生活补助费等方式威胁劳动者签订劳动合同，否则将被追究相关法律责任。

事例2：试用期过后再签正式劳动合同的问题。

【事件经过】

某公司与刘某签订了一份为期6个月的试用期合同，约定试用期满通过考核后，双方再签订正式劳动合同。在试用接近2个月时，公司人力资源经理找刘某谈话，指出刘某在试用期间工作连连失误,并以其不符合录用条件为由解除了与刘某的试用期合同。①

【点评】

在试用期内,用人单位有权解除不符合录用条件的员工的劳动合同。试用期包含在劳动合同期限之内;但如果劳动合同仅约定试用期的,试用期不成立,该期限即为劳动合同期限。刘某与企业6个月的试用期合同将被认定为6个月的固定期限合同。该公司不能以刘某在试用期间不符合录用条件为由与其解除劳动合同。如果该公司确实不满意刘某的工作表现,不想与刘某维持劳动关系,只能采取解雇正式员工的方式解除与刘某的劳动合同。

有期限的劳动合同可以约定试用期。如果用人单位在劳动合同中只与劳动者约定试用期,不约定试用期后的用工期限,该试用期即被视为劳动合同的期限。

第二节 劳动合同的期限

一、条文解读

第十二条 劳动合同分为固定期限劳动合同、无固定期限劳动合同和以完成一定工作任务为期限的劳动合同。

本条是从期限的角度对劳动合同的类型进行划分。

劳动合同期限是指劳动合同有效存续的时间,即用人单位与劳动者在劳动合同中约定建立的劳动关系应当持续到何时。根据本条,劳动合同有三种类型:固定期限劳动合同、无固定期限劳动合同和以完成一定的工作任务为期限的劳动合同。

科学合理地确定劳动合同的期限,对于用人单位和劳动者的生存发展都有很大的促进作用。用人单位在确定劳动合同的期限时应该考虑以下两个因素:一是用人单位可以根据生产经营的长期规划

---

① 石先广:《劳动合同法深度释解与企业应对》,中国法制出版社2007年版,第33页。

第三讲 劳动合同的成立和效力

和目标任务，对劳动力的使用进行科学预测，将生产岗位、任务划分为若干序列，然后分别对劳动力的使用作出人力资源管理工作规划。二是用人单位要考虑劳动者年龄、身体和专业技术因素，确定合理的劳动合同期限。岗位的不同要求固然要考虑，劳动者个人的差异也应当注意。劳动者可以根据自身的年龄、身体状况、专业技术水平、自身发展计划等因素选择适合自己的劳动合同期限。

第十三条 固定期限劳动合同，是指用人单位与劳动者约定合同终止时间的劳动合同。

用人单位与劳动者协商一致，可以订立固定期限劳动合同。

本条是对固定期限劳动合同的规定。

固定期限劳动合同，是指当事人双方约定一个时间段，在该时间段内，劳动合同有效，其内容对双方均有约束力；超出该时间段，劳动合同效力消灭。固定期限劳动合同最明显的特征一般表现为合同中写明某年某月某日合同终止或出现某种事由时合同终止，并且有时还会规定劳动合同存续的有效时间。

固定期限劳动合同是最为常见的一种劳动合同。长的可以七年八年，甚至更长，短的也可以是一两个月。具体期限由合同当事人双方根据工作需要和实际情况确定。对于劳动者而言，刚参加工作时，可以接受较短期限；在适应工作而且对待遇较为满意时，则将会要求较长期限。用人单位则应当根据工作的内容、性质和要求，合理确定劳动合同的期限。对于那些常年性工作，要求保持连续性、稳定性和富含技术性强的工作，适宜与劳动者签订较为长期的固定期限劳动合同。对于一般性、季节性、临时性、用工灵活、职业危害较大的工作岗位，适宜签订较为短期的固定期限劳动合同。

用人单位与劳动者签订固定期限劳动合同时，不能违反法律关于固定期限劳动合同的禁止性规定。例如，劳动合同期限3个月以上不满1年的，试用期不得超过1个月；劳动合同期限1年以上不满3年的，试用期不得超过1个月；劳动合同期限1年以上不满3

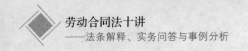

年的,试用期不得超过两个月;3年以上固定期限的劳动合同试用期不得超过6个月;等等。

由于固定期限劳动合同约定了有效期,在固定期限未满之前,任何一方当事人除非有法定事由,不得随意提前解除劳动合同。

第十四条 无固定期限劳动合同,是指用人单位与劳动者约定无确定终止时间的劳动合同。

用人单位与劳动者协商一致,可以订立无固定期限劳动合同。有下列情形之一,劳动者提出或者同意续订、订立劳动合同的,除劳动者提出订立固定期限劳动合同外,应当订立无固定期限劳动合同:

(一)劳动者在该用人单位连续工作满十年的;

(二)用人单位初次实行劳动合同制度或者国有企业改制重新订立劳动合同时,劳动者在该用人单位连续工作满十年且距法定退休年龄不足十年的;

(三)连续订立二次固定期限劳动合同,且劳动者没有本法第三十九条和第四十条第(一)项、第(二)项规定的情形,续订劳动合同的。

用人单位自用工之日起满一年不与劳动者订立书面劳动合同的,视为用人单位与劳动者已订立无固定期限劳动合同。

本条是对无固定期限合同的规定。

本条第一款是对无固定期限合同含义的规定。无固定期限劳动合同,是指无确定终止时间的劳动合同。双方不约定劳动合同终止的具体时间,只要没有出现用人单位或者劳动者任何一方可以依法终止或者解除劳动合同的情形,双方都继续保持劳动关系。无固定期限劳动合同实际上是一种既为当事人双方提供一定程度的保障,同时也为他们保留一定行动空间的一种合理的合同形式。①

订立无固定期限劳动合同有协商订立和法定订立两种。只要用人单位与劳动者协商一致，都可以订立无固定期限劳动合同。但如果出现法定情形，除非劳动者主动提出订立固定期限劳动合同或不再续订劳动合同，用人单位必须与劳动者订立无固定期限劳动合同。

当劳动者符合签订无固定期限劳动合同的条件，而劳动者主动提出订立固定期限劳动合同时，用人单位一定要保留劳动者提出订立固定期限劳动合同的书面证据；否则，发生劳动争议时，可能因无法举证，而被裁判从应当订立无固定期限劳动合同之日起向劳动者每月支付两倍的工资。

第（一）项是自劳动关系建立之日起，到延续劳动合同时，劳动者已在该用人单位连续工作满10年的情形。这里应注意四点：①"连续"工作满10年，不是累计工作满10年，中间不能有劳动关系的中断。例如，劳动者甲从2004年至2014年都在A厂工作，则甲可以依据该项与用人单位签订无固定期限劳动合同。劳动者乙从2000年至2005年在A厂工作，2006年至2007年在B厂工作，2008年至2014年回到A厂工作，则乙虽然在A厂工作已经长达13年之久，但不可以依据该项要求用人单位与其签订无固定期限劳动合同。②"满10年"包括连续工作满10年及10年以上。另外，应把劳动者在同一工作单位依法享有的医疗期计算在内。③如果一个劳动者在用人单位连续工作的年限超过10年，而他与用人单位的固定期限劳动合同尚未到期，不能根据该项自动转化为无固定期限劳动合同。④在《劳动合同法》实施前后的连续工作年限，均可算入该"10年"期限。

第（二）项是专门针对国有企业改制和初次实行劳动合同制度的单位所作的规定，即用人单位初次实行劳动合同制度或者国有

---

① 参见郑爱青《法国劳动合同立法的启示》，载《法学杂志》2002年第5期，第71页。

企业改制重新订立劳动合同时，只要劳动者在该用人单位连续工作满十年且距法定退休年龄不足 10 年的，用人单位就应当与劳动者订立无固定期限劳动合同。该规定适用的对象主要是国有企业或非企业性质的将要实行劳动合同制度的单位，保护的对象主要是在上述单位工作达一定年限的中老年劳动者。

从国务院国有资产监督管理委员会《关于规范国有企业改制工作的意见》的规定可看出，"国有企业改制"，是指国有企业采取重组、联合、兼并、租赁、承包经营、合资、转让国有产权和股份制、股份合作制等多种形式进行的与产权有关的改革。这表明并非国有企业所有的制度变革都属于改制范围，只有由于上述的制度性改革而需要重新订立劳动合同时，符合法定条件的劳动者才有权提出订立无固定期限劳动合同。

"初次实行劳动合同制度"，则是指企业初次实行人事和劳动制度改革，并将职务终身制或固定工制度改为聘任制或劳动合同制度的过程。第（一）项针对的是已经实行劳动合同制的情形，第（二）项是针对初次实行劳动合同制或国有企业改制的情形。

根据第（三）项的规定，用人单位与劳动者已经连续订立了二次固定期限劳动合同，如果第二次签订的劳动合同已经到期，只要劳动者没有本法规定的可以被依法解除劳动合同的情形，除劳动者提出订立固定期限劳动合同外，应当订立无固定期限劳动合同。

根据《劳动合同法》"附则"第九十七条规定，连续订立固定期限劳动合同的次数，自《劳动合同法》施行后续订固定期限劳动合同时开始计算。《劳动合同法》实施前的固定期限劳动合同签订次数不能算入该"二次"中。

第二款是关于视为已订立无固定期限劳动合同的规定。根据这一规定，如果用人单位自用工之日起超过 1 年不与劳动者签订书面劳动合同，那么，用人单位与劳动者的劳动合同关系就是无固定期限劳动合同关系。在处理用人单位与劳动者的劳动关系时，就按照无固定期限劳动合同关系处理。即使根据本款的规定，用人单位被视为与劳动者签订了无固定期限劳动合同，用人单位还必须按照法定程序与劳动者订立无固定期限劳动合同。否则，用人单位就必须从应当订立无固定期限劳动合同之日起向劳动者每月支付两倍的工资，直到订立书面无固定期限劳动合同为止。现有立法采取通过强制性要求资方与劳方订立无固定期限劳动合同的做法，体现了立法者对劳动者给予法律保护及希望遏制劳动合同短期化现象的善意。① 应签订无固定期限劳动合同的情形如下（见图3-2）。

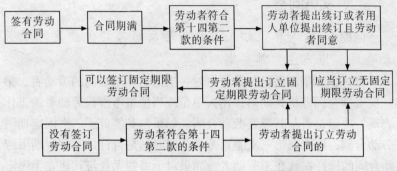

图3-2 应签订无固定期限劳动合同的情形

第十五条 以完成一定工作任务为期限的劳动合同，是指用人单位与劳动者约定以某项工作的完成为合同期限的劳动合同。

本条是对以完成一定工作任务为期限的劳动合同的规定。

以完成一定工作任务为期限的劳动合同是以完成某项工作为期限的，一旦这项工作完成，劳动合同则自行失效。用人单位一般会在这类合同中要求劳动者在某一个时间点前或者最晚不得晚于某一个时间段内按质按量地完成某项工作。双方当事人在这类合同存续期间建立的是劳动关系，劳动者要遵守用人单位内部规章制度，可以与单位的正式员工一样享受单位工资福利、社会保险等待遇。

---

① 参见秦国荣《无固定期限劳动合同：劳资伦理定位与制度安排》，载《中国法学》2010年第2期，第179页。

以完成一定工作任务为期限的劳动合同不得约定试用期。在以下几种情况下，用人单位与劳动者可以签订以完成一定工作任务为期限的劳动合同：①以完成单项工作任务为期限的劳动合同；②以项目承包方式完成承包任务的劳动合同；③因季节原因临时用工的劳动合同；④其他双方约定的以完成一定工作任务为期限的劳动合同。

二、实务问答

问题1：用人单位如果不想与劳动者签订无固定期限劳动合同，应当注意哪些事项？

第一，对于那些已与其签订过一次固定期限合同的劳动者，第一次劳动合同即将到期前，用人单位应当慎重考察该劳动者的工作表现，决定是否与其续签劳动合同。如果与其签订了二次固定期限劳动合同，那么在第三次签订劳动合同时，是否订立无固定期限劳动合同的选择权就在于劳动者。如果对于那些无意与其建立无固定期限劳动合同关系的劳动者，用人单位应当拒绝与其签订第二次固定期限劳动合同。

第二，用人单位应当建立一份员工工龄统计表，对于那些工龄较长的员工，如果本单位无意与其建立无固定期限劳动合同关系，就不应当使其在本单位的工作年限超过10年。工作年限超过10年，只要劳动者提出续签无固定期限劳动合同，单位就必须与之签订无固定期限劳动合同。

问题2：跨越了2008年1月1日的劳动合同，是否属于《劳动合同法》第十四条第二款第（三）项规定的"连续订立二次固定期限劳动合同"中的一次？

《劳动合同法》第九十七条规定，本法第十四条第二款第（三）项规定连续订立固定期限劳动合同的次数，自本法施行后再次续订固定期限劳动合同时开始计算。《劳动合同法》施行前订立、《劳动合同法》施行后仍在履行的劳动合同，不计算在连续订立的固定期限劳动合同的次数内。次数的计算应当以《劳动合同法》施行后重新订立的劳动合同作为第一次。

例如,赵某与用人单位签订了1年期限的劳动合同,时间自2007年6月1日至2008年5月31日。该劳动合同订立的时间是2007年6月1日,虽然在《劳动合同法》施行后仍在履行,但不是《劳动合同法》施行后新订立的劳动合同,因此,该劳动合同的签订不计入"连续订立二次固定期限劳动合同"的次数之内。

问题3:用人单位自用工之日起超过1个月不满1年未与劳动者订立书面劳动合同的,按《劳动合同法》的规定,应当向劳动者每月支付两倍的工资。支付金额应如何计算?

已建立劳动关系,未同时订立书面劳动合同的,应当自用工之日起1个月内订立书面劳动合同。"应当向劳动者每月支付两倍的工资"的时间起算点从用工之日起第二个月的第一天开始计算。因此,支付金额=每月工资×(用工之日起第二个月的第一天到终止劳动关系之日所历经的月数)×2倍。

三、典型事例

事例1:劳动者误签固定期限合同的问题

【事件经过】

张某在某公司已经连续工作多年,公司每年与张某续签1年期限的劳动合同。不知不觉张某已在该公司连续工作了10年,又到了续签劳动合同的日期,张某愿意继续留在公司工作,公司对张某也比较满意,于是双方经协商又续签了一份1年期的劳动合同。

张某听说只要连续工作10年以上的,用人单位就应当续签无固定期限劳动合同。张某就找公司交涉,要求公司按《劳动合同法》的规定将1年期劳动合同改为无固定期限劳动合同。公司认为这份合同是经双方协商一致签订的,要改期限也要经协商一致,现公司不同意张某提出更改期限的要求。双方就此发生争议。

【点评】

《劳动合同法》第十四条规定了劳动者提出或者同意续订劳动合同的,应当订立无固定期限劳动合同的情形,张某此前在公司连续工作了10年,是有权要求签订无固定期限劳动合同的。但这并非意味着签订固定期限劳动合同后,经张某单方面主张,该固定期限劳动合同就可以直接变更为无固定期限劳动合同。是否签订无固定期限劳动合同是用人单位和劳动者双方意思表示的问题,张某没有明确提出,反而再续签了1年的书面劳动合同。该固定期限劳动合同已经成立并且生效。除非张某能够证明该固定期限劳动合同无效,即存在《劳动合同法》第二十六条规定的劳动合同无效或部分无效的情形,继而向劳动行政管理部门、劳动争议仲裁机构或者人民法院申请确认无效。在此基础上,张某关于固定期限劳动合同变更为无固定期限劳动合同的主张才可能得到支持。

事例2:连续订立二次固定期限合同,用人单位能否终止合同?

【事件经过】

刘某于2013年1月1日与公司签订了1年期限的劳动合同,时间自2013年1月1日至2013年12月31日止。合同到期后,公司又与刘某续签了1年期限的劳动合同。合同期满时,刘某是否有权提出订立无固定期限劳动合同?

【点评】

《劳动合同法》第十四条规定,连续订立二次固定期限劳动合同,且劳动者没有本法第三十九条和第四十条第(一)项、第(二)项规定的情形,劳动者提出或者同意续订、订立劳动合同的,除劳动者提出订立固定期限劳动合同外,应当订立无固定期限劳动合同。劳动者已经与单位连续两次签订固定期限劳动合同,在工作期间劳动者没有出错、努力工作,说明其能够胜任用人单位的工作,用人单位和劳动者签订无固定期限劳动合同也是合理的。刘某与公司已经连续订立两次固定期限劳动合同,且刘某没有违法、违纪以及不能胜任工作的情形,在合同到期后刘某提出签订无固定期限劳动合同符合法律规定,应当得到支持。用人单位在第一次劳动合同到期时,是要终止劳动合同还是续订劳动合同,用人单位必须作出选择。

事例3:用人单位不得变换名称规避无固定期限合同

【事件经过】

2006年8月小丽高职毕业后,应聘上海某实业有限公司任设计师助理,当时劳动合同的服务期是1年。2007年8月28日,小丽与公司续签劳动合同1年,但合同的用人单位却是"上海某贸易有限公司"。小丽经过学习得知,《劳动合同法》规定:用人单位与劳动者连续订立两次有固定期限劳动合同后,续订劳动合同的,应当签订无固定期限劳动合同。小丽还了解到,"实业公司"和"贸易公司"的老板是同一个人,他注册"贸易公司"的目的就是用来和员工签劳动合同。只要员工每年在这两家公司之间轮换签订劳动合同,员工就永远签不到无固定期限劳动合同。得知真相后小丽很生气,但不知该怎么办。①

【点评】

《劳动合同法》第十四条第二款规定:用人单位与劳动者协商一致,可以订立无固定期限劳动合同。连续订立二次固定期限劳动合同,且劳动者没有本法第三十九条和第四十条第(一)项、第(二)项规定的情形,续订劳动合同的,劳动者提出或者同意续订、订立劳动合同的,除劳动者提出订立固定期限劳动合同外,应当订立无固定期限劳动合同。上述事件中的老板同时成立"实业公司"与"贸易公司"的目的就是钻法律的空子,使员工不符合"连续订立二次固定期限劳动合同"这样一个条件。

劳动者应当想办法取得并妥善保存相关的证据。这些证据包括:劳动者的工作内容、上岗证、出入证、考勤卡、工资单、税

---

① 光军:《永远签不到无固定期限合同吗?》,载《新民晚报》2007年12月9日B11版。

单。如果能够证明与劳动者续签合同的是一家没有正常业务的空壳公司，那么劳动者的工作内容往往就是原来的内容。

虽然从表面看，小丽和"实业公司"合同到期后，又和"贸易公司"签了劳动合同，而不是和"实业公司"续订劳动合同。但如果小丽获得了上述证据，就可以证明双方建立了事实劳动关系，按照《劳动合同法》的规定，这种情况延续1年后的法律后果是：视为小丽和"实业公司"已经订立无固定期限劳动合同，而且小丽每月可以得到两倍的工资。

第三节　劳动合同的续订

一、条文解读

《劳动合同法》并没有对劳动合同的续订作出专门规定，对劳动合同续订问题作出直接规定的只有原劳动部发布的三个法律文件①，但实践中又产生了许多劳动合同的续订问题，因此有必要将劳动合同的续订加以说明，以更好地指导劳资双方处理劳动问题。

原固定期限劳动合同到期后，当事人一致同意继续保持劳动关系，于是在原劳动合同终止前办理续延手续。② 续订的特点如下：①续订劳动合同的当事人为原劳动合同的双方当事人。任何一方产生变更的，都只能订立新的劳动合同，而不是原劳动合同的续订。②续订劳动合同所确立的劳动关系是原劳动关系的延续，而不是在

---

① 参见《关于贯彻执行〈中华人民共和国劳动法〉若干问题的意见》（1995年8月4日，劳部发〔1995〕309号）、《劳动部、公安部、外交部、对外贸易经济合作部关于外国人在中国就业管理的规定》（1996年1月22日，劳部发〔1996〕29号）与《劳动部关于实行劳动合同制度若干问题的通知》（1996年10月31日，劳部发〔1996〕354号）。

② 参见石先广《劳动合同法深度释解与企业应对》，中国法制出版社2007年版，第127页。

原劳动关系终止后再次确立二次劳动关系。① ③续订劳动合同的内容是以原劳动合同的内容为基础，而且不得再约定试用期。

劳动合同的续订，应当具有法定的必备的条件，续订只限于一定范围内的定期劳动合同。《劳动法》规定：临时工劳动合同、已满8年的农民定期轮换工劳动合同、满5年的外国人劳动合同、已完成一定工作（工程）为期限的劳动合同，都不得续订；其他的定期劳动合同可以依法续订。②

在特定条件下劳动合同的续订。劳动合同期满后，因用人单位方面的原因未办理终止或续订手续而形成事实劳动关系的，视为双方同意续订劳动合同，用人单位应及时办理续订手续。③ 在特定条件下应续订为不定期劳动合同。如果劳动者符合法定条件，双方同意续签劳动合同的，除非劳动者提出订立固定期限劳动合同，否则用人单位应当与其订立无固定期限劳动合同。由固定期限劳动合同续订为无固定期限劳动合同，是续订劳动合同的一项例外情形。

劳动合同续订程序，一般包括下述环节：①当事人双方就劳动合同的续订，签订书面协议。②原劳动合同在签订书面协议后经过鉴证、备案或其他程序的，续订合同的协议也应办理同样手续。对劳动合同的内容，双方应当按照合法、公正、平等自愿、协商一致、诚实信用的原则协商确定；对于不一致的内容，依照《劳动合同法》第十八条的规定执行。④

二、实务问答

问题1：续订劳动合同要经历哪些环节？

---

① 参见王全兴《劳动法》，法律出版社2007年版，第138页。
② 参见《关于贯彻执行〈中华人民共和国劳动法〉若干问题的意见》（1995年8月4日，劳部发〔1995〕309号）和《劳动部、公安部、外交部、对外贸易经济合作部关于外国人在中国就业管理的规定》（1996年1月22日，劳部发〔1996〕29号）。
③ 参见《劳动部关于实行劳动合同制度若干问题的通知》（1996年10月31日，劳部发〔1996〕354号）。
④ 参见徐智华《劳动合同法研究》，北京大学出版社2011年版，第96页。

劳动合同的续订一般包括以下环节：

第一，在劳动合同到期终止前一个月左右，应互相了解双方是否有续订的意向，若双方均有续订的合意，应及时协商续订事宜。

第二，双方当事人对劳动合同续订事宜进行协商，包括对原合同条款审核后确定继续实施还是变更部分内容。如对原内容变更较大的，双方应重新协商签订新的合同；若对原合同内容变更不大，可以签订《延续劳动合同协议书》，并明确劳动合同延续的期限及其他需要变更的合同条款。若劳动者的条件符合《劳动合同法》第十四条规定应签订无固定期限劳动合同的情形，只要劳动者不反对签订无固定期限劳动合同，续订的劳动合同就应当为无固定期限劳动合同。

第三，协商一致后，双方签字或者盖章。若是填写续签合同单的就将续签合同单附在原劳动合同后面即可，双方也可重新签订一份劳动合同。

问题2：续订劳动合同时应注意哪些问题？

续订劳动合同时应注意：[①] ①同一岗位续订劳动合同时，不得约定试用期。②非正式用工的雇佣合同和以完成一定工作为期限的劳动合同都不得续订，用人单位也不得与接近或者已经达到退休年龄的人员续订劳动合同。③如果劳动者符合法定条件，劳动者提出或者同意续签劳动合同的，应当订立无固定期限劳动合同。④合同到期应及时办理终止或续订手续。劳动合同到期后，如果用人单位既不及时办理终止手续，也不续订劳动合同的，而劳动者继续留在原单位上班，就会形成事实劳动关系。一旦形成事实劳动关系后，如用人单位再想终止劳动关系的，就容易发生纠纷。⑤与农民定期

[①] 参见石先广《劳动合同法深度释解与企业应对》，中国法制出版社2007年版，第132页。

轮换工①和外国人续订劳动合同不应超过法定期限。根据原劳动部《关于贯彻执行〈劳动法〉若干问题的意见》的规定，从事矿山井下及在其他有害身体健康的工种、岗位工作的农民工，实行定期轮换制度，劳动合同期限最长不超过8年。农民轮换工的原订合同期限不足8年，续订合同时，期限不得超过8年。外国人在我国大陆就业的，企业与其续订劳动合同不应超过就业许可证的期限，最长期限一般为5年。⑥特定条件下劳动合同当然续订的情形。

根据《劳动合同法》第四十五条的规定，对于伤残程度为1～6级②的工伤职工，用人单位不得与其终止劳动合同。这就是说，职工提出续签劳动合同的，用人单位应当续签。

三、典型事例

事例1：辞职后在原单位续订劳动合同，工龄不间断的问题。

【事件经过】

2007年9月底开始，某公司发生了有组织有安排的一次大规模的职工"自愿"辞职事件。共计7000名工龄超过8年的老员工，相继向公司提交请辞，自愿离职。辞职员工随后即可以竞聘上岗，职位和待遇基本不变，唯一的变化就是工龄。全部辞职老员工均可以获得公司支付的赔偿，总数高达10亿元。③ 公司方面称，此次辞职事件是公司依据劳动合同法对人力资源管理做调整，目的是使公司的用人制度合法、规范，并富有竞争力。同时，公司没有

---

① 根据《劳动部关于贯彻执行〈中华人民共和国劳动法〉若干问题的意见》第21条规定，用人单位经批准招用农民工，其劳动合同期限可以由用人单位和劳动者协商确定。从事矿山井下以及其他有害身体健康的工种、岗位工作的农民工，实行定期轮换制度，合同期限最长不超过8年。

② 劳动功能障碍分为十个伤残等级，最重的为一级，最轻的为十级。劳动能力鉴定及工伤残疾等级评定标准按照国家有关规定执行。

③ 参见姜锵、黎媛《华为补偿10亿元鼓励七千员工辞职》，载《南方都市报》2007年11月2日。

强迫员工辞职,也没有侵犯职工权益。① 但有媒体评论认为,公司此举意在让员工的工龄归零,以此规避2008年1月1日起实施的《劳动合同法》第十四条有关无固定期限劳动合同的规定。

【点评】

根据现行劳动法规,公司让老员工先签辞职书再签新合同的做法表面上并不违法,但不能据此规避无固定期限劳动合同。因为劳动合同法实施后,要想中断员工的工龄,必须是员工离职,并且进行了包括办理工作交接、停止发放工资和社保、办理失业手续、转移个人档案等程序。而只要劳动者继续在本单位工作,劳动关系就是连续的,即使在形式上采用"主动辞职"、"自愿协议"等方式解除劳动合同,也改变不了"劳动关系连续"的事实。员工辞职后如果跟原单位续签劳动合同的,工作年限是续延辞职前的工作年限连续计算的。《劳动合同法实施条例》对"工龄归零"规避法律的做法作出限制规定。连续工作满10年的起始时间,应当自用人单位用工之日起计算,包括劳动合同法施行前的工作年限。

事例2:合同期满不续订可获补偿。

【事件经过】

齐某在一家制衣厂做高级工,每个月2300元工资。2014年7月合同期满,单位不再与其续签。5年来,公司采用"一年一签"的方式,使得齐某一到7月份就面临失业的威胁。而单位则无需为齐某的失业负责,根据现行《劳动合同法》规定,合同期满无法定情形就自然终止。

【点评】

根据《劳动合同法》,合同期满后,如不再续签的,单位需支付劳动者经济补偿金。齐先生工作5年,可获得5个月工资总计11500元的补偿。除非劳动者在合同期满后主动提出不续订,否则

---

① 参见银刀《华为称员工辞职完全自愿,意在提高用人制度竞争力》,新浪科技:http://tech.sina.com.cn/t/2007-11-05/00141831426.shtml,访问时间:2015年2月11日。

一般都能拿到经济补偿金。但如果用人单位主动提出与劳动者在低于原先待遇的条件下续订劳动合同，而劳动者坚持不续签，用人单位就无需支付经济补偿金。

事例3：合同到期不办理续签、终止手续，形成事实劳动关系。

【事件经过】

谢某2004年7月大学毕业后来到北京某公司工作，双方签订了为期3年的劳动合同，合同期限至2007年7月30日。合同即将到期时谢某曾向公司人力资源部经理提出续订劳动合同，人事经理答复说总经理出差还没有回来，等回来后再答复。经理回来后，也一直没有答复谢某是否续订劳动合同。2007年国庆节前夕，该公司总经理说，谢某的合同早已到期，公司从即日起解除与谢某的劳动合同。人事部经理将终止劳动合同通知书送达给谢某，要求谢某马上办理工作交接手续。谢某便向区劳动争议仲裁委员会提出申请，要求公司补发10月份工资，并继续履行劳动合同。①

【点评】

劳动合同到期后，如果用人单位未办理续签、终止劳动合同的手续，原职工又继续留在单位工作，职工与用人单位之间就形成了事实劳动关系。用人单位与劳动者之间形成了事实劳动关系，而用人单位故意拖延不订立劳动合同，劳动行政部门应予以纠正。用人单位不仅需要补发相应的工资，而且也要支付相应的经济补偿金。

本事件发生地是北京，根据《北京市劳动合同规定》第四十五条的规定："劳动合同期限届满，因用人单位的原因未办理终止劳动合同手续，劳动者与用人单位仍存在劳动关系的，视为续延劳动合同，用人单位应当与劳动者续订劳动合同。当事人就劳动合同期限协商不一致的，其续订的劳动合同期限从签字之日起不得少于

---

① 石先广：《劳动合同法深度释解与企业应对》，中国法制出版社2007年版，第130页。

1年;劳动者在用人单位连续工作满10年以上,劳动者要求续订无固定期限劳动合同的,用人单位应当与其续订无固定期限劳动合同。"因此,谢某与公司形成了事实上的劳动关系,公司无权单方面终止或者解除劳动关系,而应当与其续订至少1年的劳动合同。

第四节 劳动合同的效力

一、条文解读

第十六条 劳动合同由用人单位与劳动者协商一致,并经用人单位与劳动者在劳动合同文本上签字或者盖章生效。

劳动合同文本由用人单位和劳动者各执一份。

本条规定了劳动合同生效的基本形式要件和文本的持有权。

劳动合同的生效是劳动合同对劳动关系双方产生法律约束力的前提。劳动合同由用人单位与劳动者协商一致,并经用人单位与劳动者在劳动合同文本上签字或者盖章生效。这里的"生效"指的是合同文本产生法律约束力,不完全等同于劳动关系的生效。劳动关系的生效,是指劳动关系双方权利义务的产生,按《劳动合同法》的规定是在用工之日,而不是合同签订之日。

签字或者盖章后,劳动合同即时生效,除因违反法律、行政法规禁止性规定等原因导致劳动合同无效或者部分无效外,劳动合同中规定的内容对劳动者和用人单位均具有约束力,双方均必须服从劳动合同的相关规定。如果当事人签字或者盖章时间不一致的,以最后一方签字或者盖章的时间为准。如果有一方没有写签字时间,那么另一方写明的签字时间就是合同的生效时间。

如果盖的不是单位的公章,而是用人单位的人事章或合同专用章,只要该人事章或专用章的使用经过合法授权(如公司章程或规章制度规定,或从劳动者角度看其有理由相信有关人事章或专用章的使用已经过合法授权),就应被认定已符合盖章生效的条件;即使只有用人单位人事主管的签名和劳动者的签名,也生效。

在实践中,不少用人单位采用种种理由拒绝交付劳动合同文本,以便为将来处理双方劳动争议甚至否认劳动关系存在创造有利的条件。如果用人单位违反本条规定,不将劳动合同文本交付劳动者的,由劳动行政部门根据《劳动合同法》第八十一条规定责令改正,给劳动者造成损害的,应当承担赔偿责任。

第二十六条 下列劳动合同无效或者部分无效:

(一)以欺诈、胁迫的手段或者乘人之危,使对方在违背真实意思的情况下订立或者变更劳动合同的;

(二)用人单位免除自己的法定责任、排除劳动者权利的;

(三)违反法律、行政法规强制性规定的。

对劳动合同的无效或者部分无效有争议的,由劳动争议仲裁机构或者人民法院确认。

本条规定了确定劳动合同无效和无效确认权的主体。

劳动合同无效,是指用人单位与劳动者签订的合同因严重缺乏生效要件,在法律上不按当事人的约定发生法律效力。劳动合同的无效是相对于劳动合同的有效而言的。[①] 无效的劳动合同虽已订立,但因违反法定条件而没有法律效力。无效的劳动合同从订立的时候起没有法律约束力。确认劳动合同无效的条件有欺诈、胁迫和乘人之危。

"欺诈"是指一方当事人故意告知对方虚假情况,或者故意隐瞒真实情况,使对方陷入错误认识而与之签订劳动合同,包括:①在没有履行能力的情况下,签订合同。如从事特种作业的劳动者必须经过专门培训并取得特种作业资格。应聘的劳动者如果没有这种资格,提供了假的资格证书,可被视为无履行能力;②行为人负

[①] 参见杨彬《劳动合同效力研究》,中国社会科学出版社2011年版,第64页。

有义务向他方如实告知某种真实情况而故意不告知的。如用人单位没有向劳动者告知岗位的职业病危害。如果一方隐瞒的真实情况与劳动合同的订立没有很直接的关系，如籍贯、家庭住址等，即使有一定的欺骗性，也不认定为欺诈。

"胁迫"是指以给公民及其亲友的生命健康、荣誉、名誉、财产等造成损失或者以给法人的荣誉、名誉、财产等造成损害为要挟，迫使对方作出违背真实的意思表示而签订劳动合同的行为。如果一方所进行的胁迫是不可能实现的，或者受胁迫方根本不会相信的，则不能认定为胁迫。

"乘人之危"，是指行为人利用他人危难处境或急迫需要，迫使对方在非真实意思表示的情况下订立劳动合同，严重损害对方利益。如用人单位利用劳动者一方家有急症患者，急需治疗费用，对此提出苛刻的劳动条件和工资报酬使劳动者被迫签订劳动合同。

用人单位免除自己的法定责任、排除劳动者权利的。这主要是指用人单位在劳动合同中规定严重违反诚实信用原则和社会公共利益的免责条款，达到免除自己的法定责任，排除劳动者权利目的的情形。

（1）规定对劳动者的人身伤害不负责任的免责条款。如"生老病死都与企业无关"，或者在煤矿等高危行业，合同规定用人单位不负责劳动者生命安全等等，在这种情况下，即便劳动者自愿放弃劳动保护权，亦应认定为无效合同。

（2）规定用人单位安排工作的绝对任意性权。如"用人单位有权根据生产经营变化及劳动者的工作情况调整其工作岗位，劳动者必须服从单位的安排"等条款。

（3）即使因故意或者重大过失给劳动者造成财产损失也免责的相关条款等等。

劳动合同无效或者部分无效的第三项条件是违反法律、行政法规强制性规定的。这里的法律是指全国人大及其常委会颁布的法律，行政法规是指由国务院颁布的法规，不能扩大范围。

无效合同主要有四种情况：一是订立劳动合同的主体不符合法

第三讲 劳动合同的成立和效力

律、法规的规定,如用人单位没有经过合法登记注册或单位内部的一个机构与劳动者签订劳动合同,外国人在我国境内就业未办理相关就业手续,以及劳动者不具备劳动能力或者尚不满16周岁等等;二是劳动合同的内容违反法律、法规的规定,如劳动报酬低于当地的最低工资标准,工作时间超过国家规定最长时间,妇女不得在合同期间结婚或者生育的要求等等;三是以合法形式掩盖非法目的的劳动合同,如用人单位招用女青年,名义上签订的劳动合同是从事服务、公关、文秘等工作,实际是从事色情或与色情相关的一些国家明文禁止性的服务;① 四是劳动合同订立的程序、形式不合法。主要是当事人违反协商一致原则或有权招用未满16周岁未成年人的用人单位未依法履行审批手续。

劳动合同是否有效,应该由劳动争议仲裁机构或者人民法院确认,其他任何部门或者个人都无权认定无效劳动合同。确认劳动合同无效的过程如下(见图3-3):

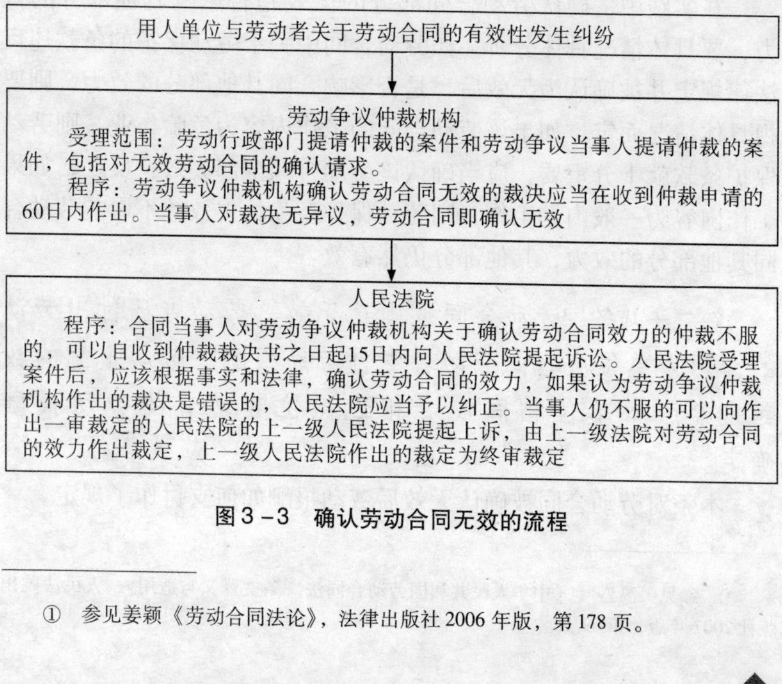

用人单位与劳动者关于劳动合同的有效性发生纠纷

劳动争议仲裁机构
受理范围:劳动行政部门提请仲裁的案件和劳动争议当事人提请仲裁的案件,包括对无效劳动合同的确认请求。
程序:劳动争议仲裁机构确认劳动合同无效的裁决应当在收到仲裁申请的60日内作出。当事人对裁决无异议,劳动合同即确认无效

人民法院
程序:合同当事人对劳动争议仲裁机构关于确认劳动合同效力的仲裁不服的,可以自收到仲裁裁决书之日起15日内向人民法院提起诉讼。人民法院受理案件后,应该根据事实和法律,确认劳动合同的效力,如果认为劳动争议仲裁机构作出的裁决是错误的,人民法院应当予以纠正。当事人仍不服的可以向作出一审裁定的人民法院的上一级人民法院提起上诉,由上一级法院对劳动合同的效力作出裁定,上一级人民法院作出的裁定为终审裁定

图3-3 确认劳动合同无效的流程

---

① 参见姜颖《劳动合同法论》,法律出版社2006年版,第178页。

第二十七条 劳动合同部分无效,不影响其他部分效力的,其他部分仍然有效。

本条是关于劳动合同部分无效的规定,包含了三层意思:

第一,如果确认合同的某些条款无效,而该条款与其他条款相对独立、可分,则不影响其他部分的有效性。如未经批准不得辞职、加班不给加班费、工作受伤自己负责等条款无效一般不影响其他条款的效力。

第二,如果部分无效的条款与其他条款具有不可分性,或者当事人约定某合同条款为合同成立生效的必要条款,该条款的无效就会导致整个合同的无效。如关于工作时间、工作内容的条款失效,如不进行修改,则整个合同无效。

第三,如果合同的目的是违法的,或者根据诚实信用和公平原则,其余部分的合同内容的效力对当事人已没有任何意义或者不公平合理的,合同应全部确认为无效。

在实践中,确认劳动合同部分的无效是否影响其他部分的效力,要具体情况具体分析。如劳动合同中关于劳动保护的条款违反法律规定并被确认为无效后,是否影响合同其他部分的效力,则要视具体情况而定。如果该劳动合同的工作内容为危险作业,则劳动保护条款就十分重要,应当确认该劳动合同全部失效;反之,如果工作内容为一般内勤工作,则劳动保护条款的失效并不影响劳动合同其他部分的效力,其他部分仍然有效。[①]

第二十八条 劳动合同被确认无效,劳动者已付出劳动的,用人单位应当向劳动者支付劳动报酬。劳动报酬的数额,参照本单位相同或者相近岗位劳动者的劳动报酬确定。

本条对劳动合同被确认无效后劳动报酬如何支付作了规定。

---

① 参见吴高盛《〈中华人民共和国劳动合同法〉条文释义与适用》,人民法院出版社2007年版,第69页。

劳动合同被确认为无效后,根据等价有偿的原则,用人单位应当向劳动者支付劳动报酬。劳动合同被确认为无效,用人单位对劳动者付出的劳动,一般可参照本单位同期、同工、同岗位的工资标准支付劳动报酬。如果用人单位无同类岗位的,按照本单位职工平均工资确定。如果双方约定的报酬高于用人单位同岗位劳动者工资水平的,除当事人恶意串通侵害社会公共利益的情况外,劳动报酬按照实际约定的内容给付。

劳动合同无效,其处理方法可参照表3-3:

表3-3 合同无效的原因及对应的处理方法

合同无效的原因	处理方法
因用人单位与劳动者不可控制的因素导致合同无效	任何一方可主张或认定劳动合同无效;用人单位根据劳动者所付出的劳动力给付劳动报酬
因用人单位的因素导致合同无效	劳动者可以解除劳动合同;用人单位除应当向劳动者支付劳动报酬外,还应当比照违反和解除劳动合同经济补偿金的支付标准,赔偿劳动者的损失;劳动行政部门可以处以500元以上20000元以下罚款
因劳动者的因素导致合同无效	用人单位可以解除劳动合同;用人单位根据劳动者所提供的劳动支付劳动报酬,如果因此受到经济损失的,可以向劳动者追索经济赔偿

二、实务问答

问题1:劳动合同中约定的"工伤概不负责"、"不准结婚"、"不准怀孕"的条款是否有效?

劳动合同中约定的此类条款无效。对此,最高人民法院在《关于雇工合同应当严格执行劳动保护法规问题的批复》(最高人民法院1988年10月14日〔88〕民他字第1号）中认为，雇主在招工登记表中注明"工伤概不负责"的行为应认定为无效。

婚姻自由和生育是公民的一项基本人身权利，只要达到法定结婚生育条件，就可以自主决定，任何单位和个人都不得非法限制。

问题2：变更后的劳动合同双方口头同意但是没有签字，是否具有法律约束力？

用人单位与劳动者无论是订立还是变更劳动合同，都必须经过双方当事人协商一致后，依照法定程序在合同上签字或盖章。没有签字的劳动合同是没有法律效力的。如果口头同意的一方最后愿意在合同上补签字，该合同还是有法律效力的。

三、典型事例

事例1：劳动者伪造学历订立的劳动合同的效力及处理。

【事件经过】

2002年3月1日唐某进入阀门公司从事销售工作。入职时，唐某向阀门公司人事部门提交了其本人于2000年7月毕业于某学院材料工程系的学历证明复印件，双方签订了期限为2002年3月1日至同年12月31日的劳动合同，合同约定2002年3月1日至同年8月1日为试用期，此后双方每年续签期限为1年的劳动合同。2007年12月25日，唐某签署《任职承诺书》一份，内容为："……本人以往提供给公司的个人材料均是真实有效的，如有做假，愿意无条件被解除合同……"2008年12月23日，原、被告双方签订《劳动合同补充协议》，约定原劳动合同有效期限顺延至2011年12月31日。2010年7月2日，唐某收到阀门公司的律师函"鉴于你在求职时向阀门公司出具的有关材料和陈述有虚假，且在工作时间没有完成公司规定的业务指标，没有遵守公司规定的工作纪律和规章，故从即日起阀门公司对你开除，即解除与你的劳动合同关系"，落款日期为2010年6月30日。

2010年11月1日，某教务处在阀门公司出具的唐某毕业证书复印件上书写"2000届毕业证中无此人"。阀门公司《员工手册》中有如下规定："新录用的员工报到时应提供以下证明文件的正本供人事部门复核，同时交复印件一份供人事部门存档：①身份证；②学历证明……""员工有下列任一严重违反公司规章制度情况的，公司将予以解雇，且不给于任何经济补偿：……以欺骗手段虚报专业资格或其他各项履历……"对以上内容，唐某已签字确认知晓。① 唐某与阀门公司的劳动合同是否有效？应如何处理？

【点评】

《劳动合同法》第八条规定，用人单位招用劳动者时，有权了解劳动者与劳动合同直接相关的基本情况，劳动者应当如实说明。《劳动合同法》第二十六条第一款规定，"以欺诈、胁迫的手段或者乘人之危，使对方在违背真实意思的情况下订立或者变更劳动合同的"，属于无效劳动合同。唐某伪造学历，骗取用人单位的信任，使该公司误认为唐某是一个具有很强工作能力的人才，因而聘请了他担任公司员工。故该劳动合同属于无效劳动合同。

劳动合同被确认无效后，用人单位对劳动者付出的劳动，一般可参照本单位同期、同工种、同岗位的工资标准支付劳动报酬。根据《劳动合同法》第三十九条的规定，劳动者以欺诈、胁迫或者乘人之危，使对方在违背真实意思的情况下订立或者变更劳动合同致使合同无效的，用人单位可以解除劳动合同。该公司提前解除劳动合同不需要承担法律责任。另外，该公司如果有证据证明唐某的行为给公司造成了经济损失，有权向劳动争议仲裁委员会提起反请求，要求其承担相应的赔偿责任。

是否只要劳动者使用了欺诈手段，劳动合同就一定无效。这得具体情况具体分析。判断标准是一方使用欺诈手段是否使得对方作出了违反真实意思的表示而影响了劳动合同的订立，也就是需要判

---

① 最高人民法院办公厅：《上海冠龙阀门机械有限公司诉唐茂林劳动合同纠纷案》，载《最高人民法院公报》2012年第9期，第38页。

断欺诈内容是否构成了劳动合同订立的基础和前提。

真实的意思表示必须是建立在公序良俗与合法有效的基础上。用人单位提出很多苛刻的不合理招聘条件,如要求职工未婚、女职工工作期间不得生育、本地户口、有住房等,除非该工作确实有特殊的需要,否则这些录用条件都是违反了《劳动法》和《就业促进法》的规定,属无效条款。如果劳动者为了实现就业在求职简历中提供了相应的虚假信息,被动造假,则这些劳动合同一般不宜确认为无效劳动合同,用人单位自然也无权以此为由辞退劳动者。但是如果用人单位的招聘条件完全符合法律规定和公序良俗,劳动者为了获取高额收入与发展机会,而采取欺诈手段与用人单位签订劳动合同,应当认定为无效劳动合同。①

事例2:劳动合同不盖公章是否有效?

【事件经过】

女职工小丁经人介绍在一家医药企业找了份工作,并与公司签订了两年期劳动合同,但合同书上只有企业人力资源赵经理的签名,企业没有公章。在小丁上班半年时间后的一天,人力资源部赵经理找她谈话,对其说明企业为了提高生产效率要精简人员,让她从下月起就不用来上班了。小丁拿出自己那份劳动合同,以劳动合同期限未到为由与赵经理据理力争。赵经理却说劳动合同没有公章,表明合同没有生效。

【点评】

该劳动合同是有效的。用人单位在与劳动者签订劳动合同时,应该由法人代表签字,并加盖企业公章。

该公司在劳动合同上没有加盖公司的公章是不符合劳动法规定的,但这个问题的出现主要是由公司的过错造成的,公司应当承担主要责任。另外,虽然合同未加盖公章,但有人力资源部赵经理的签名,人力资源经理在合同上签字的行为可认定为公司行为,其签

---

① 参见黄乐平《劳动合同法疑难案例解析》,法律出版社2007年版,第23页。

字与公司盖章具有同等效力。① 而且医药企业与小丁双方都已在半年多的时间里，按合同的约定履行了相应的义务，也享受了各自的权利，形成了稳定的劳动关系。劳动行政部门不能因对合同形式要件的过分追求而否认已形成劳动关系这一事实。

---

① 参见刘业林《劳动合同没盖章也有法律效力》，载《工会信息》2011年第7期，第20页。

第四讲 劳动合同的基本内容

第一节 劳动合同的基本条款

一、条文解读

第十七条 劳动合同应当具备以下条款:

(一) 用人单位的名称、住所和法定代表人或者主要负责人;

(二) 劳动者的姓名、住址和居民身份证或者其他有效身份证件号码;

(三) 劳动合同期限;

(四) 工作内容和工作地点;

(五) 工作时间和休息休假;

(六) 劳动报酬;

(七) 社会保险;

(八) 劳动保护、劳动条件和职业危害防护;

(九) 法律、法规规定应当纳入劳动合同的其他事项。

劳动合同除前款规定的必备条款外,用人单位与劳动者可以约定试用期、培训、保守秘密、补充保险和福利待遇等其他事项。

本条在于明确劳动合同的必备条款。劳动合同的必备条款包括以下内容。

1. 用人单位的基本信息

我国的用人单位包括依法成立的企业、个体经济组织、国家机关、事业单位、社会团体等。劳动合同需要明确的用人单位的信息包括名称、住所、法定代表人等，这些信息有助于判断相关单位是否有用人资格及录用能力。

用人单位名称是指用人单位在工商行政部门或其他相关部门依法注册的营业执照上载明的单位名称。用人单位的住所是指用人单位依法登记备案的地址或者主要办事机构所在地。

2. 劳动者的基本信息

劳动者信息包括：姓名、住址、居民身份证或者其他有效身份证件号码。劳动者应当是年满18周岁具有完全民事行为能力或者是年满16周岁、未满18周岁的以自己的劳动收入为主要生活来源的具有劳动能力，以从事劳动获取合法收入作为生活来源的自然人。相关信息可以判断公民是否符合法定的劳动者的条件。

用人单位和劳动者是劳动关系的主体，只有明确其主体，才可能将劳动合同中的权利义务具体落实到用人单位和劳动者。这不仅有利于劳动行政管理部门对用人单位劳动合同主体资格的认定，而且有利于实现劳动行政管理部门和司法部门对用人单位劳动合同的管理和监督。另外，一旦发生争议诉诸仲裁或者诉讼，这些内容的确定也便于起诉与法律文书的送达。

3. 劳动合同期限

劳动合同期限又称合同有效期，是指劳动合同发生效力时间段。分为固定期限的劳动合同、无固定期限的劳动合同、以完成一定任务为期限的劳动合同。劳动合同期限与劳动报酬、违约、经济补偿金等问题密切相关，在劳动合同约定的期限内，劳动者和用人单位都要受到劳动合同的约束。

4. 工作内容与工作地点

工作内容应当说明劳动者从事的是哪个岗位的何种工作，规范情况下会具体到说明是哪个级别，负责哪方面事务，一般需写明在哪个部门，工作性质如何。它是用人单位使用劳动者的目的，也是劳动者通过自己的劳动取得劳动报酬的缘由。这一条款也是劳动合同的核心条款之一，与劳动报酬具有直接的联系，是建立劳动关系的极为重要的因素。① 一般来说，在合同的有效期内，劳动者的工作岗位不会随意变动。工作地点是劳动者劳动的履行地，它还与劳动者的最低工资标准、劳动保护、劳动条件、职业危害防护和本地区上年度职工月平均工资标准等事项密切相关。如果因用人单位搬迁或是劳动者所在的部门发生撤并转移，造成劳动者的工作地点变更，用人单位应与劳动者协商一致后才可进行变动。

5. 工作时间与休息休假

工作时间是指劳动者在单位中，必须用来完成其所负担工作任务的时间。《国务院关于职工工作时间的规定》（1995年修正）第三条规定，职工每日工作8小时，每周工作40小时。

休息休假是指劳动者按规定不必进行工作而自行支配的时间。我国的休假制度包括：①公休假日制度；②法定节假日制度；③年休假制度；④探亲假制度。按照国务院的规定，法定节假日包括：元旦、除夕、春节、清明节、端午节、劳动节、国庆节、中秋节等。

6. 劳动报酬

劳动报酬是用人单位根据劳动者提供劳动的数量和质量，以货币形式支付劳动者的工资和其他报酬。劳动报酬不仅仅是工资，还应该包括奖金和津贴等。劳动报酬条款主要包括以下几个方面的内容：①工资分配制度、工资标准和工资分配形式；②工资支付办法；③工资支付时间；④加班、加点工资及津贴、补贴标准和奖金分配办法；⑤工资调整办法；⑥试用期及病、事假等期间的工资待遇；⑦其他劳动报酬分配办法。

7. 社会保险

社会保险是国家通过立法建立的，对劳动者在其生、老、病、死、伤、残、失业以及发生其他生活困难时，给予物质帮助的制度。② 社会保险具有强制性、社会性、保障性、福利性和互助性等

---

① 参见肖进成《劳动合同法的理论实践与创新》，光明日报出版社2010年版，第67页。

② 参见黎建飞《社会保障法》，中国人民大学出版社2011年版，第29页。

特点。它包括5个险种，具体内容可参见表4-1。

表4-1 五类主要社会保险的比较

名称	内　　容	参保对象	适用情形	备注
养老保险	为解决劳动者在达到国家规定解除劳动义务的劳动年龄界限，或因年老丧失劳动能力退出劳动岗位后的基本生活而建立的一种社会保险制度	除公务员之外的所有单位全日制从业人员	退休	—
工伤保险	国家和社会为生产、工作中遭受事故伤害和患职业病的劳动者及其亲属提供医疗救治、生活保障、经济补偿、医疗和职业康复等物质帮助的一种社会保险制度	除公务员之外的所有从业人员	遭受工伤或患职业病	个人不缴费
医疗保险	国家通过立法强制实行的，在劳动者非因工患病、负伤、残疾和死亡时，依法从国家和社会获得物质帮助的一种社会保险制度	所有单位的从业人员	劳动者非因工患病、负伤、残疾和死亡	—
生育保险	通过国家立法规定，在劳动者因生育子女而导致劳动力暂时中断时，由国家和社会给予物质帮助的一种社会保险制度	除公务员之外的所有女性从业人员	女性生育时	个人不缴费
失业保险	国家通过立法强制实行的，由社会集中建立基金，对因失业而暂时中断生活来源的劳动者提供物质帮助的一种社会保险制度	除公务员之外的所有单位全日制从业人员	失业暂时中断生活来源	—

社会保险不同于商业保险，由国家强制实施，由国家、用人单

位、劳动者三方共同负担。享有社会保险是法律赋予劳动者的权利,是劳动合同不可或缺的内容。

8. 劳动保护、劳动条件和职业危害防护

劳动保护是用人单位为了维护劳动者的生命健康和安全,防止安全事故的发生而采取的防护措施。劳动条件是用人单位为保证劳动者顺利完成工作而提供的物质、技术等条件。职业危害防护是用人单位为预防和减少劳动者患职业病而提供的防护。提供劳动保护、劳动条件和职业危害防护是用人单位应尽的义务,也是保护劳动者的生命健康与安全,保证他们顺利完成工作任务的需要。

2001年颁布的《职业病防治法》规定,劳动合同应当写明工作过程中可能产生的职业病及其后果、职业病防护措施和待遇等。2002年颁布的《安全生产法》规定,劳动合同应当载明有关保障劳动者劳动安全、防止职业危害的事项,以及依法为劳动者办理工伤社会保险的事项。

9. 法定的其他事项

法律、法规规定应纳入劳动合同法的其他必备事项,具体应参照新的法律法规的规定。

劳动合同的必备条款都是法定的。当劳动合同缺少必备条款,用人单位应该与劳动者在协商一致的情况下补足,同时用人单位应当对由此产生的损害承担赔偿责任。

法律未规定为劳动合同必备条款的,是约定条款。劳动者可与用人单位就试用期、培训、保守秘密、补充保险和福利待遇等事项作出补充性约定,也可以另行协商约定与劳动有关的其他条款。①

第十八条 劳动合同对劳动报酬和劳动条件等标准约定不明确,引发争议的,用人单位与劳动者可以重新协商;协商不成的,适用集体合同规定;没有集体合同或者集体合同未规定劳动报酬的,实行同工同酬;没有集体合同或

---

① 参见徐智华《劳动合同法研究》,北京大学出版社2011年版,第87页。

者集体合同未规定劳动条件等标准的,适用国家有关规定。

本条是劳动合同中部分事项约定不明确时的处理方法。

订立劳动合同时,各事项应尽可能明确,并以书面方式固定下来。约定不明的部分争议发生后,可按照图4-1所示的途径解决。

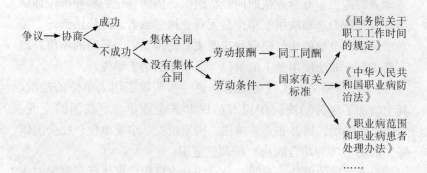

图4-1 劳动报酬、劳动条件约定不明的处理方法

《集体合同规定》(劳社部令〔2004〕22号)第三条规定,集体合同一经签订并经劳动行政管理部门审查通过,则产生法律效力,并对全体劳动者具有法律约束力,而劳动合同仅对作为当事人的劳动者个人和用人单位具有约束力。因此,劳动报酬和劳动条件等标准约定不明确时适用集体合同的规定。

同工同酬是我国工资分配的基本原则。用人单位的工资分配,应当遵循按劳分配原则,实行同工同酬,并应在生产发展的基础上逐步提高劳动者的工资水平。

没有集体合同或者集体合同未规定劳动条件等标准的,应按照国家有关法律法规来确定标准。对于工作时间约定不明确的情况,按照《国务院关于职工工作时间的规定》的规定加以明确;对于职业危害防护的约定不明确的情况,适用《职业病防治法》和《职业病范围和职业病患者处理办法》。

二、实务问答

问题1:什么是非法用工单位?哪些单位、个人不属于《劳动合同法》的调整范围?

用人单位作为劳动法律关系的主体,必须有用人的资格和录用劳动者的能力。有营业执照的经济组织,依法登记的事业单位即认为有权利能力。非法用工单位是无营业执照或者未经依法登记、备案的单位以及被依法吊销营业执照或者撤销登记、备案的单位。地下黑工厂、非法使用童工的单位等属于非法用工单位。

《劳动合同法》比《劳动法》进一步明确了用人单位的范围。其中增加了《劳动法》中没有的民办非企业单位。我国的企业、个体经济组织、民办非企业单位、国家机关、事业单位、社会团体等,都属于《劳动合同法》的调整范围。

企业下属的单位、车间、公司的分支机构、集体所有制的农业生产经营组织、农户、除个体工商户以外的公民个人都不能成为《劳动合同法》所指的用人单位。在我国,包工头与劳动者签订劳动合同的现象普遍存在,但包工头不符合法律对用人单位的规定,不是劳动合同的缔约方。

我国公民年满16周岁时同时具有劳动权利能力和劳动行为能力。《劳动法》第十五条规定:"禁止用人单位招用未满十六周岁的未成年人。文艺、体育和特种工艺单位招用未满十六周岁的未成年人,必须依照国家有关规定,履行审批手续,并保障其接受义务教育的权利。"年满16周岁并以自己的劳动报酬作为主要生活来源的未成年人,也是劳动者。

《劳动合同法》的适用范围应当排除公务员和比照实行公务员制度的事业组织的工作人员,以及农业劳动者(乡镇企业职工和进城务工除外)、现役军人和家庭保姆等。

问题2:国家关于劳动者的工作时间有什么规定?

我国实行每日工作8小时,每周工作40小时的标准工时制度。

《国务院关于职工工作时间的规定》（1995年修订）作出了规定，《〈国务院关于职工工作时间的规定〉问题解答》（劳部发〔1995〕187号）补充说明了无法适用标准工时制度时的处理办法。因工作性质和生产特点不能实行标准工时制度的，应当将贯彻《国务院关于职工工作时间的规定》和贯彻《劳动法》结合起来，保证职工每周工作时间不超过40小时，每周至少休息1天；有些企业还可以实行不定时工作制、综合计算工时制等其他工作和休息办法。

我国法律对于工作时间的规定归纳如下（见表4－2、4－3）：

表4－2　我国几种工时制的比较

名称	内容	适用范围	备注
标准工时制	每日工作8小时，每周工作40小时的工时制度	各类用人单位在正常情况下普遍实行	—
不定时工作制	针对因生产特点、工作特殊需要或职责范围的关系，无法按标准工作时间衡量或需要机动作业的职工所采用的一种工时制度	企业中从事高级管理、推销、货运、装卸、长途运输驾驶、押运、非生产性值班和特殊工作形式的个体工作岗位的职工，出租车驾驶员等	鉴于每个企业的情况不同，企业可依据基本原则结合企业的实际情况进行研究，并按有关规定报批

续表4-2

名称	内容	适用范围	备注
综合计算工时工作制	针对因工作性质特殊，需连续作业或受季节及自然条件限制的企业的部分职工，采用的以周、月、季、年等为周期综合计算工作时间的一种工时制度	1. 交通、铁路、邮电、水运、航空、渔业等行业中因工作性质特殊，需要连续作业的职工；2. 地质、石油及资源勘探、建筑、制盐、制糖、旅游等受季节和自然条件限制的行业的部分职工；3. 亦工亦农或由于受能源、原材料供应等条件限制难以均衡生产的乡镇企业的职工等；4. 对于那些在市场竞争中，由于外界因素影响，生产任务不均衡的企业的部分职工也可以参照综合计算工时工作制的办法实施	其平均日工作时间和平均周工作时间应与法定标准工作时间基本相同

表4-3 标准工时制下不同工作时间的比较

名称	适用条件	工作时间
标准工作时间	法定工作日内正常的情况	每日工作8小时，每周工作40小时
缩短工作时间	对有害身体健康、劳动条件恶劣、特别繁重体力劳动的职工及女工和未成年人等特定条件适用	1. 从事矿山、井下、高山工种和从事有严重毒害、特别繁重或过度紧张作业的职工，每日工作的时间要少于8小时；2. 实行三班制的职工夜班可减少1小时并发给夜班津贴；3. 哺乳未满12个月婴儿的女职工，每日在工作时间给予两次哺乳时间，每次30分钟；4. 未成年工每日工作时间一般不超过7小时
延长工作时间	用人单位与工会和劳动者协商后才可以延长	每日一般不超过9小时，特殊情况下不超过12小时

问题3：劳动合同中是否可以约定违约金？在订立劳动合同时是否可以与用人单位约定关于住房问题的条款？

劳动者与用人单位签订的劳动合同，在平等自愿、协商一致的基础上，还可以将双方共同关心的其他权利、义务作为约定条款写入劳动合同。

允许劳动合同中有服务期条款以及竞业限制条款的情况下，约定劳动者违约时所承担的违约金。其他情形下约定违约金，比如"劳动者辞职，必须向用人单位缴纳1000元违约金"，是违法的。

住房作为用人单位集体福利，可以在劳动合同中约定。对于劳动合同中约定住房公积金，需要参照地方法规。

劳动合同的某些内容由于非常重要而不应被忽视，但又不宜作为法定必备条款，在劳动合同中可以作专项约定。此类条款通常有试用期条款、保密条款和禁止同业竞争条款[1]。

问题4：什么是同工同酬原则？什么情况下适用同工同酬原则？

同工同酬是指同一用人单位内部实行全日制的劳动者，在相同、相近、相似的工作岗位上，付出相同的劳动量且取得相同业绩的，应执行同等的工资分配制度。

劳动者与用人单位未订立劳动合同而仅仅口头上约定工资，或者订立了劳动合同，但合同中的工资条款不够明确，这都可能导致争议。劳动报酬约定不明而引发争议的，用人单位与劳动者可以重新协商，协商不成的适用集体合同规定；或者是虽有集体合同但其中并没有关于劳动报酬的规定，应当遵守同工同酬的原则。

问题5：劳动报酬到底有哪些内容，是否等同于我们平时所说的工资？

劳动报酬是劳动者因履行劳动义务而获得的由用人单位支付的

---

[1] 参见王全兴《劳动法》，法律出版社2008年版，第128页。

各种形式的物质补偿。① 包括工资性报酬、非工资性报酬与福利性报酬，工资是劳动者依法获得劳动报酬的主要组成部分。②

劳动法中的"工资"是指用人单位依据国家有关规定或劳动合同的约定，以货币形式直接支付给本单位劳动者的劳动报酬，一般包括计时工资、计件工资、奖金、津贴和补贴、延长工作时间的工资报酬以及特殊情况下支付的工资等。

国家统计局政法司发布的《关于工资总额组成的规定》第四条规定，工资总额由下列六个部分组成："（一）计时工资；（二）计件工资；（三）奖金；（四）津贴和补贴；（五）加班加点工资；（六）特殊情况下支付的工资。"具体内容参见表4-4。

表4-4 工资总额的组成以及内容

名　　称	概　　念	内　　容
计时工资	按计时工资标准（包括地区生活费补贴）和工作时间支付给个人的劳动报酬	1. 对已做工作按计时工资标准支付的工资； 2. 实行结构工资制的单位支付给职工的基础工资和职务（岗位）工资； 3. 新参加工作职工的见习工资（学徒的生活费）； 4. 运动员体育津贴
计件工资	对已做工作按计件单价支付的劳动报酬	1. 实行超额累进计件、直接无限计件、限额计件、超定额计件等工资制，按劳动部门或主管部门批准的定额和计件单价支付给个人的工资； 2. 按工作任务包干方法支付给个人的工资； 3. 按营业额提成或利润提成办法支付给个人的工资

---

① 参见李国光《劳动合同法教程》，人民法院出版社2007年版，第249页。
② 参见樊成玮《角力：〈劳动合同法〉与劳资关系评析》，中国法制出版社2010年版，第212～243页。

续表 4-4

名 称	概 念	内 容
奖 金	奖金是指支付给职工的超额劳动报酬和增收节支的劳动报酬	1. 生产奖; 2. 节约奖; 3. 劳动竞赛奖; 4. 机关、事业单位的奖励工资; 5. 其他奖金
津贴和补贴	为了补偿职工特殊或额外的劳动消耗和因其他特殊原因支付给职工的津贴,以及为了保证职工工资水平不受物价影响支付给职工的物价补贴	1. 津贴。包括补偿职工特殊或额外劳动消耗的津贴、保健性津贴、技术性津贴、工龄性津贴及其他津贴。 2. 物价补贴。包括为保证职工工资水平不受物价上涨或变动影响而支付的各种补贴
加班加点工资	按规定支付的加班工资和加点工资	1. 安排劳动者延长工作时间的,支付不低于工资的150%的工资报酬; 2. 休息日安排劳动者工作又不能安排补休的,支付不低于工资的200%的工资报酬; 3. 法定休假日安排劳动者工作的,支付不低于工资的300%的工资报酬
特殊情况下支付的工资	在法定的特殊情形下才支付的工资	1. 根据国家法律、法规和政策规定,因病、工伤、产假、计划生育假、婚丧假、事假、探亲假、定期休假、停工学习、执行国家或社会义务等原因按计时工资标准或计时工资标准的一定比例支付的工资; 2. 附加工资、保留工资

注:对于表中内容更详细的说明,参见国家统计局《〈关于工资总额组成的规定〉若干具体范围的解释》。

以下劳动收入不属于工资范围：①单位支付给劳动者个人的社会保险福利费用，如丧葬抚恤救济费、生活困难补助费、计划生育补贴等；②劳动保护方面的费用，如支付给劳动者的工作服、解毒剂、清凉饮料费用等；③按规定未列入工资总额的各种劳动报酬及其他劳动收入，如创造发明奖、科学技术进步奖、合理化建议和技术改进奖金等，以及稿费、讲课费、翻译费等。

劳动报酬的组成比较复杂，它包括的项目繁多，劳动合同中约定的一般只是正常工作时间的劳动报酬和加班加点的工作报酬。奖金、津贴和补贴的发放，不同的单位有不同的规定。为了保护自己的权益，劳动者在订立劳动合同时，应了解单位的工资制度，在订立劳动报酬条款时明确劳动报酬的种类、金额、支付方式、支付时间以及拖欠劳动报酬的法律后果等相关内容。①

用人单位对于劳动报酬的给付有一定自主权，可以根据单位的实际情况以及劳动者的具体岗位及工作完成情况，确定不同的劳动报酬。但是，劳动合同关于劳动报酬条款中的工资，应符合用人单位所在地最低工资标准。

问题6：对于进城务工人员，农民工的劳动合同期限如何确定？

我国存在城乡二元制结构，农民进城务工往往受到差别待遇，现实中歧视农民工的现象屡见不鲜。

签订劳动合同时，农民工与其他劳动者一样，与用人单位通过协商的办法，经协商一致而确定劳动合同期期限。对于从事矿山井下以及在其他有害身体健康的工种、岗位工作的农民工，法律为保护他们的生命与健康，避免和减少职业病的发生，特别规定对他们实行定期轮换制度，合同期限最长不超过8年，超过部分无效。如果用人单位雇用劳动者超过8年，将要受到处罚。

---

① 参见肖进成《劳动合同法的理论实践与创新》，光明日报出版社2010年版，第68页。

农民工与单位建立劳动关系时,应当订立劳动合同,并根据自己的实际情况、工作的性质与用人单位协商确定劳动合同的期限。农民工对8年的劳动合同期限应该正确认识,这是法律对农民工的特殊保护,农民工应该自觉遵守期限的限制。

三、典型事例

事例1:用人单位提出不合法的加班要求且未足额支付加班工资。

【事件经过】

某制衣厂与劳动者李某签订了劳动合同,合同中约定每天工作8小时,每周不超过40小时。基本工资是每小时8元,如果加班的话,加班工资为每小时10元。2014年新年伊始,用人单位以创收为理由,要求员工加班,每天的加班时间长达四五个小时,周六、周日也要加班。很多员工对此很不满,找单位领导协商。厂长说:"你们必须服从加班决定,否则就辞退你们。反正现在想进工厂干活的人还有很多!"

李某应如何维护自己的权利?

【点评】

用人单位违反法律对于工作时间和休息休假的规定,应承担相应的法律责任。

用人单位与劳动者订立的劳动合同中,加班工资每小时10元的约定也是违法的。按《劳动法》第四十四条规定的加班加点工资计算方法(可参见表4-4),制衣厂工人正常工作日加班的,加班工资不得低于每小时12元;休息日加班的,加班工资不得低于每小时16元。法定节日安排劳动者加班工作的,应当按照不低于本人工资300%的标准支付加班工资,即清明节当天劳动者的工资应当为每小时24元。劳动者如果遇到用人单位违法要求加班,或者不按法律规定发放加班工资的情况,应该注意收集相关证据。劳动者可以记录下加班时间、计算未按法定标准支付的加班费,请求用人单位补发。

事例2：劳动合同中缺少社会保险条款。

【事件经过】

赵某应聘到某间民营企业，负责广告宣传工作。劳动合同中约定了每天工作8小时，每周工作5天，月薪3000元，工作地点在本市城东等。人事部的工作人员催促他签字，他就签了。

工作1个月后发工资的时候，赵某发现工资单上没有扣保险的项目。赵某提出补签社会保险条款，但用人单位拒绝了。单位负责人说，我们是民营企业，单位没有缴纳社会保险的义务。无奈之下，赵某提出辞职。人事部的工作人员态度强硬地表示，他要辞职，属于违约，要赔偿单位一大笔钱。赵某不知如何是好。

【点评】

本事件涉及的合同中没有约定社会保险条款的问题。

社会保险条款是劳动合同中一项重要的必备条款，用人单位与劳动者订立劳动合同时应就有关社会保险的内容协商一致并以合同条款的形式固定下来。用人单位称只有国有企业才给员工上社会保险，民营企业没有缴纳社保的义务，是错误的。社会保险是实行"广覆盖，低保障"的一种保险。享有社会保险是劳动者的一项基本权利，任何用人单位都应当保证该权利的实现。用人单位的法定义务不能逃避。

用人单位与赵某订立的劳动合同里没有关于社会保险的一项，属于缺项，他当然有权要求单位和他补签社会保险条款。劳动者还可以考虑向劳动行政管理部门申诉。《劳动合同法》第八十一条规定："用人单位提供的劳动合同文本未载明本法规定的劳动合同必备条款或者用人单位未将劳动合同文本交付劳动者的，由劳动行政管理部门责令改正；给劳动者造成损害的，应当承担赔偿责任。"《劳动合同法》八十一条还表明，即使劳动合同中无社保条款，如果出现劳动者因工受伤等情况，用人单位也应当承担赔偿责任。

事例3：用人单位没有职业危害防护。

第四讲 劳动合同的基本内容

【事件经过】

某木材加工厂从来不对劳动者进行劳动安全教育,也没有采取任何劳动保护措施。工厂里堆放着很多切割后的木材,但堆放得极零乱,摇摇欲坠。2014年3月的某一天,该厂一位工人刘某在切割木材时,旁边堆放的木材突然倒下,把他压伤,造成多处粉碎性骨折。经过劳动能力鉴定委员会鉴定,属于五级伤残,丧失80%的劳动能力。事故发生后,刘某找到用人单位的领导,要求单位赔偿相应的经济损失。单位说劳动合同有"工伤概不负责"的条款。因此,用人单位无义务承担赔偿责任。

【点评】

很多用人单位为了逃避责任,往往在劳动合同中提出"工伤、工亡概不负责"这类所谓的"生死合同"。

用人单位有义务建立健全劳动安全卫生制度,对劳动者进行安全卫生教育,为劳动者提供符合标准的劳动场所、工作环境、机器设备、安全卫生设施、劳动保护用品等。保障劳动者的生命健康、安全,是用人单位不可推卸的义务和责任。劳动合同中的"工伤概不负责"属于免除自己的法定责任、排除劳动者权利的条款。无论劳动者是否同意都属于无效条款,用人单位不得依据此条款免责。

木材加工厂从来不对劳动者进行劳动安全教育,工厂里木材堆放不合理,形成安全隐患,却没有采取任何劳动保护措施。工人在工作时受伤与木材厂的工作环境存在关系,《劳动合同法》第八十八条规定:"用人单位有下列情形之一的,依法给予行政处罚;构成犯罪的,依法追究刑事责任;给劳动者造成损害的,应当承担赔偿责任:(四)劳动条件恶劣、环境污染严重,给劳动者身心健康造成严重损害的。"木材厂劳动条件恶劣,存在重大安全隐患,并导致刘某受伤,健康权受到侵害,显然,符合《劳动合同法》第八十八条第(四)项的规定。因此,用人单位应当承担民事赔偿责任。

刘某被评定为五级伤残。《工伤保险条例》第三十四条规定:

"职工因工致残被鉴定为五级、六级伤残的,享受以下待遇:(一)从工伤保险基金中按伤残等级支付一次性伤残补助金,标准为:五级伤残为 16 个月的本人工资,六级伤残为 14 个月的本人工资;(二)保留与用人单位的劳动关系,由用人单位安排适当工作。难以安排工作的,由用人单位按月发给伤残津贴,标准为:五级伤残为本人工资的 70%,六级伤残为本人工资的 60%,并由用人单位按照规定为其缴纳应缴纳的各项社会保险费。伤残津贴实际金额低于当地最低工资标准的,由用人单位补足差额。经工伤职工本人提出,该职工可以与用人单位解除或者终止劳动关系,由用人单位支付一次性工伤医疗补助金和伤残就业补助金。具体标准由省、自治区、直辖市人民政府规定。"

在订立劳动合同之前,劳动者要根据自己工作岗位的特点,明确用人单位应当提供的劳动安全保护内容,如果用人单位没有提供,劳动者可以通过工会组织或者职工代表向用人单位提出建议和要求。劳动者对用人单位危害生命安全和身体健康的行为,有权提出批评、检举和控告。

第二节　试用期与专业技术培训

一、条文解读

第十九条　劳动合同期限三个月以上不满一年的,试用期不得超过一个月;劳动合同期限一年以上不满三年的,试用期不得超过二个月;三年以上固定期限和无固定期限的劳动合同,试用期不得超过六个月。

同一用人单位与同一劳动者只能约定一次试用期。

以完成一定工作任务为期限的劳动合同或者劳动合同期限不满三个月的,不得约定试用期。

试用期包含在劳动合同期限内。劳动合同仅约定试用期的，试用期不成立，该期限为劳动合同期限。

本条的立法宗旨是明确试用期的相关事项。劳动合同的试用期，是指包括在劳动合同期限内的，劳动关系还处于非正式状态，用人单位对劳动者是否合格进行考核，劳动者对用人单位是否适合自己要求进行了解的期限。① 试用期的意义就在于用人单位与劳动者之间的互相考察，用人单位考察职工是否符合录用条件，而职工则考察用人单位的状况，看工作条件和福利待遇是否如招工承诺以及自身与工作岗位的契合程度等。② 针对现实中很多用人单位以试用期的名义侵害劳动者合法权益的现象，劳动合同法对试用期作出了严格的规定。

1. 试用期的期限

不同期限的劳动合同，试用期长短不一，具体参见表4-5。但无论何种情况，试用期都不能超过6个月。

表4-5 不同劳动合同的试用期期限

劳动合同的期限、种类	试用期的期限
3个月~1年	小于1个月
1年~3年	小于2个月
3年以上固定期限和无固定期限的劳动合同	小于6个月
劳动合同期限不满3个月的	不得约定试用期
以完成一定工作任务为期限的劳动合同	不得约定试用期

2. 试用期的适用对象

劳动合同法中的试用期只适用于初次就业或再次就业时改变工

---

① 参见问清泓《劳动合同法制度与实践研究》，湖北长江出版集团、湖北人民出版社2011年版，第168页。

② 参见林嘉《劳动合同法热点问题讲座》，中国法制出版社2007年版，第62页。

作岗位或工种的劳动者。

3. 试用期的约定次数

同一用人单位与同一劳动者只能约定一次试用期。劳动关系成立后,无论劳动合同的内容发生怎样的变化,用人单位都不得再增加试用期,也不得延长试用期。

以下情况用人单位和劳动者不得在劳动合同中约定试用期:一是以完成一定工作任务为期限的劳动合同。这种劳动合同的目的非常明确,对劳动者的要求较高,在订立劳动合同之前用人单位对劳动者已有了相应的了解。二是劳动合同期限不满3个月的。这类劳动合同期限过短,试用期的作用无法充分显现,约定试用期意义不大。

劳动合同仅约定试用期的,试用期不成立,因为试用期并不是独立于劳动合同的独立协议。约定的期限应当为劳动合同的期限。

用人单位违反本法规定与劳动者约定试用期的,由劳动行政管理部门责令改正;违法约定的试用期已经履行的,由用人单位以劳动者试用期满月工资为标准,按已经履行的超过法定试用期的期间向劳动者支付赔偿金。

第二十条 劳动者在试用期的工资不得低于本单位相同岗位最低档工资或者劳动合同约定工资的百分之八十,并不得低于用人单位所在地的最低工资标准。

本条在于保证劳动者在试用期内获得合理的劳动报酬。

试用期是用人单位与劳动者相互考察适应的过程,在此期间劳动者对工作处于逐渐熟悉的阶段,还不能完全胜任工作要求,他们的工资水平也应适当低于正式职工。具体工资可由双方协商确定,但必须符合国家规定的标准。实践中,用人单位经常违反相应标准而损害劳动者的利益。企业往往为节约用工成本而压低试用期员工的报酬以及忽视员工在试用期中的实际贡献,一些用人单位,对新招劳动者只试用6个月,在试用期内只给付劳动者试用期工资,有的甚至克扣试用期工资。在试用期满之前,将劳动者打发走了事。

然后,运用相同的做法,重新招收新的劳动者。通过这种规避劳动法的行为,为用人单位大大节省了劳动力使用成本,却严重侵犯了劳动者合法权益。①

劳动者在试用期的工资的两个最低标准:①不得低于本单位相同岗位最低档工资;②不得低于劳动合同约定工资的80%。

第二十一条 在试用期中,除劳动者有本法第三十九条和第四十条第(一)项、第(二)项规定的情形外,用人单位不得解除劳动合同。用人单位在试用期解除劳动合同的,应当向劳动者说明理由。

本条是限定试用期内用人单位单方解除劳动合同的情形。

因为试用期可以支付较低的工资,所以现在有些单位打着试用期的幌子使用廉价劳动力。在试用期快满时,"不符合录用条件"成为有些用人单位滥用解除权的砝码,因为"录用条件"没有一个严格的标准,用人单位这里面的可操作性非常强,劳动者只能任人宰割。②

按照本条规定,劳动者有下列情况的,用人单位才可以在试用期提出解除劳动合同:①在试用期被证明不符合录用条件的;② 严重违反用人单位的规章制度的;③严重失职,营私舞弊,给用人单位造成重大损害;④ 同时与其他用人单位建立劳动关系,对完成本单位的工作任务造成严重影响,或者经用人单位提出,拒不改正;⑤以欺诈、胁迫的手段或乘人之危,使对方在违背真实意思的情况下订立或者变更劳动合同致使劳动合同无效的;⑥被依法追究刑事责任的;⑦劳动者患病或者非因工负伤,在规定的医疗期满后不能从事原工作,也不能从事由用人单位另行安排的工作的;⑧劳动者不能胜任工作,经过培训或者调整工作岗位,仍不能胜任

---

① 参见张劲涛《试用期员工权益保护与企业绩效的关系》,载《人力资源管理》2010年第12期,第58页。

② 参见金俊讷《我国试用期制度存在的问题及解决对策》,见金福海、王敦生编《劳动合同法热点问题研究》,知识产权出版社2010年版,第121页。

工作的。只要出现上述情况中的一种，用人单位即可以解除劳动合同。

用人单位以劳动者在试用期间被证明不符合录用条件而提出解除劳动合同的，必须证明劳动者已经知悉相关录取条件，并且劳动者确实不符合该条件。用人单位提出解除劳动合同，都应向劳动者说明理由。

劳动者在试用期内被解除劳动合同，用人单位可以不支付经济补偿金，但必须按照劳动者实际工作的天数支付工资。

第二十二条 用人单位为劳动者提供专项培训费用，对其进行专业技术培训的，可以与该劳动者订立协议，约定服务期。

劳动者违反服务期约定的，应当按照约定向用人单位支付违约金。违约金的数额不得超过用人单位提供的培训费用。用人单位要求劳动者支付的违约金不得超过服务期尚未履行部分所应分摊的培训费用。

用人单位与劳动者约定服务期的，不影响按照正常的工资调整机制提高劳动者在服务期期间的劳动报酬。

本条的立法宗旨是规范劳动合同中服务期的相关事项。

劳动合同的服务期是指用人单位与劳动者约定的用人单位对劳动者出资进行专业技术培训后劳动者应该为用人单位服务的年限。①

用人单位提供专业技术培训，丰富劳动者的知识，提高劳动者的技能，而劳动技能的提高又可以促进企业生产力的发展，或提高单位效益，因此对劳动者与用人单位来说是双赢。如果服务期未满劳动者就离职，用人单位的期待利益就落空了。因此，法律对服务期作了规定，以平衡双方的利益。

---

① 参见冯彦君、王天玉《劳动合同服务期规则的适用——以"东航返航事件"为切入点》，载《当代法学》2009年第4期，第83页。

用人单位提供的培训必须满足以下几个条件才可以约定服务期：用人单位为劳动者支付了培训费用，并且要有支付凭证证明；用人单位支付的培训费用必须是专项培训费用；为劳动者提供的培训必须是专业技术培训，包括专业知识和职业技能。

劳动合同之所以可就服务期事项约定违约金，原因在于服务期产生的前提是用人单位事先依照约定所作的单方付出，且这种付出已经使劳动者一方额外地享有了一些劳动关系基本内容以外的利益，因此服务期所具有的内涵已经极大地超越了劳动关系的内涵，当事人双方间的关系，已不应被简单地视作单纯的劳动权利上义务所形成的对价关系，而是在此基础上又叠加了一层对价关系，其中的财产性因素极大地增加了。在这一前提下，引入违约责任以保障服务期义务的完整履行，具有正当性。否则，劳动关系当事人之间的权利义务将处于不平衡的状态，使少数不讲诚信的劳动者有机可乘，也会使用人单位不敢为提升人力资源素质作更多的投入。[①]

劳动者违反约定，须支付违约金。违约金的数额不得超过用人单位提供的培训费用。用人单位要求劳动者支付的违约金不得超过服务期尚未履行部分所应分摊的培训费用。即使约定了服务期，在服务期内仍要适用正常的工资调整机制。

二、实务问答

问题1：试用期违法现象包括哪些？

试用期违法现象主要有：①先试用、后签劳动合同；②随意解除劳动合同；③增加、延长试用期；④在试用期内辞职要承担违约责任；⑤以见习期、学徒期等代替试用期；⑥巧立名目分开计算岗位实习期、培训期。

问题2：试岗期、见习期、熟练期是什么？见习期员工

[①] 参见郭文龙《劳动合同约定了服务期的可以同时约定违约金》，载《中国劳动》2006年第9期，第49页。

的权益是否较正式员工少？

有的用人单位为了规避法律，约定试岗期、学徒期、见习期等，这些都是变相的试用期。根据劳动部的规定，学徒期是对新进入某些工作岗位的新招工人熟悉业务，提高工作技能的一种培训方式。见习期是大中专、技校毕业生新分配到用人单位的执行为期1年的见习期制度。

劳动者与用人单位形成或建立劳动关系后，试用、熟练、见习期间，在法定工作时间内提供了正常劳动，其所在的用人单位应当支付其不低于最低工资标准的工资。熟练期、见习期，都视为试用期。劳动者应当要求用人单位把其为规避法律而约定的试岗、实习期等统一按照试用期对待。[1]

试用期内，用人单位不得将劳动者区别对待。试用期的劳动者与正式员工一样，享有全部的劳动权利，主要包括：①获得劳动报酬的权利。在工资水平上与正式用工的劳动者存在一定差距，是法律允许的。②休息休假的权利。用人单位不得以劳动者处于试用期为由，剥夺他们休息休假的权利。③享有社会保险和福利的权利。劳动者在试用期期间，应当与正式用工的劳动者一样享有社会保险福利的权利。④享有劳动安全卫生保护的权利。劳动者在试用期期间当然享有劳动安全卫生保护的权利。用人单位应当为劳动者提供必要的劳动防护用品和劳动保护措施，防止安全事故的发生，防范和减少职业病。⑤解除劳动合同的权利。劳动者可以提前30日通知用人单位解除劳动合同，不需要任何附加条件。

问题3：单位在试用期内恶意解除劳动合同要承担什么法律后果？

为了遏制部分用人单位恶意使用试用期，《劳动合同法》第二十一条作出了针对性规定。在试用期中，除有证据证明劳动者不符

---

[1] 参见张建平《见习期、试用期与服务期辨析》，载《工会论坛》2009年第1期，第124页。

合录用条件等情形外,用人单位不得解除劳动合同。即使在试用期有证据证明劳动者不符合录用条件需要解除劳动合同的,用人单位也应当遵守程序,应当向劳动者说明理由。通常用人单位应当将解除劳动合同的理由制成书面文件,由劳动者签字,并由用人单位保管留存。

用人单位随意解除劳动合同,又没有履行相应义务,劳动者要求继续履行劳动合同的,用人单位应当继续履行;劳动者不要求继续履行劳动合同或者劳动合同已经不能继续履行的,用人单位应当依照《劳动合同法》第八十七条规定支付赔偿金。

用人单位在试用期内解除劳动合同的,应当向劳动者说明理由,这是用人单位的法定义务。用人单位在试用期间解除劳动合同的,劳动者应要求用人单位说明理由,而且是证明其不符合录用条件的事实和理由。用人单位应当举证证明录用条件是已经公布的、为用人单位与劳动者所共知的,是一个相对客观公正的标准,而不是用人单位的主观评价。

如果用人单位的证据没有说服力或者根本就不举证,劳动者可以向劳动监察部门举报或向劳动争议仲裁机构申诉,及时保护自己的合法权益,防止用人单位随意解雇劳动者。用人单位在指定期限内不提供的,应当承担不利后果。用人单位无法说明解雇劳动者的理由,最终会承担败诉的后果。[①]

问题4:离职后又回原单位工作,单位要求试用期,该怎么办?

这个问题涉及试用期的适用主体及次数。

试用期适用初次就业或再次就业时改变劳动岗位或工种的劳动者。试用期的目的是为初次建立劳动关系的劳资双方提供一个相互了解的期间。当劳动者已经在某个单位工作以后,单位已经对劳动

[①] 参见胡春娜《试用期解除劳动合同方式方法》,载《现代商贸工业》2013年第6期,第93页。

者的基本信息、身体状况、劳动技能等有了相应的了解，也能判断劳动者是否能胜任单位的工作。因此，当劳动者再次到同一单位工作时，用人单位不得再约定试用期。

面对单位再次提出试用期的要求，劳动者可以《劳动合同法》的规定向用人单位说明情况，在劳动合同中不再约定试用期。已经签订劳动合同的，其中的试用期条款归为无效。

问题5：生产经营季节性强的用人单位将试用期与劳动合同期限合二为一，这种做法是否合法？

用人单位在劳动合同中仅约定试用期的，试用期不成立，该期限为劳动合同期限。另外，当劳动合同期限与试用期期限相等的，试用期也不成立，该期限也为劳动合同期限。

生产经营季节性强的用人单位将试用期与劳动合同期限合二为一，是想以这种方式来短期用人，规避劳动法律，侵害劳动者权益。这种行为是违反《劳动合同法》的。劳动者获得的是正式工而非试用期的工资，劳动者应当要求用人单位补发工资差额。

问题6：劳动者违反与用人单位签订的服务期协议，应承担什么法律责任？如何计算应赔偿的费用？

劳动者违反规定或劳动合同的约定解除劳动合同，对用人单位造成损失的，劳动者应该赔偿用人单位的损失，其中包括用人单位为其支付的培训费用，但双方另有约定的按约定办理。这里的培训费用是指单位有支付凭证的、与培训有直接关系的费用，包括培训期间的车旅费、住宿费、培训课程费等。

用人单位出资（指有支付货币凭证的情况）对职工进行各种技术培训，职工提出与单位解除劳动关系的，如果在试用期内，则用人单位不得要求劳动者支付该项培训费用。如果试用期满，在合同期内，则用人单位可以要求劳动者支付该项培训费用，具体支付方法是：约定服务期的，按服务期等分出资金额，以职工已履行的服务期限递减支付；没有约定服务期的，按劳动合同期等分出资金额，以职工已履行的合同期限递减支付；没有约定合同期的，按五年服务期等分出资金额,以职工已履行的服务期限递减支付;双方对递减计算方式已约定的,从其约定。如果合同期满,职工要求终止合同,则用人单位不得要求劳动者支付该项培训费用。

三、典型事例

事例1:试用期的期限问题。

【事件经过】

张某被一家软件公司聘用,并订立了为期1年的劳动合同,约定试用期为3个月,试用期满后工资为3000元。张某上班以后发现,与她一起工作的同事,有的订立为期2年的劳动合同,试用期才2个月。张某于是就试用期的长短问题与公司交涉。公司负责人称,单位有权力规定试用期的期限。

【点评】

本事件涉及的主要法律问题是劳动者与用人单位签订劳动合同时,试用期的期限到底应该多长。

张某与用人单位订立的劳动合同期限为1年,按照劳动合同法的规定,试用期应该不超过1个月。但用人单位在订立合同时提出3个月的试用期,已经远远超过了1个月的规定,用人单位的做法显然是违法的。而公司与其他员工在劳动合同中约定的2个月的试用期,符合劳动合同法的规定。如果张某已经实际履行了3个月的试用期,则用人单位支付赔偿金的期间为已经履行的超过法定试用期的期间,即3个月减去法定的最高时限1个月后所得的期限,为2个月,因此,软件公司应当向张某支付 $3000 \times 2 = 6000$ 元赔偿金。

劳动者应当特别留意法律对于试用期的规定,发现用人单位违反规定试用期,要及时通过法律途径解决。

事例2:试用期的工资不符合法定标准。

【事件经过】

谭某与某制衣厂订立劳动合同,合同中约定了试用期,试用期工资为600元，试用期过后工资是1000元。工作一段时间以后，谭某知道当地政府公布的最低工资标准为660元。于是谭某找制衣厂领导，要求按当地最低工资标准发放工资，工厂领导说："制衣厂为你提供了食宿，因此你的待遇已经超过了最低工资标准。最低工资标准不适用于试用期！"谭某与工厂多次交涉未果，于是想通过仲裁解决问题。

【点评】

本事件涉及的是试用期期间用人单位支付工资应符合什么的问题。关于试用期内工资的标准，《劳动合同法》第二十条作出更详细的规定，即试用期的工资不得低于本单位相同岗位最低档工资或者劳动合同约定工资的80%，并不得低于用人单位所在地的最低工资标准。用人单位所在地政府公布的当地最低工资标准为660元，而谭某与用人单位订立的劳动合同中约定的试用期工资是600元，已经低于最低工资。领导以提供了食宿为理由拒绝，并称试用期内不适用最低工资标准，显然是不成立的。劳动合同中约定试用期过后工资为1000元，因此，试用期间，用人单位支付的工资不得低于每月660元。谭某可以要求用人单位补发工资差额。

事例3：劳动者违反服务期条款。

【事件经过】

傅某研究生毕业后应聘到某技术研究院，后来，单位计划与某国外专业大学合办博士研究生班。傅某参加了单位的内部选拔，最终被选入。单位与被培训人员订立了出国学习协议：约定劳动者完成协议以后必须为单位服务6年，否则要向单位支付违约金2万元，并赔偿单位为劳动者支付的培训费8万元，培训费赔偿责任按劳动者完成学业后回单位工作的必须服务期等比例递减。

傅某在国外顺利地完成了学业，回到单位工作。1年后傅某提出辞职，单位不允许。于是傅某在未通知单位的情况下不来上班，最后单位发现他已经到一间大型企业上班。用人单位多次打电话联系傅某，劝其回单位工作，否则将承担违约责任，傅某都置之不理。

【点评】

本事件主要涉及的是劳动者违反与用人单位签订的服务期协议时,应当承担何种法律责任的问题。

用人单位提供费用送傅某到国外学习深造,使其掌握更多的知识与技术。双方对服务期的约定是合法的、有效的,双方约定的违约金为2万元,未超过8万元的培训费数额,因此违约金条款也有效。傅某未完全覆行合同,用人单位有权要求傅某支付2万元的违约金。关于培训费如何赔偿的问题,《劳动部办公厅关于试用期内解除劳动合同处理依据问题的复函》(劳办发〔1995〕264号)第三部分作出了规定。傅某在培训结束后在单位工作了1年,因此,用人单位只能要求他返还全部培训费用的4/5,即6.4万元。

劳动者违反服务期约定的,用人单位应当记录下劳动者违约的时间,计算其未履行的服务期期限,并注意保留相关证据。

事例4:服务协议的内容。

【事件经过】

王某在某厂工作。最初与用人单位订立劳动合同时约定,单位为劳动者提供专项技术培训,在培训期结束后3年内,劳动者不得与用人单位解除或终止劳动合同,否则劳动者要支付一定的违约金。但单位所谓的培训只是关于工厂规章制度的教育。之后,王某发现由于缺少专业知识,很难胜任工作。工作1个月后,王某向用人单位提交了书面辞职书。车间的主任却说,劳动合同里约定了服务期,服务期未满而劳动者与用人单位解除劳动合同,是要交违约金的。

【点评】

本事件主要涉及的是法律对于服务期如何规定的问题。

《劳动合同法》实施之前,法律并未限制在什么情况下用人单位可以与劳动者约定服务期来限制劳动者的就业选择权。很多单位滥用服务期,导致服务期的适用期范围不断扩大,既侵害了劳动者正常的择业权,也影响了和谐的劳动关系的建立。因此,《劳动合同法》第二十二条对服务期的适用条件作了严格的限制。

用人单位提供的培训必须满足以下三个条件方可约定服务期:一是用人单位必须为劳动者支付了培训费用,并且要有支付证明;二是用人单位支付的培训费用必须是专项培训费用,否则不得约定服务期;三是为劳动者提供的培训必须是专业技术培训。

提供的培训只是单位规章制度的宣传教育,并非汽车装配工作的技术,不属于专业技术培训。因此,本事件不属于可以约定服务期的情形,劳动合同中的服务期条款是无效的。王某与用人单位解除劳动合同,无须支付违约金。

第三节 商业秘密与竞业限制

一、条文解读

第二十三条 用人单位与劳动者可以在劳动合同中约定保守用人单位的商业秘密和与知识产权相关的保密事项。

对负有保密义务的劳动者,用人单位可以在劳动合同或者保密协议中与劳动者约定竞业限制条款,并约定在解除或者终止劳动合同后,在竞业限制期限内按月给予劳动者经济补偿。劳动者违反竞业限制约定的,应当按照约定向用人单位支付违约金。

本条对保密协议和竞业限制作出了规定。

竞业限制制度的主要目的是保护用人单位的商业秘密等不被侵犯。《反不正当竞争法》第十条第三款规定,商业秘密是指不为公众所知悉、能为权利人带来经济利益、具有实用性并经权利人采取保密措施的技术信息和经营信息。本条基于对用人单位利益的保护,允许就劳动者保守商业秘密的事项作出约定。

竞业限制,是指用人单位与知悉或可能知悉用人单位商业秘密的劳动者之间通过协议的方式约定，劳动者在职期间或是在与原用人单位解除或终止劳动关系后的一定期限内，不得到与原用人单位生产或者经营同类产品、从事同类业务的有竞争关系的其他用人单位工作，或者自己开业生产或者经营与本单位有竞争关系的同类产品、从事同类业务，但原用人单位应给予一定的经济补偿。①

竞业限制约束了劳动者的择业，影响了劳动者的劳动收入和生活质量，因此用人单位必须给予一定补偿。用人单位未按照约定在劳动合同终止或者解除时向劳动者支付竞业限制经济补偿的，劳动者可以不承担竞业责任。竞业限制经济补偿金不包含在工资内，它必须在劳动者与原用人单位解除劳动关系以后并在竞业限制条款约定的期限内按月发放。

竞业限制条款也应约定劳动者违约时应支付的违约金。法律未对违约金的数额作出规定，由用人单位根据劳动者所知悉的商业秘密对用人单位的重要性、违约行为的性质、给用人单位造成损失的严重程度等因素来确定。

第二十四条 竞业限制的人员限于用人单位的高级管理人员、高级技术人员和其他负有保密义务的人员。竞业限制的范围、地域、期限由用人单位与劳动者约定，竞业限制的约定不得违反法律、法规的规定。

在解除或者终止劳动合同后，前款规定的人员到与本单位生产或者经营同类产品、从事同类业务的有竞争关系的其他用人单位，或者自己开业生产或者经营同类产品、从事同类业务的竞业限制期限，不得超过二年。

本条是关于竞业限制条款范围的规定。

在竞业限制的适用主体方面，除了本条列举的几类人员，还包括公司经理、副经理、财务负责人、上市公司董事会秘书和公司章程规定的其他人员。法律明确列举哪些人员受竞业限制，是为了防

---

① 参见梁智《劳动合同法实务一本全》，中国法制出版社2008年版，第93页。

止实践中用人单位盲目扩大竞业限制条款的适用范围，甚至实行全员限制，侵害劳动者的利益。普通劳动者在用人单位职务较低，缺乏特殊技能，在劳动力市场上属于弱势群体，如果竞业限制危及基本生存，即便其确实掌握一定范围的商业秘密，按照生存权高于经济利益的原则，也不应适用竞业限制协议。[①]

在竞业限制的范围、地域等方面，允许用人单位与劳动者约定，但必须公平合理。在范围上，必须是与本单位生产同类产品或者从事同类业务的单位，包括劳动者自己开业的与本单位生产或经营同类产品或服务的单位；在地域上，并非仅限于用人单位注册登记地，在不同地域的生产同类产品、提供同类服务的企业间也可能形成竞争关系。对竞业条款期限的限制，防止用人单位随意延长期限，影响劳动者再就业的实现。

第二十五条 除本法第二十二条和第二十三条规定的情形外，用人单位不得与劳动者约定由劳动者承担违约金。

本条的立法宗旨是明确劳动合同中可以约定违约金的情况。

违约金是合同当事人在合同中预先约定的当一方违反合同约定时，由违约的一方支付给对方一定数量的金钱。法律对劳动合同中适用违约金作了严格的限定，防止用人单位利用其优势地位把违约金强加给劳动者，侵害劳动者利益。

只有以下两种情况，用人单位可以与劳动者约定违约金：一是劳动者接受了用人单位提供的专项技术培训，并在劳动合同中约定劳动者在完成培训后必须在用人单位服务一定期限，否则可以根据违约情况支付一定违约金；二是劳动合同中存在有效的竞业限制条款时，劳动者未承担竞业限制责任的，须向用人单位支付违约金。

除了这两种情形，用人单位不得以任何理由要求在劳动合同中订立违约金条款。

[①] 参见潘峰《论竞业限制协议效力的审查标准——基于司法经验和地方立法的考察》，载《福建政法管理干部学院学报》2007年第3期，第31页。

违约金不是惩罚性的,目的在于补偿用人单位的损失。

二、实务问答

问题1:劳动合同中约定了竞业限制条款,用人单位是否就可以限制劳动者的就业权?

就业权是指劳动者获得工作机会而取得劳动报酬的权利。我国宪法规定,劳动者有劳动的权利和义务。此外,宪法也赋予每个劳动者自主择业的权利。

劳动者应该遵守约定,在职期间或者在与原用人单位解除或终止劳动关系后一定期限内,不得到与原用人单位生产或者经营同类产品、从事同类业务的有竞争关系的其他单位工作,或者自己开业生产或者经营与本单位有竞争关系的同类产品、从事同类业务。竞业限制是对劳动者择业自由、自主处理其劳动力的一种限制,但它只能限制劳动者的择业权,而不能限制劳动者的就业权。

受竞业限制的劳动者离开原单位后,仍然可以到经营其他业务、生产其他产品的单位工作,或者自谋职业。

问题2:劳动者订立竞业限制条款时要注意些什么?劳动合同中未约定保守商业秘密的条款,是否意味着劳动者就无须保守用人单位的商业秘密?

劳动者对于用人单位提出的竞业限制条款不能一味地接受。而且,经济补偿金的数额不能太低,否则会影响劳动者日后的生活质量。劳动者认为条款不公平、不合理的,要与用人单位协商解决。

保守商业秘密内容不是劳动合同的必备条款,而是可以由双方当事人约定的条款。订立保密协议,意味着双方就商业秘密的保护及违约责任、侵权责任等相关事项作出了约定,但订立保密协议不是劳动者承担保守商业秘密义务的前提条件。保守秘密是劳动者对用人单位承担的合同附随义务,在未订保密协议的情况下,劳动者仍然要履行保密义务,只是双方的权利义务不是按照约定而是按其他法律规定进行认定。①

问题3：用人单位违反竞业条款时怎么办？

用人单位违反竞业限制条款，通常表现为以下几个方面：一是用人单位不按照竞业限制条款的约定向劳动者支付经济补偿金，比如用人单位不按月支付，按月支付的金额低于竞业限制条款约定的数额，中途停止支付等；二是单方面要求延长竞业条款的期限，限制劳动者的择业权。

违反劳动合同条款的约定的，应该构成违约。因此，用人单位违反竞业限制条款而构成违约，应当向劳动者承担违约责任。劳动者可以依据双方签订的有关合同，向劳动争议仲裁机构申请仲裁。

此外，依据《劳动合同法》的规定，用人单位未按约定向劳动者发放经济补偿金的，劳动者不受竞业限制条款的约束，不承担竞业限制责任。

问题4：对于竞争十分激烈的高科技企业，公司应当如何运用劳动合同来保护商业秘密？

用人单位与劳动者在签订劳动合同时，可以把保护商业秘密作为协商约定条款，这是保护用人单位商业秘密的有效手段。

保守商业秘密的协商条款一般应包括以下内容：

（1）商业秘密保护范围。用人单位应当明确哪些技术信息与经营信息属于商业秘密的范围，并采取相应的保密措施。一般采用以下方式来规定：一是限定雇员离职后从事的技术领域，规定雇员不得为采用同种或相似技术的企业工作；二是限制产品范围，即明确离职雇员禁止竞争的具体产品；三是明确离职雇员禁止竞争的服务项目；四是对离职雇员禁止竞争的行为加以规定，如禁止招徕雇主的客户、禁止引诱雇员跳槽、禁止设立竞争企业等。②

---

① 参见潘峰《劳动合同附随义务研究》，中国法制出版社2010年版，第104页。
② 参见王广红《论离职竞业限制中权利冲突的解决原则》，载《重庆科技学院学报》（社会科学版）2007年第6期，第46页。

（2）主体范围。竞业限制的义务主体，应该限定在确实有条件知悉、掌握企业的商业秘密的在职和离职员工范围内，一般包括高级管理人员、高级技术人员和其他负有保密义务的人员。

（3）期限。一般来说，不同行业的技术更新换代的周期不同，竞业限制的期限也不可能完全一样。在我国，法律规定竞业限制期限不得超过2年。

（4）经济补偿。因劳动者的劳动自由与择业自主权受到一定限制，所以合同中应明确补偿的数额或计算方式、支付方式等。

（5）确定的地域限制。竞业限制的范围，应当以能够与用人单位形成实际竞争关系的地域为限。但在经济全球化的今天，不但订立全国性的竞业限制协议是合理的，就是全球范围内的竞业限制协议也有可能。

三、典型事件

事例1：用人单位未按时足额支付经济补偿金。

【事件经过】

孙某是某科技公司的经理。与单位签订劳动合同时约定，劳动者在与本单位解除或终止劳动合同后两年内，不得到与本单位有竞争关系的企业工作，否则劳动者一方须承担一定违约金。在竞业限制期间，本单位向劳动者支付经济补偿金。在劳动合同期满后，孙某离开科技公司，并遵守与原单位劳动合同中的竞业限期条款，应聘到某服装设计公司做文员，薪水比较低。几个月过去了，科技公司一直未向他支付任何的经济补偿金。孙某觉得单靠做文员的收入较难维持生活，于是又应聘到另一间高科技企业担任经理一职。这时，原用人单位找到孙某，认为他现在工作的高科技企业，与原单位存在竞争关系，因此他违反了竞业限制条款，要向原用人单位支付约定的违约金。

【点评】

本事件涉及的主要法律问题是，存在竞业限期条款时，劳动者与用人单位各享有什么权利并承担什么义务。

竞业限制条款属于可由劳动者与用人单位约定的条款。竞业条款符合法律法规的规定,并且是双方真实的意思表示,则竞业限制条款合法有效。孙某是科技企业的经理,有更多的机会接触、了解公司的商业秘密,属于竞业限制条款的适用主体。双方约定竞业限制期为两年,符合《劳动合同法》第二十二条的规定;而且明确了用人单位须支付的经济补偿金,劳动者违约时须承担的违约责任金。因此,本事件中劳动合同的竞业条款是有效的。

孙某离开原单位后到某服装设计公司做文员,服装公司与原公司不存在竞争关系。因此,孙某履行了竞业限制条款项下的义务。用人单位不支付经济补偿金的,劳动者可以不承担竞业限制责任。孙某与原单位终止劳动合同后,用人单位从未向其支付经济补偿金。按照我国法律的规定,用人单位未支付经济补偿金的,竞业限制条款无效,即劳动者无须承担违约责任。因此,原用人单位要求劳动者孙某支付违约金,是没有法律依据的。

事例2:用人单位与劳动者在劳动合同中约定违约金。
【事件经过】

2006年7月5日,能源公司与徐某签订《协议书》1份,双方约定:能源公司聘用徐某为技术总监,合同期限为2006年7月5日至2011年7月4日,徐某的年薪为8万元;徐某保证两年内能源公司生产的产品均达到国家相应产品标准,如违约应支付能源公司40万元违约金。2007年7月,能源公司发生产品质量事故。2007年9月1日,徐某出具《事故报告》,陈述愿承担相应的事故责任。2008年1月15日,徐某以不适应环境、工资未按月发放为由提出辞职。同日,能源公司以徐某严重失职,使公司蒙受重大经济损失为由,作出罚款12万元的处罚决定。2008年1月16日,双方解除劳动关系,能源公司尚欠徐某工资41200元。2008年1月29日,徐某以能源公司欠发工资为由,向县劳动争议仲裁委员会申请劳动仲裁。能源公司以徐某未履行合同约定,给其造成损失为由，提出要求徐某支付违约金的反申请。①

【点评】

本事件属主要涉及用人单位与劳动者在劳动合同中约定的违约金条款如何认定的问题。

罚款是一种行政性的处罚措施，一般由法定的国家机关或其授权主体来行使。而用人单位和劳动者属于平等的民事主体，用人单位不具有对劳动者罚款的权力，《劳动法》和《劳动合同法》均未规定用人单位可以对劳动者进行罚款。能源公司以徐某违约给公司造成损失为由，对徐某作出罚款12万元的处罚决定，其依据的是双方签订的劳动合同中的违约金条款，因此该"罚款"的实质应认定为违约金。

《劳动合同法》明确规定：除法定情形以外，用人单位不得与劳动者约定由劳动者承担违约金。劳动者应当承担违约金的情形只有两种：一种是劳动者违反服务期约定，须向用人单位支付以培训费用为限的违约金；一种是负有保密义务的劳动者因违反保密义务，须向用人单位支付违约金。除此之外，用人单位无权要求劳动者支付违约金，即使双方在劳动合同中对违约金作了明确约定，也因该约定违反《劳动合同法》第二十五条的强制性规定而归于无效。能源公司与徐某在签订劳动合同时，虽明确约定了徐某应在两年内生产出达到国家相应标准的产品及违约应支付相应违约金的法律后果，但由于该约定违反了法律的强制性规定，对双方不具有约束力，所以能源公司无权要求徐某支付违约金。

---

① 浙江省高级人民法院：《案例指导（2009年卷）（总第2卷）》，中国法制出版社2010年版，第19～21页。

第五讲　劳动合同的履行与变更

第一节　用人单位的权利和义务

一、条文解读

第二十九条　用人单位与劳动者应当按照劳动合同的约定，全面履行各自的义务。

此条的核心是劳动合同应全面履行。

1. 全面履行

"全面履行"是指用人单位与劳动者双方按照劳动合同的约定，在约定的时间、地点，以适当的方式，按照约定的内容，全面履行合同义务。它是实际履行原则的补充和发展，是更高一层次的履行要求。实现全面履行，先要做到亲自履行、实际履行、协作履行及允许变更或解除。①

亲自履行，是劳动关系本质的必然要求。在劳动关系中，劳动者付出的劳动与劳动者人身密不可分，劳动关系虽然是财产性的，同时也具有很强的人身针对性。双方合同权利的获得，都必须由双方亲自履行来实现。劳动合同一旦订立，劳动者与用人单位之间就有了隶属关系。作为实际上的被管理者，劳动者必须亲自履行劳动合同。用人单位作为劳动者的管理者和劳动的使用者，有权要求劳动者亲自履行劳动义务而不得由他人代为履行；作为用工单位，也必须做到亲自履行合同义务，只能由本单位的管理机构及工作人员按照合同的约定进行管理，以确保劳动者的利益。

实际履行是劳动合同履行的最基本要求，是全面履行的基础。

---

① 参见梁智《劳动合同法实务—本全》，中国法制出版社2008年版，第116页。

《劳动法》第十七条第二款中也明确规定:"劳动合同依法订立即有法律约束力,当事人必须履行劳动合同规定的义务。""必须"二字明确反映了合同实际履行的强制性。作为用人单位,必须按照劳动合同约定的内容与国家法律法规的相关规定实际履行劳动合同,只要劳动者有继续履行的要求,用人单位就"应当"履行,如果最终未履行,就要依照《劳动合同法》第四十七条规定的经济补偿标准的两倍向劳动者支付赔偿金。

协作履行,是《合同法》的要求,也是《劳动合同法》的内在要求。协作履行是诚实信用原则在劳动合同履行中的表现,也符合劳动合同本身的特性。劳动关系是一种需要双方当事人互助合作才能在既定期限内存续和顺利实现的社会关系,它要求在劳动合同履行过程中始终坚持配合、协作。特别是用人单位应为劳动者提供必要的劳动条件,用人单位劳动管理和劳动者民主参与应当协调一致,以便互相督促和协商;任何一方遇到困难,对方都应当在法律允许的范围内尽力给予帮助;劳动者违纪,用人单位应当以思想教育为主,并帮助改正;用人单位违纪,劳动者应当及时反映问题,尽快协助纠正,并设法防止和减少损失。这样不仅保护了劳动者的权利,而且从长远来讲,也有利于用人单位自身利益的实现。[①]

2. 依约履行

在劳动合同的内容中,既有"应当具备"的条款,又有"可以约定"的条款。劳动合同中的"平等"是相对的,作为个体的劳动者处于弱势地位,相比之下,用人单位以一个组织、机构的形式出现,多处于强势地位。因此,法律明确列举在订立劳动合同时需要包含的必备条款,以保护劳动者利益。劳动合同应当具备以下条款:"用人单位的名称、住所和法定代表人或者主要负责人;劳动者的姓名、住址和居民身份证或者其他有效身份证件号码;劳动合同期限;工作内容和工作地点;工作时间和休息休假;劳动报酬;社会保险;劳动保护、劳动条件和职业危害防护;法律法规规

---

① 参见徐智华《劳动合同法研究》,北京大学出版社 2011 年版,第 122 页。

定应当纳入劳动合同的其他事项。"此外,用人单位与劳动者可以约定试用期、培训、保守秘密、补充保险和福利待遇等其他事项。

对于法律规定必须具备的条款,用人单位在签订合同之时,必须与劳动者进行公平协商,每一项内容都与日后合同的有效履行关系紧密。用人单位须按照约定的内容,为劳动者提供良好的工作环境,安排合理的工作时间和必须的休息休假时间,及时、充足发放劳动报酬,提供必须的劳动条件。

对于试用期等内容的约定虽然是任意性的,但用人单位在与劳动者协商时必须遵守国家法律法规的相关规定,不得违反。

第三十条 用人单位应当按照劳动合同约定和国家规定,向劳动者及时足额支付劳动报酬。

用人单位拖欠或者未足额支付劳动报酬的,劳动者可以依法向当地人民法院申请支付令,人民法院应当依法发出支付令。

此条主要规定了用人单位支付劳动报酬。此处关键点有三个:支付劳动报酬、及时支付和足额支付。

1. 劳动报酬

(1) 劳动报酬的内容。劳动报酬,是劳动者因履行合同义务而获得的,由用人单位以法定方式支付的各种形式的物质补偿,而工资只是其中一部分。劳动报酬包括三部分:一是货币工资,指用人单位以货币形式直接支付给劳动者的各种工资、奖金、津贴和补贴等;二是实物报酬,即用人单位以免费或低于成本价提供给劳动者的各种物品和服务等;三是社会保险,指用人单位为劳动者直接向政府和保险部门支付的失业、养老、人身、医疗、家庭财产等保险金。①

我国实行最低工资保障制度,用人单位支付劳动者的工资不得低于当地最低工资标准。用人单位根据本单位的生产经营特点和经

---

① 参见梁智《劳动合同法实务一本全》,中国法制出版社2008年版,第120页。

济效益，可以自主确定本单位的工资分配方式和工资水平，这是用人单位的权利，但前提是"依法"。集体合同中劳动报酬和劳动条件等标准不得低于当地人民政府规定的最低标准；用人单位与劳动者订立的劳动合同中劳动报酬和劳动条件等标准不得低于集体合同规定的标准。"最低工资"是指劳动者在法定工作时间内履行了正常劳动义务的前提下，由其所在单位支付的最低劳动报酬。最低工资包括基本工资和奖金、津贴、补贴，但不包括加班加点工资、特殊劳动条件下的津贴，国家规定的社会保险和福利待遇排除在外。劳动报酬低于当地最低工资标准的，应当支付其差额部分，逾期不支付的还要依法支付赔偿金。

工资应当以货币形式按月支付给劳动者本人。用人单位应以货币的形式支付劳动者的工资，而不能以其他实物或证券等替代。

加班费也是劳动报酬的重要组成部分。对于加班时间的工资报酬，《劳动法》第四十四条规定了详细的支付条件及方式。

劳动者在试用期的工资，不得低于本单位相同岗位最低档工资的80%，或者劳动合同约定工资的80%，并不得低于用人单位所在地的最低工资标准。

（2）非全日制与劳务派遣劳动报酬的支付。劳务派遣单位应当与被派遣劳动者订立两年以上的固定期限劳动合同，按月支付报酬；在被派遣劳动者无工作期间，劳务派遣单位也应当按照所在地人民政府规定的最低工资标准，向其按月支付报酬。而劳务派遣单位应当履行告知被派遣劳动者工作要求和劳动报酬的义务，不得克扣用工单位按照劳务派遣协议支付给被派遣劳动者的劳动报酬，也不得收取费用。被派遣劳动者享有与用工单位的劳动者同工同酬的权利。用工单位应当按照同工同酬原则，对被派遣劳动者与本单位同类岗位的劳动者实行相同的劳动报酬分配办法；用工单位无同类岗位劳动者的，参照用工单位所在地相同或者相近岗位劳动者的劳动报酬确定。

非全日制用工，是以小时计酬为主，且计酬标准不得低于用人单位所在地人民政府规定的最低小时工资标准，结算支付周期不得超过 15 日。

2. 及时支付与足额支付

工资必须在用人单位与劳动者约定的日期支付。如遇节假日或休息日，则应提前在最近的工作日支付。工资至少每月支付一次，实行周、日、小时工资制的可按周、日、小时支付工资。超过约定的支付时间发放劳动报酬的，即构成"拖欠"行为，应当承担相应的法律责任。

足额支付是用人单位向劳动者支付报酬的另一个要求。劳动者在合同的履行过程中，保质保量地完成了合同中约定的工作量，就应当按照合同的约定得到足额的劳动报酬，才能实现合同双方真正的平等。劳动报酬低于当地最低工资标准的，应当支付其差额部分；逾期不支付的，责令用人单位按应支付金额 50% 以上 100% 以下的标准向劳动者加付赔偿金。

足额支付还表现在，用人单位不得无故克扣或拖欠劳动者工资。无故克扣或者拖欠劳动者工资的、拒不支付劳动者延长工作时间工资报酬或低于当地最低工资标准支付劳动者工资的，由劳动行政部门责令支付劳动者的工资报酬、经济补偿，并可以责令支付赔偿金。劳动者延长工作时间，积极加班加点所付出的劳动，也应及时得到加班费，才算是真正的"足额"，不支付或不足额支付劳动报酬的，则构成"克扣"行为，应当承担相应的法律责任。[1]

在现实生活中，有时会出现劳动合同履行地与用人单位注册地不一致的情况，以致最低工资标准、本地区上年度职工月平均工资标准等事项两个地区标准不统一。劳动合同履行地与用人单位注册地不一致的……按照劳动合同履行地的有关规定执行；用人单位注册地的有关标准高于劳动合同履行地的标准的，用人单位与劳动者可以协商约定按照用人单位注册地的有关标准执行。

未及时足额支付劳动报酬的，劳动者可以解除劳动合同，并且

---

[1] 参见许立、程明《中华人民共和国劳动合同法解读与典型案例分析》，江西人民出版社 2013 年版，第 27 页。

可以根据《劳动合同法》的规定得到经济补偿甚至赔偿金。

第三十一条 用人单位应当严格执行劳动定额标准,不得强迫或者变相强迫劳动者加班。用人单位安排加班的,应当按照国家有关规定向劳动者支付加班费。

此条是对用人单位安排劳动者加班的限制及支付加班费的规定。

1. 用人单位应当严格执行劳动定额标准

劳动定额标准,是指用人单位在一定的生产技术组织条件下,合理利用生产工具、借鉴生产经验,在有效的组织管理之下,生产合格的单位产品所预先规定的劳动消耗量的标准,或在单位时间内生产一定量产品所预先规定的劳动消耗量的标准。劳动定额标准主要有两个方面,即工时标准和时间标准,具体体现在用人单位安排劳动者加班、延长劳动者工作时间上。

劳动定额,一般是通过研究本用人单位往年的生产经验,通过数据统计分析,借鉴科学的标准资料,同时依照国家颁布的有关行业的劳动定额文件颁布。劳动定额标准的确定与劳动者工作时间、休息休假权利密切相关,并对劳动者的劳动报酬产生重要影响。合理、科学的劳动定额标准,对用人单位进行合理的生产经营、提高劳动者的生产积极性、挖掘自身生产潜力有巨大作用。劳动定额是衡量一个用人单位组织与生产能力的重要标准,也是维护劳动者权利的重要工具。[1]

我国法律在劳动定额方面有明确的规定。一方面,对劳动者的工作时间作了明确的限制。劳工者每日工作时间不超过 8 小时、平均每周工作不超过 44 小时;对实行计件工作的劳动者,用人单位应当依法合理确定其劳动定额和计件报酬标准。非全日制劳动者,在同一用人单位一般平均日工作时间不超过 4 小时,每周工作时间

---

[1] 参见何小勇《劳动定额标准确定的法律思考》,载《中国劳动》2011 年第 10 期,第 23 页。

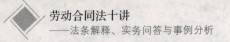

累计不超过24小时。另一方面，又对劳动者的休息休假时间作了详细规定。用人单位应当保证劳动者每周至少休息1日。元旦、春节、清明节、劳动节、端午节、中秋节和国庆节都是全体公民的放假节日，在此期间，用人单位应当依法安排劳动者休假。我国还实行带薪年休假制度，劳动者连续工作1年以上的，即应享受带薪年休假。此外，对于怀孕7个月以上和正在哺乳未满1周岁的婴儿期间的女职工，不得安排其延长工作时间和夜班劳动。

劳动定额制度也是用人单位劳动规章制度的重要内容，作为直接涉及劳动者切身利益的重大事项，用人单位在制定、修改或决定劳动定额管理制度时，应当经职工代表大会或全体职工讨论，提出方案和意见，与工会或者职工代表平等协商确定；当工会或者职工认为不适当时，有权向用人单位提出，通过协商修改完善。用人单位应当将其公示或告知劳动者。

当然，用人单位经劳动行政批准，也可以实行其他工作和休息方法。这是特殊情况之下用人单位的权利，在劳动合同的履行过程中，依实际情况给予用人单位一定的自由度。用人单位基于生产经营的需要，与工会及劳动者协商之后，可以延长工作时间，但是一般每日不得超过1小时；若因特殊原因需要延长工作时间；在保障劳动者身体健康的条件下每日不得超过3小时，但是每月不得超过36小时。这样就在符合法律规定的条件下，给予了用人单位一定的灵活安排的权利。

2. 用人单位不得强迫或变相强迫劳动者加班

在法律允许的条件下，用人单位有灵活安排劳动者加班的权利，但是必须以遵守相关法律的规定为前提。

判断是否属于加班的首要条件，需要判断是否属于用人单位安排。劳动者在用人单位的时间可能含休息、餐饮时间等，不等同于劳动者的工作时间；劳动者延长工作时间可能是主动加班，也不等同于劳动者的加班时间。

有关考勤中体现加班时间的问题一般应通过每月甚至每周每天上班时间和加班时间确认，或直接在考勤书面记录上记载相关内容,或以单独加班条的形式记载;劳动者主张加班费的,应当就加班事实的存在承担举证责任,但劳动者有证据证明用人单位掌握加班事实存在的证据,用人单位不提供的,由用人单位承担不利后果。另外,用人单位规章制度规定以及与劳动者的劳动合同中约定的工作时间超过标准工时,一般在实践中可以直接确认超过标准工时的时间为加班时间。用人单位或劳动者认为规定或约定超过的时间不是真实加班时间的,则由主张一方提供充分的证据证明。①

从条件上讲,用人单位必须是基于生产经营的需要,确需加班等合理的原因,才可以延长工作时间,主要是指来料加工、企业在旺季完成收购、运输、加工农副产品紧急任务等情况,且每日不得超过 1 小时;即便是特殊情况之下每日也不能超过 3 小时,每月不得超过 36 个小时。

从程序上讲,用人单位安排加班必须与工会和劳动者协商。无论是劳动者还是工会,对用人单位提出的加班事项的安排有异议的都可以提出,用人单位应当接受并进一步协商,将最终结果公示或告知劳动者。

以各种借口强迫劳动者在休息时间工作,甚至采取各种威胁手段,使劳动者不得不服从;或者采取变相的手段,比如规定不合理的劳动定额标准,使劳动者为获得必要的生活所需而不得不加班;等等,这些都是违反本法规定的,强迫或变相强迫劳动者加班的用人单位要承担相应法律责任。

延长工作时间不受限制的三种情形:一是发生自然灾害、事故或者其他原因,威胁劳动者生命健康和财产安全,需要紧急处理的;二是生产设备、交通运输路线、公共设施发生故障,影响生产和群众利益,必须及时抢修的;三是法律、行政法规规定的其他情形。在这三种情形之下,用人单位有权利要求劳动者加班,延长工作时间可以不受《劳动法》第四十一条中的时间的限制。

---

① 林岩峰:《加班和加班工资相关问题梳理》,载《中国劳动》2013 年第 2 期,第 38 页。

3. 用人单位安排加班的，应当按照国家有关规定向劳动者支付加班费

安排劳动者延长工作时间的，支付不低于工资150%的工资报酬；休息日安排劳动者工作又不能安排补休的，支付不低于工资的200%的工资报酬；法定休假日安排劳动者工作的，支付不低于工资300%的工资报酬。职工在年休假期间享受与正常工作期间相同的工资收入；单位确因工作需要不能安排职工休年休假的，经过职工本人的同意，可以不安排职工休年休假。对职工应休未休的年休假天数，单位应当按照该职工日工资收入的300%支付年休假工资报酬。

用人单位安排加班不支付加班费的，由劳动行政部门责令限期支付加班费，逾期不支付的，责令用人单位按应付金额50%以上100%以下的标准向劳动者加付赔偿金。

二、实务问答

问题1：加班费如何计算？

在标准工时制情况下，安排劳动者延长工作时间的，支付不低于工资的150%的工资报酬；休息日安排劳动者工作又不能安排补休的，支付不低于工资的200%的工资报酬；法定休假日安排劳动者工作的，支付不低于工资的300%的工资报酬。至于日工资的折算，由于劳动定额等劳动标准都与制度工时相联系，劳动者日工资可统一按劳动者本人的月工资标准除以每月计薪天数进行折算。法定节假日用人单位应当依法支付工资，即折算日工资、小时工资时不剔除国家规定的12天法定节假日。

在综合计算工时制情况下，按照《关于企业实行不定时工作制和综合计算工时工作制的审批办法》规定，工时可以周、月、季、年等为周期，综合计算工作时间，但其平均日工作时间和平均周工作时间应与法定标准工作时间基本相同。虽然计算工时的方法有所不同，但从平均工时来看，依然要遵守平均每日不超过8小时、每周不超过44小时。综合计算工时制度也要符合《劳动法》

中"总则"和"工作时间和休息休假"部分的规定，每月延长工作时间不得超过36个小时。

在不定时工时制度情况下，由于用人单位生产特点、工作特殊需要或职责范围的关系，经批准后，劳动者不受日延长工作时间标准和月延长工作时间标准的限制。实行不定时工作制度下，用人单位是不需要支付加班费的。用人单位在法定休假日安排劳动者工作的，仍然应当支付不低于工资标准的300%的加班费。

在实行计件工资制度情况下，对实行计件工作的劳动者，用人单位应当根据标准工时制度合理确定其劳动定额和计件报酬标准。用人单位安排加班的，应当按照标准工时制之下的支付标准，在不同情况下支付劳动者不低于工资150%、200%和300%的工资报酬。

部分公民放假的法定节假日（三八妇女节、五四青年节等）逢法定工作日的不支付加班工资，逢休息日加班的，应支付周休加班工资。非全日制劳动者超过每天4小时每周24小时的，不应认定为加班，应认定为全日制劳动者。法定节假日外的其他法定假日，如婚假、丧假、探亲假、年休假等，应和法定节假日一样，属于带薪休假，用人单位安排加班或者不能安排请假的，应至少支付3倍标准工资。产假安排加班的，不论是否由经办机构支付生育津贴，用人单位均应至少支付3倍标准工资。劳务派遣工加班的工资由用工单位支付，派遣单位无须支付加班工资，但发生加班工资争议的，派遣单位和用工单位仍应负连带责任。①

无论哪种工时制度，除了《劳动法》第四十二条规定的情形之外，用人单位延长工作时间都要与劳动者协商。尤其是非标准工时制度下，用人单位与劳动者签订劳动合同时，一定要注意明确关于劳动时间和劳动报酬的条款。

问题2：用人单位可以调高劳动定额，使劳动者加班而不支付加班费吗？

---

① 参见林岩峰《加班和加班工资相关问题梳理》，载《中国劳动》2013年第2期，第39页。

实践中，一些企业不是在岗位测评的基础上科学合理地确定劳动定额，而是仅从如何获得高利润上制定许多职工在8小时内根本完不成的劳动定额标准。过高的劳动定额、以成本倒置的方法确定计件单价使多数职工完不成任务，劳动者为了获得正常收入，不得不"自愿"地无偿加班；劳动定额过高，即使劳动者加班也完不成任务，完不成任务就扣工资；加班加点是"正常"的事，"谁提出疑问就走人"，等等；在服务、销售等行业，尤其是餐饮业，不让员工享受双休日或减少1天休息的情况比较普遍，而且工资是固定的，没有加班费。① 用人单位的这种做法是违反法律规定的。

用人单位应当严格执行劳动定额标准，不得强迫或者变相强迫劳动者加班。劳动者每日工作时间不得超过8小时，平均每周工作时间不得超过44小时。即便是实行计件工作的劳动者，用人单位也应当按照上述要求合理地确定劳动定额和报酬标准。

用人单位应当保证劳动者每周至少休息1日。在我国，国家机关、事业单位实行统一的工作时间，周六、周日为周休息日。如果用人单位不能实行周六、周日休息，也可以根据实际情况灵活安排周休息日。我国还有法定休假日、年休假和职工探亲假等休假制度。

用人单位有权利根据实际情况制定本单位的劳动定额和工资报酬标准，但是不得超出法律、法规的最低限度。无论从内容上还是制定的程序上，劳动定额都必须合法，必须有合理的科学依据。即便根据市场变化和本单位的经营状况需要有所调整，也应当与工会或职工代表协商一致并通知劳动者才可以生效执行。

通过不合理提高劳动定额而迫使劳动者不得已延长劳动时间，属于变相强迫劳动者加班，是违反《劳动合同法》规定的。

劳动者的工作时间远远超出了合理劳动定额的范围，形成了事实上的加班，劳动者有权要求用人单位就自己的劳动进行高于平时

---

① 参见张国强《规范劳动定额标准以维护职工劳动报酬权益》，载《北京市工会干部学院学报》2010年第3期，第27页。

工资的补偿。如果因此给劳动者造成损害，用人单位还要进行补偿，甚至承担行政、刑事责任。

问题3：用人单位有权决定加班加点吗？

对于这个问题，我们应在不同的情况下进行不同的分析。

第一种情况，用人单位由于生产经营的需要，确实需要延长劳动时间，则必须与工会和劳动者协商，在协商一致的情况下才可以进行。劳动者可接受加班，也可以拒绝加班。除了决定权的限制，在加班加点的时间上也有限制。一般每天不能超过1个小时，有特殊原因的，也应当在保证劳动者身体健康的条件下，每天不能超过3个小时，每月不能超过36小时。

第二种情况，即在我国《劳动法》第四十二条规定的情形之下，延长工作时间不受时间限制：发生自然灾害、事故或者其他原因，威胁劳动者生命健康和财产安全，需要紧急处理的；生产设备、交通路线、公共设施发生故障，影响生产和公众利益，必须及时抢修的；法律、行政法规规定的其他情形。这时安排劳动者加班，用人单位可以不与工会和劳动者商议，并不受第一种情况下的时间限制，用人单位有决定权。作为劳动合同的一方当事人，劳动者也应当遵循协作履行的原则，服从用人单位的加班安排。

无论哪种情况、安排加班的决定权有多大，用人单位都应当及时、足额地向劳动者补休或支付加班费。

三、典型事例

事例1：用人单位未及时、足额支付劳动报酬的问题。

【事件经过】

贾某大学毕业之后，与设计公司签订了1年的劳动合同，约定每个月的工资是2500元，并在每月10号发放。可是工作了1个月之后，工资并未按时发放。贾某到财务部询问，财务部解释说最近资金紧张，承诺下个月就会将工资补上，并打下欠条。一直到贾某工作的第四个月月底，仍不见工资的影子。贾某拿着欠条到公司总经理那里要求解除劳动关系，并补足自己几个月来的劳动报酬，还要求支付赔偿金。公司总经理却说贾某自己主动提出解除劳动合同已经是违约了，拒绝支付劳动报酬和赔偿金。贾某不服，就向本地的劳动仲裁委员会提起了仲裁。

【点评】

本事件主要涉及用人单位支付劳动报酬的问题。

贾某的要求是合理的。用人单位应该按照劳动合同约定和国家规定，向劳动者及时足额支付劳动报酬。这里的"及时足额"是无条件的，即便用人单位由于客观原因未能及时、足额支付，也都是违反法律规定的。用人单位已经拖欠了劳动者4个月的工资未发，已属违法。

用人单位未及时、足额支付劳动报酬的，劳动者可以解除劳动合同。所以，贾某提出解除劳动合同是合理的，而不是如总经理所言的"违约"。劳动者因用人单位未及时足额支付劳动报酬而解除劳动合同的，用人单位应当向劳动者支付经济补偿。如果用人单位逾期不支付劳动者应得报酬与经济补偿，劳动行政部门还有权责令用人单位按应付金额50%以上100%以下的标准向劳动者加付赔偿金。

所以，设计公司应向贾某支付4个月的工资10000元；由于贾某工作时间不够6个月，设计公司应向其支付半个月的工资即经济补偿1250元。共计11250元。

除了在案件中采用的方法之外，劳动者还可以依法向当地人民法院申请支付令。如果支付令发出，用人单位没有异议又不在法定期限内支付报酬，劳动者还可以向法院申请强制执行。

事例2：用人单位提供劳动安全卫生条件的问题。

【事件经过】

张某是某化工厂的职工，双方签订了3年的劳动合同。在进厂之初，张某发现其他职工都穿着防护服。于是，张某向化工厂后勤部要求领取防护服,却遭到了拒绝,后勤部人员称每个人的防护服都是自己出钱买的,厂里没这项开支。在没有防护服的情况下工作了一段时间,张某发现自己身体总是很不舒服,就自己出钱购买了一套防护服。

工作了一段时间之后,整个车间的职工都不同程度地感到身体不适,后来发现,是车间的防护系统出了问题。张某和其他几位职工作为代表到厂长那里反映问题,厂长却以之前有问题也没出什么事为由,再三推脱。职工们表示不维修防护系统就拒绝上班,厂长却以扣除奖金威胁。职工们只好去向工会寻求帮助。

【点评】

本事件涉及用人单位为劳动者提供劳动安全、卫生条件的问题。

按照《劳动法》规定,用人单位必须为劳动者提供符合国家规定的劳动安全卫生条件和必要的劳动防护用品。按照《安全生产法》的规定,用人单位必须为从业人员提供符合国家标准或行业标准的劳动防护用品;安全生产管理人员应当根据本单位的生产经营特点,对安全生产状况进行经常性检查,对检查中发现的安全问题,应当立即处理,不能处理的,也要及时报告给单位负责人;用人单位应当安排用于配备劳动防护品、进行安全生产培训的经费。从上述案例中,我们可以看到,首先,化工厂未向劳动者提供必要的防护服;其次,也没有安全生产管理人员对安全生产状况进行经常性检查,在劳动者发现问题且提出时依然拖延不予处理。化工厂的行为已经违反了《劳动法》与《安全生产法》的规定。张某和其他职工的身体健康已经因此受到了明显的影响,其有权对化工厂提出批评、检举和控告。用人单位不得因劳动者对安全生产工作提出批评、检举、控告而降低其工资、福利待遇或者解除与其订立的劳动合同。化工厂厂长以扣除奖金为威胁是明显违法的。

工会在劳动合同的履行过程中,起着重要的监督作用。张某及其他职工向工会寻求帮助是有道理的。除此之外,张某和他职工还可以依据《劳动合同法》第三十八条向化工厂提出解除劳动合同。

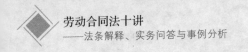

化工厂需要按照《劳动合同法》的规定向要解除劳动合同的职工支付经济补偿。

第二节 劳动者的权利和义务

一、条文解读

第二十九条 用人单位与劳动者应当按照劳动合同的约定，全面履行各自的义务。

全面履行的含义在前述"用人单位的权利与义务"一节中已经进行了较为详细的阐述。劳动合同的履行是合同双方共同的义务，劳动者作为一方当事人也不例外。

（1）劳动者必须亲自履行合同义务。劳动合同具有很强的人身针对性，用人单位与劳动者签订合同的基础就是双方彼此的了解，对另一方履行合同、实现劳动过程的预期。基于诚实信用原则，劳动者应当亲自履行劳动义务，而不得由他人代替。

（2）劳动者必须遵循协作履行的原则。劳动合同的履行是双方互负义务、相互协作的过程。用人单位有义务为劳动者提供符合劳动合同约定和法律规定的劳动环境、安全保障措施等劳动条件，劳动者也应当服从用人单位的合理要求，在需要时予以相应的配合，作出一定的协调与让步。

（3）劳动者应基于上述的两点要求，在实际履行的基础上，进一步做到全面履行。劳动者应当完成劳动任务，提高职业技能，执行劳动安全卫生规程，遵守劳动纪律和职业道德。

完成劳动任务是劳动者最主要的义务，如果劳动者不能完成劳动任务，就违反了劳动合同的约定，用人单位可以因此而解除劳动合同。

提高职业技能，不仅是对劳动者自身的提高，对用人单位生产活动的顺利进行也有巨大的推动作用，更能从整个社会的层面提高整体劳动生产率。这也是劳动者在履行劳动合同过程应尽的义务。

执行劳动安全卫生规程,是安全生产的保障。安全保障一方面需要用人单位必备措施的提供,另一方面也需要劳动者予以配合。

劳动纪律是劳动者在履行劳动合同过程中必须遵守的劳动规则和秩序,它要求每个劳动者按照规定的时间、质量、程序和方法完成自己应承担的工作。职业道德是从业人员在职业活动中应当遵循的道德,劳动者应当遵从本职业的职业道德。

第三十条 用人单位应当按照劳动合同约定和国家规定,向劳动者及时足额支付劳动报酬。

用人单位拖欠或者未足额支付劳动报酬的,劳动者可以依法向当地人民法院申请支付令,人民法院应当依法发出支付令。

此条主要针对用人单位不能及时足额支付劳动报酬时,劳动者的法律救济措施。

1. 支付令

支付令,是法院根据债权人的申请,向债务人发出的限期履行给付金钱或有价证券的法律文书,债务人在法定期限内既不履行债务又未提出书面异议的,支付令便具有了强制执行效力,债权人可以申请法院强制执行。因支付令申请程序(又称"督促程序")具有非诉讼性和简易、灵活的特点,省去了辩论、调解和裁判等繁琐程序,故对于债权债务关系明确、合法,而债务人却因各种原因不偿还债务的案件,适用支付令程序解决,可以渐变、迅速地实现债权人的债权。

用人单位拖欠或未足额发放劳动报酬的现象极为普遍,而且这类争议一般也比较简单,用人单位与劳动者之间一般也不存在别的债务纠纷,符合《民事诉讼法》第一百一十九条关于申请支付令的条件的要求,适于通过支付令的方式解决。因此,《劳动合同法》将支付令制度引入追索劳动报酬拖欠纠纷,在保障劳动者及时足额获得劳动报酬方面实现了途径创新,从立法的高度赋予劳动者追索劳动报酬的新捷径,可以说是《劳动合同法》的一大创新。①

2. 申请支付令的条件

根据我国《民事诉讼法》及最高人民法院的解释,劳动者申请支付令应当满足以下条件:①劳动者请求用人单位给付的是金钱、有价证券;②劳动者与用人单位没有其他债务纠纷的;③支付令能够送达用人单位的;④申请书应当写明请求给付金钱或者有价证券的数量和所根据的事实、证据。

第三十一条 用人单位应当严格执行劳动定额标准,不得强迫或者变相强迫劳动者加班。用人单位安排加班的,应当按照国家有关规定向劳动者支付加班费。

从劳动者的角度来看,一方面,劳动者有拒绝加班的权利,如果安排加班,有获取加班费的权利;另一方面,在法律规定的范围内,劳动者也有协助用人单位履行合同的义务。

依照《劳动合同法》与《劳动法》的规定,由于生产经营的需要或因其他特殊原因,用人单位需要延长工作时间的,需要与工会和劳动者协商。工作之外的时间,由劳动者自由支配,只有劳动者自愿时,用人单位才可以安排加班。

劳动者有要求用人单位支付加班费的权利。逾期不支付加班费的,用人单位应当按应付金额50%以上100%之下的标准向劳动者加付赔偿金。如果用人单位未及时、足额支付劳动报酬,劳动者还可以解除劳动合同。

在发生自然灾害、事故或其他原因,威胁劳动者生命健康和财产安全需要紧急处理;或生产设备、交通运输路线、公共设施发生故障,影响生产和公共利益,必须抢修等情况时,用人单位可以延长工作时间不受限制。劳动者应当配合用人单位的安排延长工作时

---

① 参见王连国《"欠薪支付令"法律适用问题探析:〈劳动合同法〉第30条第二款之理解与应用》,载《中国劳动》2009年第1期,第29页。

间,而不能因为劳动合同中未约定而拒绝延长劳动时间。

第三十二条 劳动者拒绝用人单位管理人员违章指挥、强令冒险作业的,不视为违反劳动合同。

劳动者对危害生命安全和身体健康的劳动条件,有权对用人单位提出批评、检举和控告。

本条主要规定了在劳动合同履行过程中,劳动者有拒绝用人单位违章指挥、强令冒险作业的权利和对用人单位提出批评、检举和控告的权利。

(1) 对用人单位违章指挥、强令冒险作业的,劳动者有权拒绝。违章指挥是指生产经营单位有关管理人员违反国家关于安全生产的法律、法规和有关安全规程、规章制度的规定,对从业人员具体的生产经营活动进行指挥;强令冒险作业是指生产经营单位有关管理人员明知开始或者继续作业会有重大危险的情况下,仍然强迫从业人员进行作业的行为。用人单位违章指挥、强令冒险作业是发生劳动过程中安全事故的最主要原因。用人单位违章指挥、强令冒险作业危及劳动者人身安全的,劳动者可以立即解除劳动合同而不需事先告知用人单位。同时,用人单位还应当向劳动者支付经济补偿。另外,如有上述情况发生,用人单位应受到行政处罚,构成犯罪的,依法追究刑事责任,给劳动者造成损害的,还要承担赔偿责任。①

(2) 对用人单位危害生命安全和身体健康的劳动条件,劳动者有权提出批评、检举和控告。劳动条件是用人单位按照合同的约定,为劳动者提供的在劳动过程中必须具备的生产条件及安全保障措施,包括劳动场所、劳动设备、安全防护设施等等。劳动条件必须能够保障劳动者的生命安全和身体健康。用人单位必须建立、健全劳动安全卫生制度,严格执行国家劳动安全卫生规程和标准,对

---

① 参见王齐《浅析违章作业、违章指挥违反劳动安全纪律及其对策措》,载《知识经济》2011年第19期,第102页。

劳动者进行劳动安全卫生教育，防止劳动过程中的事故，减少职业危害；劳动安全卫生设施必须符合国家规定的标准。若用人单位提供的劳动条件不能满足上述要求，劳动者就有权向用人单位提出批评、检举和控告。各级劳动行政部门，以及县级以上地方人民政府建设、卫生、安全生产监督管理等有关主管部门，在各自的职权范围内，都会对劳动合同的执行情况进行监督管理，劳动者可以对用人单位直接提出批评，也可以根据法律规定，在合法权益受到侵害时，到有关部门提出检举、控告，要求其依法处理。

劳动者对本单位安全生产工作提出批评、检举、控告或者拒绝违章指挥、强令冒险作业的，用人单位不得因此而降低其工资、福利等待遇或者解除与其订立的劳动合同。

二、实务问答

问题1：工会在维护劳动者权利方面扮演什么角色？

第一，在劳动合同签订和履行方面，工会有帮助指导的作用。当用人单位违反劳动法律、法规，侵犯职工合法权益时，工会有权要求用人单位或者有关部门认真处理；当用人单位违章指挥、强令工人冒险作业，或者生产过程中发现明显重大事故隐患和职业危害时，工会有权提出解决的建议；工会还要协助企业、事业单位、机关行政方面办好职工集体福利事业，做好工资、劳动保护和劳动保险工作；县级以上各级人民政府制定国民经济和社会发展计划，省级人民政府所在地的市和经国务院批准的较大的市以上的人民政府研究起草法律或者法规、规章时，对涉及职工利益的重大问题，应听取同级工会的意见。

第二，在纠纷发生阶段，工会作为劳动者的代表应积极维护劳动者的合法权益。用人单位侵犯职工劳动权益的，工会可以提出意见调解处理；劳动者向人民法院起诉的，工会应当给予支持和帮助。尤其在集体合同方面，用人单位违反集体合同，侵犯职工劳动权益的，工会可以依法要求用人单位承担责任；因履行集体合同发生争议，经协商解决不成的，工会可以依法申请仲裁、提起诉讼。

第五讲 劳动合同的履行与变更

问题2：对于用人单位拖欠劳动者报酬，劳动者怎样申请支付令？支付令有怎样的效果？

对于用人单位拖欠或未足额支付劳动报酬的，劳动者可以依法向当地法院申请支付令。

因支付拖欠劳动报酬、工伤医疗费、经济补偿或者赔偿金事项达成调解协议，用人单位在协议约定期限内不履行的，劳动者可以持调解协议书依法向人民法院申请支付令。人民法院应当依法发出支付令。用人单位拖欠或者未足额支付劳动报酬的，劳动者可以依法向当地人民法院申请支付令，人民法院应当依法发出支付令。

申请支付令必须履行以下程序（见图5-1所示）：

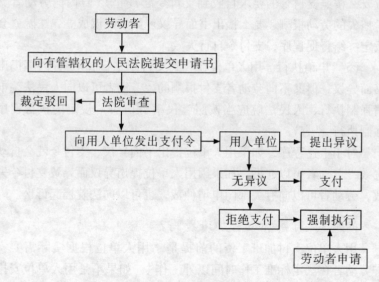

图5-1 申请支付令的具体程序及效果

（1）向有管辖权的人民法院提交申请书。向具备管辖权资格的法院递交申请书是首要程序。因合同纠纷提起的诉讼，由被告住所地或者合同履行地的人民法院管辖。劳动者应选择用人单位所在地或劳动合同履行地的人民法院。申请书中应写明本人及用人单位的具体情况、请求支付劳动报酬的数额及所根据的事实和证据。

（2）法院受理。债权人提出申请后，人民法院应当在5日内通知债权人是否受理。人民法院应当在5日内通知劳动者是否受理。

（3）审查和决定。申请支付令，请求给付的劳动报酬必须有确定的数量，并有相关的事实和证据；劳动者与用人单位没有其他债务纠纷并且支付令能够送达用人单位。人民法院对支付令的审查一般只进行书面审查，而不需要询问当事人和开庭审查。如果人民法院经过审查，认为劳动关系明确、合法，就应在受理之日起15日内向用人单位发出支付令；如果申请不成立，裁定予以驳回。[1]

（4）支付劳动报酬或提出书面异议。支付令发出后，用人单位要么按照支付令的要求自收到支付令之日起15日内向劳动者支付拖欠的劳动报酬，要么提出书面异议。如果异议成立，法院就会裁定终结督促程序，支付令自行失效。

（5）申请执行。用人单位在收到支付令之日起15日内不提出书面异议，但又不向劳动者支付报酬的，劳动者可以向人民法院申请强制执行，人民法院应当按照《民事诉讼法》规定的执行程序强制执行。[2]

对于上述程序，如果用人单位提出书面异议，支付令就会自动失效，劳动者可以起诉。如果因用人单位提出异议而导致支付令失效，劳动者可以向有关部门申请仲裁，也可以向法院提起诉讼。

问题3： 自愿加班有加班费吗？

用人单位支付加班工资的前提是"用人单位根据实际需要安排劳动者在法定标准工作时间以外工作"，如果不是用人单位安排加班，而由劳动者自愿加班的，用人单位可以不支付加班工资。[3]

---

[1] 参见王玉信《申请支付令——讨薪的便捷途径》，载《劳动保障世界》2008年第9期，第49页。

[2] 参见张勇《讨薪如何申请支付令》，载《湖南农业》2010年第2期，第28页。

[3] 参见向颖琰《自愿加班能要加班工资吗？》，载《管理@人》2008年第12期，第68页。

在现实生活中，用人单位出于生产、经营的需要，往往会安排劳动者在合同约定的劳动时间之外工作。此时主动者往往是用人单位，劳动者加班是基于用人单位的要求。合同双方的权利、义务是对等的，既然劳动者在用人单位的要求下同意并确实在劳动合同约定的工作时间之外加班了，那么用人单位支付加班费也是理所应当的，同时更是我们的法律明文规定的。

部分劳动者为了及时完成任务，会在工作时间之外自愿加班，既然是自愿，就不是用人单位的要求。所以，自愿加班的劳动者是不能要求用人单位支付加班费的。

从用人单位规章制度的角度来看，在不违反法律规定的情况下，用人单位有权制定本单位的规章制度，如果劳动者有加班的需要，在不违反法律法规的情况下，也应该及时进行加班审批，才能得到用人单位支付的加班费，以保证自己的劳动得到应有的回报。

问题4：是补休还是支付加班费？

关于加班费支付的规定分三种不同情况：①用人单位安排劳动者延长工作时间的，支付不低于工资的150%的工资报酬；②用人单位在休息日安排劳动者工作又不能补休的，支付不低于工资的200%的工资报酬；③用人单位在法定休假日安排劳动者工作的，支付不低于工资的300%的工资报酬（见表5-1所示）。

表5-1　用人单位安排加班的不同种类及补偿措施

安排加班的不同情况	用人单位的补偿措施
延长工作时间	支付加班费（原工资额×150%）
休息日安排工作	（1）安排补休； （2）不安排补休，支付加班费（原工资额×200%）
法定休假日安排工作	支付加班费（原工资额×300%）

在休息日加班的劳动者如果事后用人单位安排补休,就不能再要求用人单位支付加班费。为了获得加班费而故意不服从单位安排补休的行为,不能得到法律支持。

第一和第三种情况下加班的,用人单位只能支付加班费而不能以补休代替。现实生活中,特别在法定休假日安排劳动者工作的情况下,有些用人单位为了逃避支付高于平时工资的加班费,往往采用补休的方法来替代。遇到此种情况,劳动者有权根据法律的规定,要求用人单位支付高于平时工资的加班费,拒绝补休。

三、典型事例

事例1: 劳动合同全面履行的义务。

【事件经过】

孙某是某家具厂的一名技术工人,与单位签订了两年的劳动合同。工作期间,孙某认为所在的家具厂技术水准不高,效益又欠佳,自己的水平得不到充分发挥,也不能获得自己满意的工资报酬。孙某经常让弟弟代自己上班,而他本人经常出外到另一家家具厂工作,赚取外快。某天,家具厂相关负责人进行工作检查时发现这一事实,于是通知孙某在两周之内返回单位,并要对其予以处分。孙某认为自己的工作任务已经由自己的弟弟完成,并未对用人单位造成损失,两周过后依然没有返回家具厂。最后家具厂提出与孙某解除劳动合同。

【点评】

本事件涉及劳动者亲自履行劳动合同的问题。

孙某应当及时回到用人单位做好自己的本职工作。

劳动合同具有很强的人身属性,用人单位与劳动者签订合同的前提,就是用人单位对劳动者的技术水平及个人素质有了相当程度的了解,与本单位工作要求相符合,具有很强的针对性。所以,无论是用人单位还是劳动者,对劳动合同都应当亲自履行。

孙某自己到其他家具厂工作,却由自己的弟弟在原单位代为上班,已经违背了劳动合同亲自履行的原则,同时也违反了用人单位的劳动纪律与管理制度,使用人单位的权益受到损害,家具厂有权对孙某进行处分。另外,如果劳动者严重违反用人单位的规章制度,用人单位可以解除劳动合同。所以,家具厂完全可以此解除劳动合同,并且也不用支付经济补偿。

事例2:劳动者有权拒绝用人单位管理人员违章指挥、强令冒险作业。

【事件经过】

崔某是某运输公司的员工。开始工作的几年里,双方都能够很好地履行劳动合同,崔某对自己的工作状态很满意。在第三个年头,崔某与一个组的同事被公司要求用另外安排的货车进行运输。重新安排的货车是公司追讨外债的结果,已经非常破旧,多处需要维修。崔某及其同事向公司提出对这批货车进行彻底维修的要求,公司却称安排维修可以,但是资金有限,只能稍作修整。崔某和其他同事不同意,认为小修小补根本不起作用,驾着这样的车上路等于自寻危险。在公司的一再推辞之下,崔某表明拒绝上班。运输公司称如果不上班就要与崔某解除劳动合同,还要崔某支付违约金。

【点评】

运输公司的做法是违法的,崔某及其同事有权拒绝工作,并不算违约。用人单位在与劳动者签订劳动合同时,应如实告知劳动者工作条件、安全生产状况、职业危害等情况,并在劳动合同中明确规定劳动保护、劳动条件等内容。用人单位管理人员违章指挥、强令冒险作业,劳动者有权拒绝,并且不视为违反劳动合同。

运输公司明知那批货车有重大的不安全隐患,却依然要求崔某及其同事冒着生命健康受到损害的危险进行运输工作。在劳动者提出要求维修的情况,予以拒绝,并且强迫崔某及其同事工作,其做法已经违反了《劳动合同法》第三十二条第一款的规定。

针对崔某拒绝公司强令冒险作业的行为,运输公司称其"违约"没有法律根据。用人单位违章指挥、强令冒险作业危及劳动者人身安全的,劳动者可以立即解除劳动合同,不需要事先告知用人单位。并且用人单位还要根据《劳动合同法》第四十六条的规定向劳动者支付经济补偿。所以，崔某可以与运输公司解除劳动合同并要求获得经济补偿。

按照《劳动合同法》第八十八条规定，运输公司应依法受到行政处罚。如果违章指挥或者强令冒险作业危及劳动者人身安全构成犯罪的，还要追究运输公司的刑事责任，给劳动者造成损害的，还要承担赔偿责任。

第三节　劳动合同主体的变更

一、条文解读

第三十三条　用人单位变更名称、法定代表人、主要负责人或者投资人等事项，不影响劳动合同的履行。

此条主要规定用人单位登记事项变更对劳动合同履行的影响。

用人单位无论是否为法人，都会有自己的名称、法定代表人、主要负责人及投资人，但这些内容的变更并不影响用人单位作为劳动合同一方当事人的法律地位。

用人单位的名称只是用人单位的代号，不影响到用人单位的主体地位。用人单位不能以名称发生改变为理由而改变劳动合同的履行或解除劳动合同，损害劳动者利益。当然，用人单位改变名称的，应及时进行名称变更登记，并改变劳动合同中用人单位的名称。

用人单位的法定代表人，是依照法律或法人组织章程规定代表法人行使职权的负责人。而法人是具有民事权利能力和民事行为能力，依法独立享有民事权利和承担民事义务的组织。用人单位在与劳动者签订劳动合同时，不仅有法人代表的签章，也有用人单位的签章，与劳动者建立劳动关系的是用人单位而不是其代表者。最终履行劳动合同，实施生产、经营活动，承担责任的是法人，即用人单位，而不是法人代表。所以，虽然法定代表人发生了变更，但是法人独立的组织机构，包括决定机构、执行机构及监督机构并没有发生变更，法人代表的代表权利也并没有发生变更，所代表的用人单位并没有改变。用人单位为非法人的，同样道理，其主要负责人的变更也不会影响到用人单位的实体组织，用人单位仍需要继续履行劳动合同，对劳动者负责。用人单位的投资人的变更，也不会改变用人单位作为劳动合同一方当事人主体的实质，用人单位应当继续履行劳动合同的内容。

第三十四条 用人单位发生合并或者分立等情况,原劳动合同继续有效,劳动合同由承继其权利和义务的用人单位继续履行。

此条主要涉及用人单位合并或分立时劳动合同应如何履行。

1. 用人单位的合并与分立

用人单位的合并,包括吸收合并和新设合并两种方式。

吸收合并,是指一个用人单位吸收其他用人单位,被吸收的用人单位解散;新设合并,是指两个以上用人单位合并设立一个新的用人单位,合并各方解散。在合并之后,必然会有一方或双方用人单位的消灭,消灭用人单位的全部权利和义务就由存续的用人单位或新设的用人单位概括承受。在吸收合并中,存续用人单位因承受消灭用人单位的权利义务而发生组织变更;在新设合并中,新设的用人单位应重新设立。根据公司法及本条的规定,用人单位发生合并时,原来的劳动合同由继承权利和义务的用人单位继续履行。

用人单位的分立包括两种方式:新设分立,是指原有用人单位消灭而新设两个或以上新的用人单位;派生分立,是指原有用人单位依然存在,只是将其部分资产和业务分离出去另设一个新的用人单位。对于新设分立,原有的用人单位已经消灭,新设的用人单位应进行设立登记;对于派生分立,原有用人单位依然存在,分离新设的用人单位成为一个新的主体。根据《公司法》的规定,公司分立前的债务由分立后的公司承担连带责任;但是,公司在分立前与债权人就债务清偿达成的书面协议另有约定的除外。

2. 原劳动合同的继续履行

企业法人分立、合并,它的权利和义务由变更后的法人享有和承担。对于用人单位的合并与分立,原劳动合同应由变更后的用人单位继续履行。

第一,原劳动合同继续有效。这是用人单位合并或分立之后,对劳动合同继续有效履行的基本保证。在现实生活中,某些用人单位会利用合并或分立而"金蝉脱壳",提出原有劳动合同无效,拒绝履行合同,损害劳动者的合法权益。法律明确规定原劳动合同继续有效，保证劳动者利益不受用人单位合并与分立的损害。

第二，用人单位发生分立或合并后，分立或合并后的用人单位可依据其实际情况与原用人单位的劳动者遵循平等自愿、协商一致的原则变更原劳动合同。劳动合同订立时所依据的客观情况发生重大变化，致使劳动合同无法履行，经用人单位与劳动者协商，未能就改变劳动合同内容达成协议的，用人单位提前30日以书面形式通知劳动者本人或者额外支付劳动者1个月工资后，可以解除劳动合同。但是用人单位应当按照法律规定向劳动者支付经济补偿。

在用人单位分立时签订的分立协议中，"职工安置办法"也是其中一项重要的内容，如果分立协议中明确了职工的安置办法，劳动合同的履行就按照协议的内容进行。如果协议中并未明确，就由承继原用人单位权利义务的用人单位继续履行。

表5-2 用人单位合并或分立之后劳动合同的继续履行

合同双方协商的不同情况		双方的权利和义务
劳动者与用人单位协商一致	变更劳动合同	双方按变更后合同继续履行
	重新签订劳动合同	视为劳动合同的变更
劳动者与用人单位未就劳动合同内容变更达成协议	劳动者解除劳动合同	提前30日以书面形式通知用人单位
	用人单位解除劳动合同	提前30日以书面形式通知劳动者本人或额外支付劳动者1个月工资
当事人另有约定		从约定处理

二、实务问答

问题：资产重组对劳动合同的履行有什么影响？

资产重组是指企业改组为上市公司时将原企业的资产和负债进

行合理划分和结构调整,经过合并、分立等方式,将企业资产和组织重新组合和设置。

资产重组主要是通过合并、分立的方式进行的。改变的内容主要是原企业的资产。对于劳动合同来讲,劳动合同的一方主体的原企业虽然不再存在,但原来企业的权利义务都由重新组织和设置的主体承继,并不影响劳动合同的内容及合同的继续履行。

按照《劳动合同法》第三十四条的规定,用人单位发生合并或分立等情况,原劳动合同继续有效,劳动合同由承继其权利和义务的用人单位继续履行。这就为用人单位发生合并或分立的劳动合同的继续履行提供了保障。

在用人单位进行资产重组之后,无论是用人单位还是劳动者,都不能以劳动合同主体的变更为由,对劳动合同的履行提出不合理的要求。如用人单位强制解除劳动合同,劳动者可以解除合同并要求补偿,等等。资产重组毕竟是用人单位客观上发生了一定程度的变化,此时,双方都可以有其他的选择。

双方经过协商,可以对原劳动合同的内容进行更改,以适应资产重组后的实际情况,做到利益均衡、公平合理。在用人单位的名称发生改变的时候,双方尤其应当注意对劳动合同有关内容及时进行更改,以免日后产生纠纷。

如果不能协商改变劳动合同的内容,也可解除劳动关系,由劳动者提出的,要提前30天以书面形式通知用人单位。用人单位在"劳动合同订立时所依据的客观经济情况发生重大变化,致使劳动合同无法履行"的情况下,提前30日以书面形式通知劳动者本人,或额外支付劳动者1个月工资,也可以解除劳动合同。用人单位必须以客观条件发生重大变化为条件,不能随意解除劳动合同。

三、典型事例

事例1:用人单位负责人变更不影响劳动合同履行。

【事件经过】

谢某与某公司签订了3年的劳动合同,职位是开发部副经理。

第五讲 劳动合同的履行与变更

在谢某参加工作的第二年，被公司派至国外培训学习半年。谢某在国外培训期间与单位同事联系，得知公司总经理已经更换了，前总经理离开之后，在谢某未回国之前，新任总经理就已经任用其他人代替了谢某。谢某到新任总经理处询问原因，新任总经理解释说自己有权利安排更合适的人做开发部副经理，要谢某去销售部作普通职员。谢某认为在出国之前已经与公司有约定，坚持要回到原岗位工作，总经理以解除劳动合同相威胁。谢某认为这样非常不合理，感到很为难。

【点评】

公司因为总经理的变更而改变谢某的职位是违法的行为。谢某有权主张继续履行原来的劳动合同，回到自己原来的工作岗位。

公司只是改变了主要负责人，但是并未触及用人单位的基本组织实体。谢某与公司签订的劳动合同效力不受影响，应当继续履行。谢某有权要求继续履行原有的劳动合同，继续出任开发部副经理。如果公司坚持不肯继续履行合同，谢某可以要求有关劳动部门处理，或者申请仲裁、提起诉讼。如果公司因此解除劳动合同，谢某有权要求公司支付经济补偿，并以经济补偿标准的两倍要求支付赔偿金。

事例2：用人单位合并或分立对劳动合同的影响。

【事件经过】

陈某是甲机械公司的一个员工，2012年与该公司签订了5年的劳动合同，约定每月工资3000元，并有其他的季度、年终奖金和节假日补贴等等。至2013年年底，公司效益逐步下滑，已经濒临破产。为了尽力挽救，公司被另一乙集团公司收购。公司原来的职工由乙集团公司接收安排，公司的债权债务等权利义务也都由乙集团公司继承。就在公司合并结束之后，陈某接到了变更工作岗位的通知，得知自己由原来的管理部门下放到车间，每个月工资也降至2500元，奖金、补贴也有所减少。陈某去找相关负责人理论。负责人称原来的公司已经不存在了，原来的劳动合同已经没有效力了。陈某要求继续履行原来的劳动合同，乙集团公司称如果不到新的工作岗位工作，就要解除劳动合同。无奈之下，陈某向劳动仲裁委员会提起了仲裁，要求乙集团公司继续履行原有劳动合同。

【点评】

本事件主要涉及用人单位合并后劳动合同的履行问题。

仲裁委员会应当支持陈某的请求。

甲机械公司被乙集团公司所合并，甲机械公司与劳动者陈某之前签订的劳动合同继续有效，所以乙集团公司所称甲机械公司不存在，原来劳动合同也就无效的说法是违反法律规定的。既然甲机械公司的权利义务都已经由乙集团公司承继，那么乙集团公司就应当继续履行陈某与原用人单位签订的劳动合同。由于公司的合并，原用人单位已经不存在，新的用人单位在安排劳动者职位与报酬标准时，与合并之前相比，不可避免地会有所变化和调整，这都是合情合理的。所以，合并或分立后的用人单位，并非只有完全按照原有劳动合同履行。在与劳动者协商一致的情况下，用人单位可以变更劳动合同约定的内容。但是乙集团公司在事实上改变了与陈某之间的劳动合同的内容，却并没有征得陈某本人的同意。

如果由于客观条件发生重大变化使原劳动合同的履行确实有困难，乙集团公司可以和劳动者商议改变劳动合同的内容。如果不能达成共识，必须以提前30天以书面形式通知陈某，或者额外支付陈某1个月工资为条件。

第四节　劳动合同内容的变更

一、条文解读

第三十五条　用人单位与劳动者协商一致，可以变更劳动合同约定的内容。变更劳动合同，应当采用书面形式。

此条是关于协商变更劳动合同内容的规定。

第五讲 劳动合同的履行与变更

1. 变更劳动合同内容的含义

劳动合同的变更,是指双方协商同意,对依法订立后尚未完全履行完毕之前的内容作部分修改、补充或者删除的法律行为。

在劳动尚未履行或还未履行完毕期间,用人单位与劳动者协商一致,可以对劳动合同的内容进行更改、补充或删减。法律允许合同双方在合理合法的条件下对劳动合同的内容进行变更,避免当事人的正当利益受到损害。①

2. 变更劳动合同的要求

(1)变更劳动合同需遵循的原则。订立和变更合同,应当遵循平等自愿、协商一致的原则,不得违反法律、行政法规的规定。

第一,劳动合同的变更,需要遵循同订立合同相同的原则,用人单位与劳动者协商一致,可以变更劳动合同约定的内容。

劳动合同内容的变更必须在双方都同意的基础上,即双方在平等自愿的基础上协商一致。任何一方,尤其是用人单位一方不得以自身的强势强迫另一方接受单方面的变更;也不允许任何一方在对方未知的情况下,私自更改劳动合同的内容。以上任何一种情况下劳动合同的更改都是无效的。

第二,劳动合同的变更,不得违反法律、行政法规的规定。这里的"法律、行政法规"既包括现行的法律、行政法规,也包括以后颁布实行的法律、行政法规;既包括劳动法律、法规,也包括民事、经济方面的法律、法规。作出此种限制是因为,一方面,劳动合同虽然是在劳动者与用人单位两者之间签订的,但是劳动关系本身有很强的社会属性,劳动者与用人单位,不仅要维护自身的权利,也有维护社会利益的义务,法律、行政法规是社会公平正义、社会利益维护的重要保障,所以,劳动合同的签订和变更,都不能违反法律、行政法规的规定。另一方面,无论是劳动合同的当事人、内容、形式还是订立、变更、履行的程序,都必须符合有关法

---

① 参见肖进成《劳动合同法的理论实践与创新》,光明日报出版社2010年版,第121页。

律、行政法规的规定。

劳动合同内容在平等自愿、协商一致的原则下可以变更，但是契约自由的精神必须受到有关法律、行政法规的限制。

(2) 变更劳动合同的客观依据。根据我国法律的规定，劳动合同的变更，"劳动合同订立时所依据的客观情况发生重大变化"是重要的依据。基于市场的变化，决定转产、调整生产经营方向、增加或减少生产经营项目等，用人单位不可避免会对签订劳动合同时所依据的客观情况进行改变。在市场经济条件下，大部分用人单位作为市场主体，经营策略都会随着市场情况的变化而不断调整，由此会产生劳动职位的调整或数量的增减，以及劳动定额、劳动报酬或职工福利分配的变动。应当允许在用人单位方面发生变化时，更改原劳动合同的内容。

就劳动者而言，身体状况发生变化、所在岗位与其职业技能不相适应、职业技能提高到一定等级等将使其难以继续履行原合同。劳动关系有很强的人身属性，当劳动者发生上述的变化时，对劳动岗位的要求自然也会发生变化，如果不更改劳动合同的内容而使双方都勉强履行原劳动合同的话，无论是对劳动者还是用人单位，都可能产生权利义务的不平衡，影响到劳动过程的顺利实现。

许多客观方面的原因也都会引起劳动合同变更，如法规和政策发生变化。随着社会不断的发展变化，法律法规也要适应社会的发展，法律法规的修改、废止或新的法律的制定都是可能的。又如物价水平大幅度上升，会大大提高用人单位和劳动者的生产、生活成本，降低劳动合同的履行价值，使双方原有的利益平衡产生倾斜。又如社会动乱、自然灾害等不可抗力的发生，等等。

(3) 变更劳动合同的形式。变更劳动合同，应当采用书面形式，且变更后的劳动合同文本由用人单位和劳动者各执一份。这就要求用人单位与劳动者协商一致对劳动合同的内容进行变更之后，出具更改后的劳动合同文本，并且一式两份，用人单位和劳动者双方各持一份。书面劳动合同是劳动关系存在的重要证据，可以避免或有效处理日后劳动纠纷的发生。如果没有书面的劳动合同，劳动合同的变更是无效的，双方应当按照未变更之前的劳动合同继续履行各方的义务。

（4）变更劳动合同的效果。劳动合同的变更，是在原有合同的基础上进行修改、补充或删减，而不是重新订立合同，未作修改、补充或删除的条款依然有效；变更了的条款取代原有的条款发生效力，原有条款即失效。

因劳动合同的更改给双方当事人造成损失的，造成损失一方应负赔偿责任；双方都有责任的，则双方共同分担责任。合同变更是合法行为，提出变更要求的一方当事人给对方造成损失的，所负的只是赔偿责任而不是违约责任。未经双方当事人协商一致而擅自变更劳动合同就是违约行为了，需要承担违约责任。

因不可抗力等法定免责或合同约定的免责原因，造成劳动合同变更的，免除当事人的责任。不可抗力是当事人无法预见或无法克服的，并非当事人故意或者过失造成的，双方均无过错，应根据实际情况全部或者部分免除当事人赔偿责任。依法律规定或合同约定有免责原因的，依照免责条件变更劳动合同的也可以免责。[1]

二、实务问答

问题1：变更合同内容的程序是什么？

第一，及时提出变更合同的要求。无论用人单位还是劳动者，都必须在劳动合同尚未履行或者尚未履行完毕之时，及时提出变更合同的要求，并说明变更合同的理由、内容、条件以及请求对方答复的期限等内容。

第二，按期作出答复。无论是用人单位还是劳动者，在得知另一方提出变更合同的要求之后，都应当在对方规定的期限内作出同意或不同意的答复，也可以提出不同的意见另行协商。

第三，双方达成书面协议。用人单位和劳动者就变更劳动合同

---

[1] 参见袁绍义《劳动合同法理论与实务研究》，光明日报出版社2010年版，第56页。

的内容经过协商，取得一致意见之后，应当达成变更劳动合同内容的书面协议。需要注意的是，书面协议应当符合法定的形式，应明确规定变更的具体内容、变更的有效日期，并由双方当事人签字盖章。

第四，变更后的劳动合同文本由用人单位和劳动者各执一份。如用人单位私自变更劳动合同内容，未向劳动者提供变更后的劳动合同文本，劳动者可主张合同变更无效，要求继续履行原有合同。

变更劳动合同的程序见图5-2。

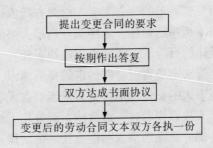

图5-2　变更劳动合同的程序

问题2：用人单位能够以规章改变劳动合同吗？

劳动规章制度，是用人单位依法制定并在本单位实施的组织劳动和进行劳动管理的规则和制度，是企业单方制定的对企业所有劳动者普遍适用的管理规则，是企业针对非特定员工所制定的具有普遍约束力的规范文件，是企业内部的"法律"。

劳动规章的内容要符合法律、法规的规定。规章制度违反法律、法规，损害劳动者权益的，劳动者有权解除劳动合同，并可要求用人单位承担赔偿责任。另外，用人单位在制定、修改或者决定有关劳动报酬、工作时间、休息休假、劳动安全卫生、保险福利、职工培训、劳动纪律以及劳动定额管理等直接涉及劳动者切身利益的规章制度或者重大事项时，还应当经职工代表大会或者全体职工讨论，提出方案和意见，与工会或者职工代表平等协商确定。

在现实生活中，个别用人单位会以本单位劳动规章的改变为由，要求劳动者改变劳动合同。但是，用人单位改变劳动规章必须与劳动者平等协商，并且要将涉及劳动者切身利益的规章制度进行公示或告知劳动者。劳动规章的制定需要劳动者的参与。

用人单位制定的内部规章制度与集体合同或者劳动合同约定的内容不一致，劳动者请求优先适用合同约定的，人民法院应予以支持。也就是说，当劳动者与用人单位签订的劳动合同与用人单位劳动规章有不一致的地方时，要以劳动合同为准。用人单位不能以规章中与劳动合同内容不同为据而改变劳动合同。如果改变后的规章与劳动合同不一致而损害到劳动者权益，劳动者有权提出异议要求改变，要求用人单位按照劳动合同的约定履行义务。

如果劳动者在与用人单位签订的劳动合同中，约定了当劳动规章与劳动合同发生冲突时，在不违反法律、法规的前提下，以劳动规章的规定为准，依照规章的内容互相履行义务。另外，在同一项权利义务之下，如果劳动合同与劳动规章的内容之一是违反法律法规的，以不违反的为准；如果两者的规定都违反了法律法规，就要按照实际情况依法判断了。鉴于劳动规章的不利变更既可能是用人单位恶意转嫁经营风险所致，也可能是市场竞争压力下的迫不得已，此时其对原劳动者能否生效的判断应由原劳动者以集体意思作出。[1]

问题3：劳动合同未变更之前，用人单位能否安排劳动者从事合同规定之外的工作？

劳动合同一经签订，就对合同双方产生约束力，双方都必须按照劳动合同的内容履行义务。用人单位安排劳动者从事合同规定之外的工作超出了劳动合同的范围，就属于违约。劳动者有权拒绝用人单位安排其从事合同规定之外的工作。如果劳动者因从事合同规定之外的工作造成损害的，还有权要求用人单位进行补偿和赔偿。

---

[1] 丁建安：《再议劳动规章与劳动合同之效力冲突》，载《法治研究》2015年第1期，第128页。

用人单位也不是绝对不能安排劳动者从事合同规定之外的工作。当遇到以下情况时，即可以安排：发生事故或遇到灾害，需要及时抢修或救灾；发生短期停工；因工作需要临时调动工作；单位依行政法任命、调动职工工作等等。

问题4：用人单位在什么条件下可以变更劳动合同的内容？

劳动合同的变更，应当遵循平等自愿、协商一致的原则。用人单位与劳动者协商一致才可以变更劳动合同的内容，并且要采取书面形式，变更后的劳动合同双方各执一份，双方才能按照变更后的劳动合同继续履行。

劳动者患病或者非因工负伤，在规定的医疗期满后不能从事原工作的，用人单位就有权为其另行安排工作；劳动者不能胜任工作的，可以调整其工作岗位；或者有其他重大客观经济情况发生重大变化时，也允许用人单位对劳动者的工作内容进行变更。

三、典型事例

事例1：变更劳动合同应双方协商一致

【事件经过】

戴某与某公司签订了5年期限的劳动合同，约定每个月的工资为3000元，随着工作时间的增长，日后工资也会作相应的调整。在最初的两个月，戴某还能够如约拿到每个月3000元的工资，但是从第三个月起，每个月只到账2300元，问其他的同事，发现都有不同程度的减少。于是戴某同几位同事一道找总经理问个明白。总经理解释说，单位最近效益不好，为了节约成本，就把每个人的工资都作了不同程度的下调。总经理拿出一份劳动合同，称合同已经发生了变化。戴某一看，发现自己从未见过此合同，于是要求用人单位补足自己应有的工资，否则就要到有关部门反映问题。

【点评】

本事件中劳动者戴某的要求是合理的。用人单位在劳动合同的变更上主要有以下两个方面的问题。

第一，变更劳动合同的内容却未与劳动者协商。变更劳动合同，用人单位与劳动者应协商一致。广告公司却没有任何预兆地调低了戴某及其同事的工资，并没有与劳动者协商一致。

第二，劳动合同的变更未交由劳动者执有。变更后的劳动合同文本应由用人单位与劳动者各执一份。劳动者从未见过的劳动合同是不能够生效的。广告公司拿出的所谓"变更后的劳动合同"是戴某及其同事从未见过的。所以，即便广告公司更改合同与劳动者协商了，也是无效的。

尽管广告公司提出劳动合同已经变更，但由于既未与劳动者协商又未交劳动者执有，已经违反了劳动合同法的规定，合同的变更是无效的，广告公司应当按照原劳动合同的约定履行支付足额报酬的义务。

若广告公司不肯补足工资，戴某可以解除劳动合同，并有权按照法律规定获得经济补偿。如果广告公司逾期不支付戴某应得的工资报酬和补偿，劳动行政部门还有权要求广告公司加付赔偿金。

事例2：变更劳动合同应当采用书面形式

【事件经过】

廖某2012年大学毕业，同年6月份与当地的一家报社签订了两年的劳动合同，约定每月工资暂时为2300元，在以后的工作中如果成绩优异，可以按照单位的薪酬制度逐步增加，并且还有一定的奖金和补贴。合同签订之后，廖某按时高质量地完成任务。但是工作两个月之后，却被通知在之后的两个月工资下调至2100元，报社负责人向廖某解释说，最近报社有一个重大项目，但是前期投入较大，两个月之后马上恢复。廖某想到自己初来乍到，如果太多意见，对自己以后的发展也不好，就没有反对。可是两个月之后，廖某的工资并没有回升，到负责人那里想要问个明白，负责人称劳动合同已经变更了，2100元就是现在的工资数。

廖某向劳动仲裁委员会提起申请，要求报社按照合同支付报酬。

【点评】

本事件主要涉及劳动合同变更的形式问题。

变更劳动合同，应当采用书面形式。报社要降低廖某的工资，虽然与廖某进行了协商，也获得了廖某本人的同意，但是并没有对书面合同进行修改，所以，虽然廖某口头应允，但是由于没有采用书面形式，劳动合同的更改是无效的。报社应该按照原合同的约定，补足廖某的工资。如果报社逾期不补足廖某的工资，劳动行政部门有权责令报社按照应付金额50%以上100%以下的标准向廖某加付赔偿金。

第六讲　劳动合同的解除和终止

第一节　用人单位解除劳动合同

一、条文解读

第三十六条　用人单位与劳动者协商一致，可以解除劳动合同。

本条是关于劳动者和用人单位可以协商解除劳动合同的规定。

劳动合同的解除，指双方劳动合同关系在期限届满或其他终止条件出现前就已经不复存在，双方的权利义务关系提前归于消灭。劳动合同既可以基于法定事由的出现而由某一单方提出后解除，也可以在双方协商一致的情况下解除。① 本法规定在特定条件和程序下，用人单位与劳动者协商一致且不违背国家利益和社会公共利益的情况下，可以解除劳动合同，但必须符合以下几个条件：②

第一，被解除的劳动合同是依法成立并且有效；

第二，解除劳动合同的行为必须发生在被解除的劳动合同依法订立生效之后，尚未全部履行完毕之前；

第三，用人单位与劳动者均有权提出解除请求；

第四，在双方自愿、平等协商的基础上达成一致意见，可以不受劳动合同中约定的终止条件的限制。这意味着只要达成了合法一致的意思表示，劳动合同就可以解除。

---

① 参见程延园《劳动合同法教程》，首都经济贸易大学出版社 2009 年版，第 91 页。

② 参见中国劳动咨询网《劳动合同法解读三十六：协商解除劳动合同》，中国劳动资讯网：http://www.51labour.com/zhuanti/2007ldht/html/R2 - 36.asp，访问时间：2015 年 2 月 11 日。

协商解除劳动合同的过程中，如果用人单位提出解除劳动合同的，应向劳动者支付经济补偿金。如果劳动者提出解除劳动合同，不管用人单位最后是否同意，只要不是用人单位的过错迫使劳动者提出解除劳动合同的，均视为劳动者单方解除劳动合同，不能要求获得经济补偿金。

第三十九条 劳动者有下列情形之一的，用人单位可以解除劳动合同：

（一）在试用期间被证明不符合录用条件的；

（二）严重违反用人单位的规章制度的；

（三）严重失职，营私舞弊，给用人单位造成重大损害的；

（四）劳动者同时与其他用人单位建立劳动关系，对完成本单位的工作任务造成严重影响，或者经用人单位提出，拒不改正的；

（五）因本法第二十六条第一款第（一）项规定的情形致使劳动合同无效的；

（六）被依法追究刑事责任的。

本条是关于用人单位单方随时解除劳动合同的条件的规定。

第三十九条既是对用人单位单方解除劳动合同的明确授权，也是一种限权，用人单位不能基于其他理由单方即时解除与劳动者的劳动合同。本条并没有设置兜底条款，这反映了对用人单位单方解除劳动合同的授权的从严把握。

用人单位可以单方解除劳动合同主要有以下几种情形。

1. 劳动者在试用期间被证明不符合录用条件的

第一，用人单位所规定的试用期必须符合法律规定。

第二，劳动者必须处在试用期间。试用期间的确定应当以劳动合同的约定为准；若劳动合同约定的试用期超出法定最长时间，则以法定最长时间为准。若试用期满后由于用人单位的原因未能及时办理劳动者的转正手续,则不能认为该劳动者还处在试用期间,不能以在试用期不符合录用条件为由与其解除劳动合同。

第三,对是否符合录用条件的认定标准要恰当把握。劳动者不符合录用条件,是用人单位在试用期间单方与劳动者解除劳动合同的前提条件。在录用劳动者时,用人单位对录用职位设定的条件应详细描述岗位职责,并在劳动合同中载明。"录用条件"包括用人单位招用劳动者时以明示方式提出的要求和条件;也包括用人单位以默示方式表达的对劳动者应有素质的合理期待和要求。在具体判断上,可以以劳动者试用期内完成劳动的质和量是否达到有关行业、岗位的通常要求作为参考。①

第四,不符合录用条件的,用人单位必须提供有效的证据。这里所说的证据,主要包括该行业通常情况下对该岗位的工作能力要求证明以及用人单位对员工在试用期内表现的客观记录和评价等。

2. 劳动者严重违反用人单位的规章制度的

适用这一项要符合以下条件。首先,规章制度的内容必须符合法律、法规,而且已通过民主程序公之于众。其次,劳动者的违规行为客观存在,并且属于"严重"违反用人单位的规章制度。何为"严重",一般应根据劳动法规所规定的限度为基础,同时参照用人单位内部的规章制度所规定的具体限度。如果规章制度没有列明,用人单位则只能够依据《企业职工奖惩条例》规定的标准评判劳动者的行为是否严重到应被除名的程度。最后,用人单位对劳动者的处理是按照本单位规章制度所规定的程序办理的。

实际上严重失职、营私舞弊对用人单位利益造成重大损害,也属于严重违反劳动纪律或规章制度的情形,可以与上述情况归为一类。在国有企业一直延用下来的开除、除名、辞退等终止劳动关系

---

① 参见杨炳辉、田伟丽《对执行〈劳动合同法〉第三十九条的探讨》,载《人力资源管理》2011年第8期,第58页。

的方式，其实就是用人单位对违纪职工单方解除劳动合同。①

3. 劳动者严重失职，营私舞弊，给用人单位的利益造成重大损害的

此处是指劳动者在履行劳动合同期间，没有按照岗位基本职责要求，违反其保护用人单位利益的义务，作出未尽职的严重过失行为或利用职务之便谋取私利的故意行为，使用人单位有形财产、无形财产遭受重大损害，但尚未达到刑罚处罚的程度。"重大损害"应由企业内部规章来规定，若强行对其作统一解释多有不便之处。

4. 劳动者同时与其他用人单位建立劳动关系，对完成本单位的工作任务造成严重影响，或者经用人单位提出，拒不改正的

劳动者在本单位外同时与其他用人单位建立劳动关系——即进行所谓"兼职"的，我国有关劳动方面的法律、法规虽然没有作出绝对的禁止性规定。但从事兼职工作，在时间和精力分配上极有可能会影响到本职工作。当这种影响已经反映到现实中或者"兼职"情况被用人单位提出却拒不改正时，用人单位有权与"兼职"员工解除劳动合同。

包括以下情形：一是劳动合同或规章制度已经限制全日制劳动者在其他用人单位兼职的，如果劳动者违反，用人单位一经发现就可以按规定的方式处理；二是劳动合同或规章制度没有对兼职作出限制性的规定，用人单位发现劳动者有兼职行为后要求其解除兼职关系但劳动者不接受的，用人单位可以解除劳动合同；三是不管劳动合同或规章制度是否含有对劳动者兼职的限制性规定，只要劳动者的兼职对完成本单位的工作任务造成严重影响，用人单位就可以解除劳动合同。

5. 因《劳动合同法》第二十六条第一款第（一）项规定的情形致使劳动合同无效的

《劳动合同法》第二十六条第（一）项规定："以欺诈、胁迫

---

① 参见闫治国、丁华《论用人单位单方即时解除权——〈劳动合同法〉第三十九条评析》，载《安阳师范学院学报》2007年第4期，第49页。

的手段或者乘人之危,使对方在违背其真实意思的情况下订立或者变更的劳动合同",属于无效或部分无效劳动合同。一方利用非法手段使对方在违背真实意思的情况下订立或变更劳动合同的,均违反了意思自治的基本原则,利益受损者自然可以解除合同。

6. 劳动者被依法追究刑事责任的

基于劳动力具有附载于人身的特点,劳动合同只能由劳动者本人履行。如果劳动者本人被依法追究刑事责任,就无法履行给付劳动力义务,因此赋予用人单位在此种情况下的单方解除权。

"被依法追究刑事责任"包括:被人民检察院免予起诉的、被人民法院判处刑罚的、被人民法院依据《刑法》第三十二条免予刑事处分的。关于被劳动教养是否属于"被依法追究刑事责任"的问题,原劳动部曾经说明:劳动者被劳动教养的,用人单位可以依据被劳教的事实解除与该劳动者的劳动合同。

第四十条 有下列情形之一的,用人单位提前三十日以书面形式通知劳动者本人或者额外支付劳动者一个月工资后,可以解除劳动合同:

(一)劳动者患病或者非因工负伤,在规定的医疗期满后不能从事原工作,也不能从事由用人单位另行安排的工作的;

(二)劳动者不能胜任工作,经过培训或者调整工作岗位,仍不能胜任工作的;

(三)劳动合同订立时所依据的客观情况发生重大变化,致使劳动合同无法履行,经用人单位与劳动者协商,未能就变更劳动合同内容达成协议的。

本条是关于用人单位可单方提前通知解除劳动合同的条件的规定。

"用人单位提前通知解除劳动合同也称非过失性解除劳动合同,是指劳动合同解除不是因为劳动者的过错,而是由于一些特殊情况的发生,使双方的劳动合同无法继续履行,用人单位单方解除劳动合同。"① 用人单位因客观情况变化而解除劳动合同有以下几种情形。

1. 劳动者患病或者非因工负伤,在规定的医疗期满后不能从事原工作也不能从事由用人单位另行安排的工作的

根据劳动部颁发的《企业职工患病或非因工负伤医疗期规定》第二条的规定:"医疗期是指企业职工因患病或非因工负伤停止工作治病休息不得解除劳动合同的时限。"任何一个劳动者,只要开始在用人单位工作,就能够享有最少3个月的医疗期。在试用期内患病或非因工负伤的,不能被认定为"不符合录用条件"。

对劳动者而言,患病或者非因工负伤的,有权在医疗期内进行治疗和休息。对用人单位而言,如果劳动者能够提供医院等权威机构或医生等专业人员的证明,证实短期内身体状况无法符合工作要求,用人单位应当作出短期调整,待劳动者康复后即恢复原岗位;在劳动者已经证明无法长期从事原工作的,则应当作长期安排。

此规定表明用人单位在劳动者医疗期满后回来工作时,应当根据劳动者的身体状况,安排劳动者从事力所能及不至于超负荷的工作。如果劳动者对用人单位重新安排的工作无法完成,则说明劳动者履行合同确实不能,用人单位可以提前30日以书面形式通知其本人或额外支付劳动者1个月工资后,解除劳动合同。

2. 劳动者不能胜任工作,经过培训或者调整工作岗位,仍不能胜任工作的

这里所谓"不能胜任工作"是指不能按要求完成劳动合同中约定的任务或者同工种、同岗位人员的工作量。

法律虽然授予其行使在劳动者"不能胜任工作"时的单方解除劳动合同权利,还规定了其应当满足的程序性和实体性的条件,即劳动者经过培训或者调整岗位后仍不能胜任工作的。对这一法律

---

① 黄惠萍:《论用人单位单方解除劳动合同法律制度》,载《黑龙江教育学院学报》2008年第8期,第85页。

规定的合理解释是：用人单位应该提供予劳动者能力、教育背景等切合的培训和调整，以使劳动者得以适应该工作。只有在用人单位尽了这些义务后劳动者仍然不能胜任工作的情形下，单位才可以在提前30日书面通知或者额外支付1个月工资的前提下，解除与该劳动者的劳动合同。

这里需要提醒劳动者的是，如果用人单位随意调动劳动者工作岗位或提高工作强度，借口劳动者不能胜任工作而行使单方解除权时，其诉求法律是不会支持的。

3. 劳动合同订立时所依据的客观情况发生重大变化，致使劳动合同无法履行，经用人单位与劳动者协商，未能就变更劳动合同内容达成协议的

本项规定是情势变更原则在劳动合同法中的体现。此规定意味着只要变更请求合理合法而劳动者不予接受，则可视为双方不能就变更劳动合同达成一致意见，从而解除劳动合同。"客观情况发生重大变化，致使劳动合同无法履行"属于可提出变更劳动合同请求的法定情形。当此法定情形出现时，劳动者只能选择或者接受用人单位的变更安排，或者接受解除劳动合同的结果。

"客观情况"是：发生不可抗力或出现致使劳动合同全部或部分条款无法履行的情况，如企业迁移、被兼并、企业资产转移等。即用人单位一方履行劳动合同的客观条件已经不具备，继续履行将极有可能对各方产生不公平、不合理、不经济的后果。在发生上述情况时，为了使劳动合同能够得到继续履行，合同双方必须根据变化后的客观情况，对合同变更进行协商直到达成一致意见。如果劳动者不同意变更劳动合同，原劳动合同所确立的劳动关系就没有存续的必要，在这种情况下，用人单位只有解除劳动合同。[1]

---

[1] 参见吴勇《浅议用人单位单方解除劳动合同的情形》，载《现代物业（中旬刊）》2009年第3期，第82页。

二、实务问答

问题1：用人单位行使单方即时解除劳动合同权后是否可以要求劳动者赔偿损失？

根据《劳动合同法》的规定来看，只有在第九十条规定的劳动者违反本法规定解除劳动合同，或者违反劳动合同中约定的保密事项或者竞业限制，对用人单位造成经济损失的，劳动者应该承担赔偿责任。这三种情形下，即使是在用人单位行使了单方解除权之后，劳动者仍然应当承担赔偿责任。

问题2：签订了无固定期限劳动合同，单位是否就不能解除？

无固定期限劳动合同并不是指不能被解除的劳动合同。从解除的法定条件上说，用人单位解除无固定期限劳动合同与解除有固定期限劳动合同条件都是一样的。《劳动合同法》第三十九条即在事实上增加了用人单位解除劳动合同的法定条件，此条件也可以适用于无固定期限劳动合同。只要用人单位能够建立健全一套规范、完备的规章制度和工作岗位考核制度，就可以依据《劳动合同法》的规定行使无固定期限劳动合同的解除权。①

问题3：用人单位单方解除劳动合同时应履行什么手续？

根据《劳动合同法》第四十三条的规定，用人单位单方解除劳动合同的，应当事先将理由通知工会。用人单位违反法律、行政法规规定或者劳动合同约定的，工会有权要求用人单位纠正。用人单位应当研究工会的意见，并将处理结果书面通知工会。

问题4：劳动者在获得工作时提供了虚假资料，用人单

---

① 参见陈昌衡《订立无固定期限合同劳动者工伤后用人单位能否单方解除劳动关系》，载《中国劳动》2014年第3期，第56页。

位可以据此解除劳动合同吗?

以欺诈、胁迫的手段或者乘人之危,使对方在违背真实意思的情况下订立或者变更劳动合同,致使劳动合同无效的,用人单位可以解除劳动合同。

欺诈,是指一方当事人故意告知对方虚假情况或故意隐瞒真实情况,诱使对方当事人作出错误意思表示的。欺诈的重要认定标准之一是相对人是否基于行为人的行为陷入认识错误,作出错误的意思表示。劳动者如通过提供虚假资料骗取了用人单位的信任致使用人单位雇用该劳动者,则符合了欺诈的构成条件,即使已经签订劳动合同,一经发现,用人单位可随时通知劳动者解除劳动关系。

即使劳动者因提供虚假资料而被解除劳动合同,用人单位仍需根据其付出的劳动支付相应的酬劳。

问题5:劳动合同解除或者终止后,用人单位还应当履行什么义务?

首先,用人单位应当给劳动者出具解除或者终止劳动合同的证明,并在15日内为劳动者办理档案和社会保险关系转移手续;其次,应当在办结工作交接时向劳动者支付经济补偿;最后,对已经解除或者终止的劳动合同的文本,至少保存两年备查。

三、典型事例

事例1:因违纪解除劳动合同的证据问题。

【事件经过】

柯某于2010年1月4日与服装公司签订了自该日至2014年1月4日的劳动合同,约定每月工资3000元,公司可视柯某的表现决定是否发放年终双薪,如在该年度工作未满全年时,公司可以决定对其按比例发放。2011年12月4日公司向柯某送达了落款日期为2011年11月27日的辞退信,称其上班时间多次玩电脑游戏,从当日起与其解除劳动合同。柯某要求公司支付解除劳动合同的经济补偿金6000元及50%的额外经济补偿金3000元,未提前1个月

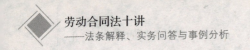

通知的1个月工资3000元,2010年及2011年年底双薪5000元。服装公司则认为柯某严重违纪,其依法对柯某享有违纪解除合同的权利,无需支付解除合同的补偿金和1个月工资,而违纪职工当然不能享受年终双薪。公司掌握了3名职工的书面说明,说明柯某经常在上班时间玩电脑,该3份说明的落款为2012年1月9日。

【点评】

目前,企业对违纪职工作出处理,职工不服而发生的争议比较普遍。

服装公司败诉在于:首先,单位的规章制度应当合法。其次,提交柯某违纪的事实依据存在明显漏洞。柯某上班打游戏发生在2011年11月27日以前,公司并未及时对其违纪事实进行认定或调查就作出了违纪解除合同处理,而是一直到2012年1月9日才让职工写了说明信。最后,有利害关系的人作出的证人证言其证明力是非常有限的。综上,服装公司以严重违纪为由解雇柯某缺乏事实根据,程序处理也存在瑕疵。对用人单位用违纪提前解除合同而言,证据是关键,而且这种证据必须是"原始"的证据,即违纪发生时的书面记录和相关的证据,事后证据以及传闻证据很难获得认可。

事例2:末位淘汰制能否成为用人单位单方解除劳动合同的理由。

【事件经过】

2005年7月,王某进入通讯公司工作,劳动合同约定王某从事销售工作,基本工资每月3840元。该公司的《员工绩效管理办法》规定:员工半年、年度绩效考核分别为S、A、C1、C2四个等级,分别代表优秀、良好、价值观不符、业绩待改进;S、A、C(C1、C2)等级的比例分别为20%、70%、10%;不胜任工作原则上考核为C2。王某原在该公司分销科从事销售工作,2009年1月后因分销科解散等原因,转岗至华东区从事销售工作。2008年下半年、2009年上半年及2010年下半年,王某的考核结果均为

C2。公司认为，王某不能胜任工作，经转岗后，仍不能胜任工作，故在支付了部分经济补偿金的情况下解除了劳动合同。

2011年7月27日，王某提起劳动仲裁。同年10月8日，仲裁委作出裁决：公司支付王某违法解除劳动合同的赔偿金余额36596.28元。公司于同年11月1日诉至法院，请求判令不予支付解除劳动合同赔偿金余额。2011年12月6日法院作出民事判决：原告××（杭州）有限责任公司于本判决生效之日起15日内一次性支付被告王某违法解除劳动合同的赔偿金余额36596.28元。①

【点评】

本案系因末位淘汰制引发的劳动合同解除案例，具有典型性。末位淘汰制是指工作单位根据本单位的工作目标，结合各个岗位的实际情况，制定具体的考核指标体系对员工考核，并依据考核结果对得分靠后的员工予以淘汰的管理制度。近年来，我国一些企业将末位淘汰制写入企业规章制度或者劳动合同中，由此引发的劳动争议纠纷逐渐增多。

通讯公司的《员工绩效管理办法》规定，员工半年、年度绩效考核等级分别为S、A、C1、C2四个等级，其中C（C1、C2）等级的比例为10%，不胜任工作原则上考核为C2。可见通讯公司是以单位规章制度的形式规定了末位淘汰制。因王某3次考核为C2，通讯公司以其"不能胜任工作，经转岗后仍不胜任工作"为由，解除劳动合同。考核为C2并不意味着不胜任工作。通讯公司在单位规章制度中限定了考核为C的比例为10%，即每次考核中，不管员工的业绩如何，总会有人被考核为C。通讯公司应举证证明有合法的考核标准和王某不能胜任工作的具体事实，王某没有因不能胜任工作而进行转岗。虽然2009年1月，王某从该公司分销科转岗至另一岗位华东区工作，存在调整工作岗位的事实，但转岗的根本原因是王某原工作岗位解散，而且王某原工作岗位的其他员工

---

① 吴光侠：《〈中兴通讯（杭州）有限公司诉王鹏劳动合同纠纷案〉的理解与参照》，载《人民司法》2014年第6期，第88页。

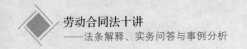

均进行了转岗,由此并不能证明王某转岗是因不能胜任工作。

即使用人单位以法定程序制定了以末位淘汰制为内容的规章制度,且经过公示,也不能将其作为单方解除劳动合同的条件。但是,如果将淘汰限定为降级、降职、免职、调整工作岗位、待岗培训等其他形式,用人单位就可以在不解除劳动合同的前提下,对考核居于末位的劳动者作出调整工作岗位等处理,而这是法律所允许的。① 劳动者在用人单位考核中居于末位等次,不等同于"不能胜任工作",不符合单方解除劳动合同的法定条件,单位不能据此单方解除合同。②

第二节 劳动者解除劳动合同

一、条文解读

第三十六条 用人单位与劳动者协商一致,可以解除劳动合同。

第三十七条 劳动者提前三十日以书面形式通知用人单位,可以解除劳动合同。劳动者在试用期内提前三日通知用人单位,可以解除劳动合同。

这是关于劳动者单方解除劳动合同需要履行的程序的规定。

《劳动法》第三十一条和《劳动合同法》第三十七条均规定劳动者提前30日以书面形式通知用人单位,可以解除劳动合同。劳动者的单方合同解除权是一种绝对的权利,而"提前30日以书面形式通知"就是劳动者无因解除劳动合同的唯一条件。但是,劳动者在行使解除劳动合同权利时也必须遵守以下的法定程序:

---

① 参见吴光侠《〈中兴通讯(杭州)有限公司诉王鹏劳动合同纠纷案〉的理解与参照》,载《人民司法》2014年第6期,第90页。

② 参见法规应用研究中心《中华人民共和国劳动合同法一本通》,中国法制出版社2014年版,第151页。

1. **符合解除预告期的相关要求**

劳动者在享有解除劳动合同自主权的同时，也应当遵守解除合同预告期——提前30天的规定通知用人单位。劳动者在书面通知用人单位后还应继续工作至少30天——这样既便于用人单位及时安排人员接替其工作以保持劳动的连续性和工作秩序的稳定性，又能避免因此影响企业的生产经营活动以致给用人单位造成损失。

劳动者违反规定解除劳动合同，给用人单位造成损失的，应当承担赔偿责任。如劳动者没有提前30日以书面形式通知就离职，用人单位有证据证明其因此遭受损失的，可以要求劳动者赔偿。

2. **必须以书面形式通知用人单位**

书面形式不仅有利于双方明确权责，履行各自权利义务，更有利于保存证据，避免不必要的纠纷。

法律认可了劳动者对是否与用人单位建立正式的劳动关系所应享有的选择权利。劳动者在试用期内无须任何理由就可通知单位解除劳动合同，但应提前3日通知用人单位，以便其安排人员接替工作。

第三十八条 用人单位有下列情形之一的，劳动者可以解除劳动合同：

（一）未按照劳动合同约定提供劳动保护或者劳动条件的；

（二）未及时足额支付劳动报酬的；

（三）未依法为劳动者缴纳社会保险费的；

（四）用人单位的规章制度违反法律、法规的规定，损害劳动者权益的；

（五）因本法第二十六条第一款规定的情形致使劳动合同无效的；

（六）法律、行政法规规定劳动者可以解除劳动合同的其他情形。

用人单位以暴力、威胁或者非法限制人身自由的手段强迫劳动者劳动的，或者用人单位违章指挥、强令冒险作业危及劳动者人身安全的，劳动者可以立即解除劳动合同，不需事先告知用人单位。

本条是关于因用人单位的过错而解除劳动合同的规定。

本条规定了劳动者可即时解除劳动合同情形，该类解除属于有因解除，即劳动者的即时解除权须以用人单位存在违约或违法行为为前提。本条主要适用于以下几种情况。

1. 用人单位未按照劳动合同约定提供劳动保护或者劳动条件的

劳动保护和劳动条件，是指在劳动合同中约定的用人单位对劳动者所从事的劳动必须提供的生产、工作条件和劳动安全卫生保护措施，包括劳动场所和设备、安全卫生设施、劳动防护用品等。

在用工实践中，用人单位"未按照劳动合同约定提供劳动保护"包含两种情形：一是在劳动合同没有就劳动保护作出专门规定的情况下，用人单位未按法律规定的标准提供劳动保护条件；二是在劳动合同已就劳动保护作出规定且有关约定达到或高于法定的劳动保护标准的情形下，用人单位未按照合同约定的标准提供劳动保护条件。

2. 用人单位未及时支付劳动者足额劳动报酬的

支付劳动报酬是劳动合同的必备条款，用人单位未按照劳动合同约定及时足额支付劳动报酬的构成根本违约，劳动者可以据此解除劳动合同并要求可能涉及的赔偿及相关补偿——判断上述违约行为是否成立并不以用人单位存在"主观恶意"为前提。

理解"未及时支付劳动者足额劳动报酬"时要注意：首先，"劳动报酬"包括劳动者依法应获得的各种形式的报酬，也包括加班加点补贴等；其次，"未及时"，是指不能按照法律规定的周期和时间支付。用人单位应当与员工约定工资及其支付周期、支付日等内容并按约定向员工支付工资。工资支付周期是指工资的计发时段，即多长时间发放一次工资。实行年、月、周薪制的劳动者，其工资支付周期分别为1年、1月、1周。用人单位如果不能在约定的工资支付日支付工资的,可以延长5日;因生产经营困难,需延长5日以上的,应当征得本单位工会或者员工本人书面同意,但最长不得超过15日。如果没有合理和合法的理由,则超过规定周期即属"未及时"支付。最后,所谓"未及时"、"未足额"应该从具体数据上进行判断。需要提醒的是,劳动者既可以根据法律规定或合同约定的标准自行计算是否已经足额发放,也可以基于某个具体日期或约定钟点的到来判断劳动报酬支付是否及时。①

3. 用人单位未依法为劳动者缴纳社会保险费的

社会保险是指国家对劳动者在患病、伤残、失业、工伤、年老及遭遇其他生活困难情况下给予物质帮助的制度。包括养老保险、医疗保险、失业保险、工伤保险和生育保险。用人单位为劳动者缴纳社会保险费严格而言并不需要劳动者作出同意与否的表示,只需要事后通过工资单等形式向劳动者说明购买社保费的情况即可(包括从劳动者工资中代缴)。②

在具体缴费数额上,根据《社会保险费征缴暂行条例》的相关规定,目前社会保险费的缴费基数是上年度申报个人所得税的工资、薪金税项的月平均额——这一缴费基数又称缴费工资。如果劳动者缴费工资与劳动者实际获取的工资不一致,则说明用人单位和劳动者没有按照法律规定申报个人所得税,劳动者很难依据缴费数额的问题对用人单位提出责难。

4. 用人单位的规章制度违反法律、法规的规定而损害劳动者权益的

此项规定包含了两层含义。一是用人单位的规章制度违反了法律、法规的规定。规章制度需要符合以下条件才能具有约束力;首先,规章制度的内容要合法;其次,规章制度制定和公布的程序要

---

① 参见周国良《劳动合同终止和解除(二)》,载《中国劳动》2008年第3期,第16页。
② 同上。

合法——包括要经过一定的民主程序和进行相关公示。二是损害了劳动者的权益。因用人单位没有按法律规定制定规章制度，给劳动者的权益带来了损害——这种损害与用人单位规章制度必须存在直接因果关系。只有同时具备以上两点要求，劳动者才可以以此为由通知用人单位解除劳动合同。

5. 因《劳动合同法》第二十六条第一款规定的情形致使劳动合同无效的

必须明确的是无效的劳动合同条款在合同成立时候起就没有法律约束力，因而劳动者可以不予履行而不存在违约；但是，对劳动者已经履行的条款而言，为了保障其利益，并不会被认定自始无效，劳动者因此获得的是合理的劳动报酬。

6. 法律、行政法规规定劳动者可以解除劳动合同的其他情形

只有"法律、行政法规"才能规定劳动者可以解除劳动合同的其他情形，此条文的规定从反面说明其他形式和层次的法规和规范性文件均不能增加和扩展劳动者可以解除劳动合同的情形。

劳动者可单方面立即解除劳动合同的情形——即当用人单位存在违法行为时，劳动者可以立即解除劳动合同而无须事先告知用人单位。具体情形包括：

第一，用人单位以暴力、威胁或者非法限制人身自由的手段强迫劳动者劳动的。强迫劳动等是刑事犯罪行为，不仅如此，用人单位因此给劳动者造成损害的，除了在劳动者解除劳动合同时支付相应经济补偿金外，还应当对劳动者承担赔偿责任。

第二，用人单位违章指挥、强令冒险作业危及劳动者人身安全的。对于用人单位不顾及劳动者的人身安全，强令劳动者进行危险作业（以行业自身情况为判断依据），劳动者有权拒绝并撤离作业场所，并可以立即解除劳动合同。

该权利的行使条件在程序上比之其他规定更为宽松，劳动者无须事先通知用人单位即可解除劳动合同。"不需事先告知"的规定暗含两方面的情形：一是虽然法律没有明文要求，但劳动者根据本法第三十八条第一款规定行使解除劳动合同权利时须事先告知用人单位；二是劳动者根据本法第三十八条第二款规定行使解除劳动合同权利后，条件具备时也须以一定方式给予一定通知。①

二、实务问答

问题1：除《劳动合同法》第三十八条列举的情形外，劳动者何种情况下可解除劳动合同？

用人单位与劳动协商一致，可以解除劳动合同。劳动者提前30日以书面形式通知用人单位，可以解除劳动合同。劳动者在试用期内提前3日通知用人单位，可以解除劳动合同。

问题2：劳动者单方提出解除劳动合同的，用人单位是否需要支付经济补偿

根据《劳动合同法》第四十六条的规定，用人单位存在违法行为的情况下劳动者提出解除劳动合同的，用人单位应当向劳动者支付经济补偿。如果劳动者提前30日以书面形式通知用人单位解除劳动合同以及劳动者在试用期内解除劳动合同的，用人单位不必向劳动者支付经济补偿。如果合同中对补偿金支付条件有约定，该约定也不违背法律的规定及目的的依约定。

问题3：能否在劳动合同中约定当劳动者没有提前30日以书面形式通知就解除劳动合同的，应当向用人单位支付代通知金，并参照用人单位不按通知期规定解除劳动合同时给付代通知金的标准，将这30日的代通知金也规定为劳动者一个月的工资？

结合相关法律和立法精神，我们可以作出区分性判断：如果用人单位确实能够证明因劳动者未能提前30日以书面形式通知单方解除劳动合同而遭受损失，并且损失的数额不过分低于劳动者1个

---

① 参见吴光成《论劳动者单方解除权的行使条件——兼评《劳动合同法》第三十八条》，载《中国劳动》2011年第7期，第22页。

月工资的,这样的约定应该能得到法律的认可;如果用人单位不能证明其实际损失的,劳动者有权拒绝给付任何形式的赔偿,"代通知金"因将被视为约定的违约金而被否定。因而这问题取决于用人单位能否对损失的具体额度进行举证。

问题4:劳动者行使辞职自由权时,应该如何保留证据?

劳动者可以没有任何理由地提出辞职,只要提前30日以书面形式通知用人单位,即可解除劳动合同在履行提前通知义务,一定要保留用人单位签收的证据,以证明确在30日前已向用人单位提交过书面辞职的通知,符合了行使条件。

如果用人单位拒绝签收,劳动者可提供其他方式书面通知用人单位,如快递详情单等;否则,发生纠纷时用人单位很可能反过来说职工未履行提前通知义务就擅自离职,以此追讨赔偿,劳动者将处于不利地位。

问题5:若用人单位强行给员工"放假"、"停工"以期不发工资,劳动者可以据此辞职吗?

用人单位随意强行给员工"放假"或"停工",主观上并非以实现劳动者休假权为目的,而是让劳动者失去赖以工作的基本条件,从而可以不发工资。这属于劳动者非主观原因的劳动不能,因此可视为用人单位未提供劳动条件。根据《劳动合同法》第三十八条规定,单位未按照劳动合同约定提供劳动保护或者劳动条件的,劳动者可以解除劳动合同。

问题6:劳动合同解除或者终止后,劳动者应当履行什么义务?

劳动合同解除或者终止时,劳动者应当按照双方约定,办理工作交接;在劳动合同解除或者终止后,劳动者应当按照劳动合同的约定,保守用人单位的商业秘密和与知识产权相关的保密事项,履行竞业限制义务。如果这些后合同义务没有被切实履行,用人单位可以就因此遭受的损失对劳动者提出相应的赔偿要求。

三、典型事例

事例1：劳动者未解除合同即跳槽问题。

【事件经过】

王某在本市一家冰箱公司担任产品质量检验员，与单位签订了3年劳动合同。王某干了一段时间，便萌生了跳槽的念头。王某到企业招聘专场去"打探行情"，有一家空调公司的岗位吸引了他。经过与空调公司的招聘人员沟通，空调公司当即表示愿意聘用王某为产品质量检验员。

空调公司让王某几天后就来上班，他们也不知道王某还未和原公司解除劳动合同。几天以后，王某向冰箱公司人事部口头提出要求解除劳动关系，人事部当场没有同意。第二天，王某就去空调公司上班，与空调公司签订了3年的劳动合同。

不久，冰箱公司得知王某已被空调公司录用，就向劳动争议仲裁委员会申请仲裁，理由是空调公司与尚未解除劳动关系的王某签订了劳动合同，并且办理了招工录用手续，给企业造成了经济损失，要求空调公司承担连带赔偿责任。空调公司则认为公司在不知情的情况下录用了王某并无主观上的过错，不应承担赔偿责任。王某辩解说，他已向冰箱公司提出解除合同，冰箱公司也没有发给他工资，所以他们之间已经不存在劳动关系。①

【点评】

本事件的争议焦点之一是用人单位如果招用了没有与原单位解除劳动关系的劳动者，该用人单位是否应承担连带赔偿责任？王某只是口头提出解除劳动合同，既没有与冰箱公司协商一致，又没有履行提前30天通知的义务，劳动合同解除不生效，王某仍为冰箱公司员工。根据《劳动合同法》第九十条的规定，劳动者违反本

---

① 参见邵宁、明言《未解合同先跳槽 一仆二主不合法》，载《新民晚报》，2007年1月18日A08版。

法规定解除劳动合同,或者违反劳动合同中约定的保密义务或者竞业限制,给用人单位造成损失的,应当承担赔偿责任。因而,王某对冰箱公司有赔偿责任。空调公司招用尚未与冰箱公司解除合同的王某,给冰箱公司的正常生产带来了影响,并造成了经济损失,因而也应当承担连带赔偿责任。用人单位在招工录用职工时,应该弄清楚该职工的真实情况,不要盲目地招用尚未与原单位解除劳动关系的职工,免得承担法律责任。

事例2:劳动者解除劳动合同应遵循法律程序。
【事件经过】
　　李某系一国有工厂职工,与工厂签有3年期限的劳动合同。在劳动合同期限内,李某听说在某外商投资企业工作每月月薪可达5800元,而目前自己每月只有2800元的工资,遂向工厂领导口头提出解除劳动合同。该领导未马上作出答复。15日后,李某离开工厂,到外资企业上班。李某的离开,给工厂的生产造成了影响,工厂要求李某回厂上班,但李某以已向工厂提出了解除劳动合同为由而拒不回厂。工厂向市劳动争议仲裁委员会提起仲裁申请,要求李某承担违约赔偿责任。①

【点评】
　　合同当事人要解除劳动合同,必须符合法律规定。职工李某单方解除劳动合同的行为显然违反了劳动合同法的有关规定。首先,从李某单方解除劳动合同的形式上看,李某只是以口头的形式通知的,这不符合《劳动合同法》第三十七条的规定。其次,从李某通知工厂的时间上看,其在15日后即离开单位,这不符合关于提前30日通知的规定。第三十八条也规定了劳动者可以随时通知用人单位解除劳动合同的情形,而李某解除劳动合同的理由显然不属于那些情形。最后,工厂没有对其解除劳动合同的请求作出答复,说明双方未就解除劳动合同的事项达成一致,原劳动合同就依然有

---

　　① 许立、程明:《中华人民共和国劳动合同法解读与典型案例分析》,江西人民出版社2013年版,第93页。

效,李某就必须承担其劳动合同规定的义务。所以,李某应当承担违约赔偿责任。

第四节 劳动合同解除的限制

一、条文解读

第四十一条 有下列情形之一,需要裁减人员二十人以上或者裁减不足二十人但占企业职工总数百分之十以上的,用人单位提前三十日向工会或者全体职工说明情况,听取工会或者职工的意见后,裁减人员方案经向劳动行政部门报告,可以裁减人员:

(一) 依照企业破产法规定进行重整的;

(二) 生产经营发生严重困难的;

(三) 企业转产、重大技术革新或者经营方式调整,经变更劳动合同后,仍需裁减人员的;

(四) 其他因劳动合同订立时所依据的客观经济情况发生重大变化,致使劳动合同无法履行的。

裁减人员时,应当优先留用下列人员:

(一) 与本单位订立较长期限的固定期限劳动合同的;

(二) 与本单位订立无固定期限劳动合同的;

(三) 家庭无其他就业人员,有需要扶养的老人或者未成年人的。

用人单位依照本条第一款规定裁减人员,在六个月内重新招用人员的,应当通知被裁减的人员,并在同等条件下优先招用被裁减的人员。

本条是关于经济性裁员的规定。

1. 经济性裁员的内涵

经济性裁员是指用人单位因经济、经营性原因，依法与一定量以上的职工同时解除劳动合同的行为。对经济性裁员应从以下几个方面进行理解：①

第一，经济性裁员属于用人单位解除劳动合同的一种情形。由于是用人单位单方解除劳动合同且劳动者并没有过错，用人单位应当依法向劳动者支付经济补偿。

第二，主要原因是经济性原因，解除的理由与劳动者个人条件和工作表现无关。可以分为三大类，因为经营发生严重困难或者依照破产法规定进行重整的；企业为了寻求生存和更大发展，进行转产、重大技术革新或者经营方式调整的；其他因劳动合同订立时所依据的客观经济情况发生重大变化，致使劳动合同无法履行的。

第三，只发生在企业中。《劳动合同法》第二条规定了本法适用范围，用人单位的范围比较广，包括各类企业、个体经济组织、民办非企业单位等组织，但只有企业才有可能进行经济性裁员而且本条中并没有区分企业的规模。

第四，用人单位同时解除一定数量的劳动者，属于"批量性"地解除劳动合同。一次性裁减人员 20 人或者裁减不足 20 人但占企业职工总人数 10% 以上的，就是经济性裁员。

2. 进行经济性裁员必须满足法定条件

（1）实体性条件。实体性条件有以下四条：

第一，依照企业破产法规定进行重整。《企业破产法》第二条规定："企业法人不能清偿到期债务，并且资产不足以清偿全部债务或者明显缺乏清偿能力的，依照本法规定清理债务。企业法人有前款规定情形，或者有明显丧失清偿能力可能的，可以依照本法规定进行重整。"另外，第七十条第二款的规定："债权人申请对债务人进行破产清算的，在人民法院受理破产申请后、宣告债务人破

---

① 参见邓峰《经济性裁员的制度反思》，载《法制与社会》2010 年第 27 期，第 104 页。

产前，债务人或者出资额占债务人注册资本十分之一以上的出资人，可以向人民法院申请重整。"而在重整过程中，用人单位可根据实际经营情况，进行经济性裁员。

第二，生产经营发生严重困难。劳动合同法既授权用人单位因在生产经营发生困难时可以采取经济性裁员的措施，也设置了相关条件限制该权利的滥用。"限制""滥用"具体表现为在"困难"两字前加了"严重"二字。"生产经营状况发生严重困难"是指"达到当地政府规定的严重困难企业标准。但并不是每个地方政府均制定了相关标准。因而实践中标准仍不统一。①

第三，企业转产、重大技术革新或者经营方式调整，经变更劳动合同后，仍需裁减人员。企业为了寻求生存和更大发展，必然要进行结构调整和整体功能优化，只有在企业能提出充分证据证明余下劳动合同实在无法变更或变更后不能实现原有目标时，才能采取解除措施作为最后手段。

第四，其他因劳动合同订立时所依据的客观经济情况发生重大变化，致使劳动合同无法履行的。实践中，有一些客观经济情况发生变化需要经济性裁员的情形，这也是情势变更原则在劳动合同法中的表现。现在学界普遍认为只要是"致使劳动合同无法履行"的情况，不论是内部还是外部情况，均可构成此法定条件的成立。

（2）程序性条件。程序性条件有以下两点：

第一，必须提前 30 日向工会或者全体职工说明情况，并听取工会或者职工的意见。但是在实践中经济性裁员的进行与否，工会或全体职工只有知情权而没有最终决定权，因而我们仅能将其理解为程序而非实体条件。②

第二，裁减人员方案向劳动行政部门报告。裁减人员方案的内

---

① 参见江山、李楠《企业经济性裁员的管理与策略》，载《中国劳动》2008 年第 9 期，第 43 页。

② 参见夏春蓉《浅析企业经济性裁员与实务操作》，载《中国管理信息化》2014 年第 13 期，第 66 页。

容包括：被裁减人员名单、裁减时间及实施步骤，符合法律、法规规定和集体合同约定的被裁减人员经济补偿办法。该裁减人员方案需要向劳动行政部门报告，只要劳动行政部门不反对，有关方案就可以实施。

3. 重新招用人员的，被裁减人员具有优先就业权

用人单位依据本条规定裁减人员，在6个月内录用人员的，应当优先录用被裁减的人员；而且用人单位重新招用人员时应当"通知被裁减的人员"。

4. 关于裁减时应优先留用的人员

本条除了对裁员作了实体性和程序性规定外，还要求用人单位裁减人员时，应当优先留用下列人员：①与本单位订立较长期限的固定期限劳动合同的；②与本单位订立无固定期限劳动合同的；③家庭无其他就业人员，有需要扶养的老人或者未成年人的。

第四十二条 劳动者有下列情形之一的，用人单位不得依照本法第四十条、第四十一条的规定解除劳动合同：

（一）从事接触职业病危害作业的劳动者未进行离岗前职业健康检查，或者疑似职业病病人在诊断或者医学观察期间的；

（二）在本单位患职业病或者因工负伤并被确认丧失或者部分丧失劳动能力的；

（三）患病或者非因工负伤，在规定的医疗期内的；

（四）女职工在孕期、产期、哺乳期的；

（五）在本单位连续工作满十五年，且距法定退休年龄不足五年的；

（六）法律、行政法规规定的其他情形。

本条是关于用人单位不得解除劳动合同的法定事由的规定。

对于本条的理解需注意：①本条限制的是用人单位的单方解除劳动合同权，并不禁止劳动者与用人单位协商一致解除劳动合同；

②本条的适用前提是即使劳动者具备了本条规定的六种情形之一，用人单位仍可以根据规定解除劳动合同。具体的限制情形包括以下几种情况。

1. 从事接触职业病危害作业的劳动者未进行离岗前职业病健康检查，或者疑似职业病病人在诊断或者医学观察期间的

职业病危害是指对从事职业活动的劳动者可能导致职业病的各种危害。根据《职业病防治法》和《劳动合同法》，在订立劳动合同时，劳动者对其从事的岗位是否属于职业病危害作业岗位具有知情权，用人单位相应的负有告知责任。《职业病防治法》第三十二条规定，对从事接触职业病危害的作业的劳动者，用人单位应当按照国务院卫生行政部门的规定，组织上岗前、在岗期间和离岗时的职业健康检查，并将检查结果如实告知劳动者。离岗前职业健康检查费用由用人单位承担。对未进行离岗前职业健康检查的劳动者，用人单位不得解除或者终止与其订立的劳动合同。第四十九条还规定，用人单位在疑似职业病病人诊断或者医学观察期间不得解除或者终止与其订立的劳动合同。医疗卫生机构发现疑似职业病病人时，应当告知劳动者本人并及时通知用人单位。用人单位得到通知后，即须承担起疑似职业病病人在诊断、医学观察期间的费用，并且不得解除劳动合同。

2. 在本单位患职业病或者因工负伤并被确认丧失或者部分丧失劳动能力的

"在本单位患职业病"，是指劳动者所患职业病，是劳动者在本单位从事职业活动中因接触粉尘、放射性物质和其他有毒、有害物质等因素而引起的疾病，是与本单位有关的职业病。

"在本单位因工负伤"，是指劳动者在本单位从事职业活动中，在工作时间和工作地点因工作原因所受伤害。本情形规定说明：劳动者虽然属于因工负伤，但如果与本单位无关，劳动者不能以"因工负伤"为由享有本条规定的特殊保护。在这种情况下劳动者仍然有权以"非因工负伤"为理由享受医疗期满前不被解除劳动合同的待遇。《工伤保险条例》对工伤的情形作了列举，包括：在工作时间和工作场所内，因工作原因受到事故伤害的。①

3. 患病或者非因工负伤，在规定的医疗期内的

医疗期，是指企业职工因患病或非因工负伤停止工作治病休息，用人单位不得解除劳动合同的时限。医疗期一般为3个月到24个月，以劳动者本人实际参加工作年限和在本单位工作年限为标准计算具体的医疗期。

具体有几类标准：实际工作年限10年以下的，在本单位工作年限5年以下的为3个月，5年以上的为6个月；实际工作年限10年以上的，在本单位工作年限5年以下的为6个月，5年以上10年以下的为9个月，10年以上15年以下的为12个月，15年以上20年以下的为18个月，20年以上的为24个月。企业职工在医疗期内，其病假工资、疾病救济费和医疗待遇按照有关规定执行。根据《企业职工患病或非因工负伤医疗期规定》的规定，企业职工非因工致残和经医生或医疗机构认定患有难以治疗的疾病，医疗期满，应由劳动鉴定委员会参照工伤与职业病致残程度鉴定标准进行劳动能力的鉴定。被鉴定为1～4级的，应当退出劳动岗位，解除劳动关系，并办理退休、退职手续，享受退休、退职待遇。

4. 女职工在孕期、产期、哺乳期的

《妇女权益保障法》第二十七条规定，任何单位不得因结婚、怀孕、产假、哺乳等情形，降低女职工的工资，辞退女职工，单方解除劳动（聘用）合同或者服务协议。但是，女职工要求终止劳动（聘用）合同或者服务协议的除外。

具体而言，女职工生育享受不少于90天的产假；难产的，增加产假15天；多胞胎生育的，每多生育一个婴儿，增加产假15天。女职工怀孕流产的，其所在单位应当根据医务部门的证明，给

---

① 《工伤保险条例》第十五条规定了三种视为工伤的情况：（一）在工作时间和工作岗位，突发疾病死亡或者在四十八小时之内经抢救无效死亡的；（二）在抢险救灾等维护国家利益、公共利益活动中受到伤害的；（三）职工原在军队服役，因战、因公负伤致残，已取得革命伤残军人证，到用人单位后旧伤复发的。

予一定时间的产假。哺乳期间，女职工所在单位应当在每班劳动时间内给予其两次哺乳时间，每次 30 分钟。多胞胎生育的，每多哺乳一个婴儿，每次哺乳时间增加 30 分钟。

5. 在本单位连续工作满 15 年，且距法定退休年龄不足 5 年的

考虑到老职工对于企业的贡献较大，再就业能力较低，政府和社会都比较关注这部分弱势群体，因此劳动合同法加强了对老职工的保护。在本单位连续工作满 15 年，且距法定退休年龄不足 5 年的，用人单位不得根据《劳动合同法》第四十条、第四十一条的规定单方解除劳动合同。

一个劳动者能够"在本单位连续工作满 15 年"，实际上说明该劳动者的能力和表现符合用人单位要求，对用人单位作出的贡献不容忽视。而在"距法定退休年龄不足 5 年"的特殊阶段，法律要求用人单位给予这些劳动者稳定的工作机会。

6. 法律、行政法规规定的其他情形

这个兜底性规定再次说明只有"法律、行政法规"可以另外设定条件限制用人单位单方解除劳动者劳动合同，其他立法形式则不能设定；这一兜底条款也说明"法律、行政法规"可以根据劳动关系发展的趋势，对用人单位行使本法第四十条、第四十一条规定的预告解除权作出更多的限制。

第四十三条 用人单位单方解除劳动合同，应当事先将理由通知工会。用人单位违反法律、行政法规规定或者劳动合同约定的，工会有权要求用人单位纠正。用人单位应当研究工会的意见，并将处理结果书面通知工会。

本条是关于工会在单位解除劳动合同中发挥监督职责的规定。

第一，工会是维护劳动者合法权益的群众组织。工会应当帮助、指导劳动者与用人单位依法订立和履行劳动合同，并与用人单位建立集体协商机制，维护劳动者的合法权益。

第二，用人单位单方解除劳动合同应当事先将理由通知工会。为了更好地保护工会的知情权，使工会能及时发挥法定职责，用人单位还必须提前将理由通知工会,但是并未要求一定是书面形式,即口头形式亦可。虽然《劳动合同法》第四十三条规定了通知工会义务,但该条缺少法律规则的制裁部分,且《劳动合同法》的其他条文对此均未予以规定,而制裁部分是法律规则中指出行为要承担的法律后果的部分,缺少制裁部分的法律规则似乎仅具宣示作用。即使用人单位解雇理由是合法的,但是如果未履行通知工会义务,仍将构成违法解除劳动合同,并因此支付赔偿金。①

第三,用人单位违反法律、行政法规规定或者劳动合同约定时工会有权要求用人单位纠正。如果工会认为用人单位单方解除劳动合同的行为违反了法律、行政法规规定或者劳动合同约定的,有权以书面形式正式提出不同意见,并要求用人单位纠正错误的解除行为。这是工会的一项法定权利,任何组织和个人都不得剥夺和侵害。

第四,对工会及工会成员的相关保护措施。2003年最高人民法院颁布的《关于在民事审判工作中适用中华人民共和国工会法若干问题的解释》第六条规定:"根据《工会法》第五十二条规定,人民法院审理涉及职工和工会工作人员因参加工会活动或者履行工会法规定的职责而被解除劳动合同的劳动争议案件时,可以根据当事人的请求裁判用人单位恢复其工作,并补发被解除劳动合同期间应得的报酬;或者根据当事人的请求裁判用人单位给予本人年收入两倍的赔偿,并参照违反和解除劳动合同的经济补偿办法第八条规定给予解除劳动合同时的经济补偿金。"

二、实务问答

问题1:在解除或终止劳动合同后,单位不为劳动者转移档案怎么办?

用人单位应在解除或者终止劳动合同时出具解除或者终止劳动

---

① 参见王衍举《论用人单位解除劳动合同时的通知工会义务》,载《长江大学学报(社会科学版)》2014年第7期,第71页。

合同的证明,并在15日内为劳动者办理档案和社会保险关系转移手续。劳动者在离职后,因社会保险或档案关系等移转手续办理与原单位产生争议的,可作为劳动争议申请劳动仲裁,要求用人单位承担相应法律责任,如对仲裁结果不服,还可以到人民法院起诉。

问题2:如果劳动者违反计划生育政策,用人单位能否与违反计划生育的劳动者解除劳动合同?

如用人单位通过计划生育合同或内部规章制度明确要求劳动者遵守计划生育政策,并说明一旦超生将予以解除劳动关系处分的,当其职工超生时,用人单位有权解除劳动关系。该解除并不违反《劳动合同法》第四十二条第四款的规定,不属于违法解除劳动合同。但认定超生与否属于行政性权力,用人单位无权行使。

问题3:女职工在孕期内严重违纪的,用人单位可以解除劳动合同吗?

如果劳动者具有《劳动合同法》第四十二条规定的用人单位不能解除劳动合同的情形,但同时也符合《劳动合同法》第三十九条规定的用人单位可以即时解除劳动合同的情形,则用人单位还是可以行使单方的劳动合同解除权。

女职工在孕期严重违反用人单位规章制度的,用人单位可以解除劳动合同。这既是对用人单位工作秩序的保护,又是对劳动者必须认真完成劳动任务才能保住饭碗的警示。

问题4:单位规定"末位淘汰"作为解除劳动合同的理由合法吗?

"末位淘汰"制度作为一项企事业单位内部的考核办法和激励机制。通常区分两种情况:一是双方已经在劳动合同中约定,单位可以以"末位淘汰"来解除劳动合同的,当出现"末位"情形时,按约解除合同关系一般不会存在法律障碍。二是双方并没有在劳动合同中约定这一条,用人单位单方面以"末位淘汰"为由解除合同关系,于法不符。根据《劳动合同法》规定,劳动者不能胜任

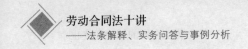

工作，单位首先要给予培训或者调整工作岗位，劳动者仍不能胜任工作的，单位才可以解除劳动合同，还要给予经济补偿。

问题5：企业破产或倒闭，用人单位仍需对劳动者支付经济补偿金吗？

劳动合同终止是基于用人单位方面的原因而非劳动者过错造成的，用人单位向劳动者支付经济补偿是有法可依的事情。而根据《企业破产法》的相关规定，劳动者的劳动报酬、经济补偿金以及社保金等也排在了较高的清偿顺序中，因而劳动者一般能得到经济补偿金，但是能否足额则需取决于企业的资产状况。

问题6：《劳动法》第四十条规定劳动者患病或者非因工负伤，在规定的医疗期满后不能从事原工作，也不能从事由用人单位另行安排的工作的，用人单位可以解除合同，而第四十二条又规定：在本单位患职业病或者因工负伤并被确认丧失或者部分丧失劳动能力的不可以依照第四十条和第四十一条解除合同。应该如何理解？

《劳动法》第四十二条指向的是劳动者患职业病、遭遇工伤的，即使丧失了劳动能力，单位也不得解除劳动合同；《劳动法》第四十条指向的是劳动者患的不是职业病、负伤也不属于工伤的，那么医疗期满，单位可以解除劳动合同。职业病、工伤的产生用人单位必须承担一定的责任，但是除此之外的情况则仅属于对有特殊困难的劳动者的救济和扶助。

三、典型事例

事例1："三期"内女工合同解除条件问题

【事件经过】

女工王某系某通讯公司员工，与公司签订有至2008年12月的劳动合同。2007年12月份以来，通讯公司因经营业务的调整，与王某就工作岗位变动问题多次协商，均未能达成一致。王某对此表

第六讲
劳动合同的解除和终止

示不满,在此期间多次与公司领导吵闹,后在没有办理任何请假手续的情况下,连续几天不到公司上班,通讯公司人事部多次电话通知王某到单位,并警告如果连续15日不请假又不到公司上班,公司将解除与其的劳动合同。王某在电话里向公司表明,自己已怀孕2个月,有医院的诊断证明书。但之后王某既未向通讯公司提交医院的建议休息证明书,也未到公司上班。2008年1月15日,在王某连续15日未到公司上班后,公司以其严重违反劳动纪律为由,按照本单位的规章制度解除了与王某的劳动合同,王某不服。

【点评】

用人单位在几种情形下可以解除劳动者的劳动合同,但同时对一些特殊对象如工伤或患职业病,并被确认丧失或部分丧失劳动能力的职工等规定了特殊的保护,具体条款为《劳动合同法》第四十二条。但是这些保护是有条件的,它是指用人单位不得依据《劳动合同法》第四十条、第四十一条的规定,也就是劳动者患病或非因工负伤不能从事工作的,劳动者不能胜任工作的,客观情况发生重大变化的,以及企业经济性裁员的这几种情形解除上述对象的劳动合同,但不包括用人单位与劳动者协商一致的解除和劳动者有重大法定过错,用人单位单方解除的情况。王某虽处孕期内,但其不履行请假手续,在公司多次通知其上班的情况下,无正当理由仍然连续15日不到公司上班,其行为已构成长时间旷工。存在《劳动合同法》第三十九条第(二)项规定的"严重违反用人单位规章制度的"的情形,用人单位据此有权依法解除其劳动合同。而且依据《劳动法合同法》第四十六条的规定,用人单位也无需支付经济补偿金。

劳动纪律和规章制度是用人单位生产、经营顺利进行的重要保证。但部分职工片面理解《劳动合同法》第四十二条的规定,认为只要自己存在患职业病、工伤致残或女职工在"三期"的情形之一,用人单位就一定不能解除自己的劳动合同。结果导致严重违反用人单位的劳动纪律或规章制度,被解除劳动合同。

事例2：以裁减人员为由解除劳动合同的条件问题

【事件经过】

章某2007年大学毕业后被一家外商投资企业所录用，企业与章某签订了为期两年的劳动合同，约定章某从事生产技术部质量检验员工作。期满后双方两次续订劳动合同至2010年6月底。

2009年1月初，章某因患慢性疾病在家休息。2009年5月初，企业因生产经营发生困难，提前30日向工会和全体职工说明了情况，听取了工会和职工的意见，并向有关劳动行政部门报告后，企业着手准备裁减人员。7月初章某收到企业书面通知，知悉因企业需要裁减人员与其解除劳动合同，同时按照国家和本市的有关规定给予其经济补偿金。章某认为企业这种做法是与国家的规定相违背的，本人尚在规定的医疗期内，企业是不能与自己解除合同的。章某要求撤销企业解除劳动关系的决定，继续履行劳动合同。①

【点评】

本案的焦点是职工患病在医疗期内，用人单位是否能以企业生产经营状况发生严重困难，确需裁减人员为由与其解除劳动合同。

根据《劳动合同法》第四十二条规定："劳动者有下列情形之一的，用人单位不得依照本法第四十条、第四十一条的规定解除劳动合同……（三）患病或者非因工负伤，在规定的医疗期内的。"企业需要裁减人员，但对于因患病在规定的医疗期内的职工，企业愿意支付职工经济补偿金，也不得依据第四十一条的规定与其解除劳动关系。章某因患病在规定的医疗期内，他的合法权益理应受到法律保护。企业以生产经营状况发生严重困难，需裁减人员为由擅自与章某解除劳动合同是与法律、法规相悖的。因此，劳动仲裁委员会作出裁决，要求企业与章某恢复劳动关系，继续履行劳动合同。职工患病在规定的医疗期内，即使用人单位生产经营状况发生

---

① 忠言：《企业不能以裁减人员为由与小章解除劳动关系》，上海市人力资源社会保障网：http://www.12333sh.gov.cn/200912333/2009bmfw/dzyls/dzsb/dzbz/wz/201003/t20100302_1115273.shtml，访问时间：2015年2月11日。

严重困难，也不能以裁减人员为由与其解除劳动合同。

第五节 劳动合同的终止条件和限制

一、条文解读

第四十四条 有下列情形之一的，劳动合同终止：
（一）劳动合同期满的；
（二）劳动者开始依法享受基本养老保险待遇的；
（三）劳动者死亡，或者被人民法院宣告死亡或者宣告失踪的；
（四）用人单位被依法宣告破产的；
（五）用人单位被吊销营业执照、责令关闭、撤销或者用人单位决定提前解散的；
（六）法律、行政法规规定的其他情形。

本条是关于劳动合同终止条件的规定。

劳动合同终止是指劳动合同关系因期限届满或其他法定情形出现而归于消灭，劳动者与用人单位之间原有的权利义务不再存在。具体情形包括以下内容：

1. 劳动合同期满

劳动合同期满，除依法续订劳动合同的和依法应延期的以外，劳动合同自然终止包括下列情况：一是固定期限劳动合同规定的终止日期到来，且还未具备劳动者有权提出续订无固定期限劳动合同的条件，用人单位及劳动者中的双方或一方决定不续订劳动合同的；二是固定期限劳动合同规定的终止日期到来，虽然劳动者有权提出续订劳动合同，但劳动者并不要求续订的；三是以完成一定的工作任务为期限的劳动合同所规定的工作任务已经完成，用人单位或劳动者双方或一方不续订劳动合同。

2. 劳动者已开始依法享受基本养老保险待遇

职工达到法定退休年龄，凡个人交费满 15 年即可享受养老金待遇。符合条件的职工还要向社会保险经办机构申请养老保险待遇，由社会保险经办机构对职工退休年龄进行审核、确认后发放《职工退休证》。享受基本养老保险待遇的前提是达到法定退休年龄，缴纳了一定期限的养老保险费并且办理相应手续后离开工作岗位。①

3. 劳动者死亡，或者被人民法院宣告死亡或者宣告失踪

劳动者是劳动合同主体之一，主体死亡、被宣告死亡或者宣告失踪，说明合同关系重要构成要素的主体已经不复存在，缺乏一方主体的劳动合同自然应当终止。关于宣告失踪或死亡的，根据《民法通则》第二十条规定，公民下落不明满两年的，利害关系人可以向人民法院申请宣告他为失踪人。"被人民法院宣告死亡或者宣告失踪"还是一个须依《民事诉讼法》规定而完成的法定程序。需要注意的是，根据该条规定，用人单位的主要负责人死亡，并不必然导致劳动合同的终止。雇主死亡按照民法规定发生全部继承关系，雇主地位由其继承人继承。②

4. 用人单位被依法宣告破产

用人单位是劳动合同主体之一，用人单位一旦被依法宣告破产，就进入破产清算程序，用人单位的主体资格即将归于消灭，劳动合同归于终止。在用人单位还处于破产清算阶段的，用人单位主体资格虽然受到了限制，但是劳动关系的终止仍然必须在破产被正式宣告以后，而不是清算开始之时。

5. 用人单位被吊销营业执照、责令关闭、撤销或者用人单位决定提前解散

公司解散是指已经成立的公司，因公司章程或者法定事由出现

---

① 参见林嘉《劳动合同法热点问题讲座》，中国法制出版社 2007 年版，第 195 页。
② 参见（德）W. 杜茨《劳动法》，张国文译，法律出版社 2005 年版，第 46 页。

而停止公司的经营活动,并开始公司的清算,使公司法人资格消灭的法律行为。由于公司解散将会导致公司法人归于消灭,因此在公司解散的情况下,劳动合同将由于缺乏一方主体而归于终止。

吊销营业执照,是指剥夺被处罚用人单位已经取得的营业执照,使其丧失继续从事生产或者经营的资格。责令关闭,是指行为人违反了法律、行政法规的规定,被行政机关作出停止生产或者经营的处罚决定,因此停止生产或者经营。被撤销,是指由行政机关撤销有瑕疵的公司登记。用人单位被依法吊销营业执照、责令关闭或者被撤销,已经不能进行生产或者经营,应当解散的,因而以该用人单位为一方主体的劳动合同自然终止。用人单位决定提前解散,是指在股东会或股东大会决议解散,或者公司合并或分立需要解散,或者持有公司全部股东表决权 10% 以上的股东,请求人民法院解散公司的情形下,用人单位在公司章程规定的公司终止时间前解散公司。

6. 法律、行政法规规定的其他情形

有关劳动合同终止的情形,除了劳动合同法规定的 5 种情形外,可由其他法律、行政法规作出规定。只有"法律、行政法规"才能规定劳动合同终止的其他情形,其他位阶的法律规定则不能创设劳动合同终止的情形,劳动合同法也没有授权地方性法规创设劳动合同终止条件。

第四十五条 劳动合同期满,有本法第四十二条规定情形之一的,劳动合同应当续延至相应的情形消失时终止。但是,本法第四十二条第(二)项规定丧失或者部分丧失劳动能力劳动者的劳动合同的终止,按照国家有关工伤保险的规定执行。

本条是关于劳动合同期满因法定事由而不得终止的规定。

劳动合同法对于一些处于特殊困难阶段或者作出特殊贡献的劳动者,给予相应的特殊保护。

第一,终止从事接触职业病危害作业劳动者的劳动合同,对此

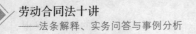

类劳动者在终止前应进行离岗前职业健康检查,否则终止事实不能发生。在诊断后或医学观察期满且排除职业病怀疑的,才能终止劳动合同;如果诊断或观察结果是该劳动者患有职业病的,治疗期间劳动合同也不能终止,直到职业病医疗期满或病情稳定后,劳动者被确认为丧失或者部分丧失劳动能力的,则按照国家工伤保险规定处理;同理,因工负伤并被确认丧失劳动能力且劳动合同期满的,双方都必须等到劳动能力全部恢复才能终止劳动合同,如果劳动能力不能全部恢复,劳动合同就不能仅因期满而终止。劳动者患非职业病或者非因工负伤并在规定的医疗期内的,即使劳动合同期满,用人单位也不能终止劳动合同,劳动合同期限将延续至医疗期满之日。

第二,女职工处于孕期、产期、哺乳期的,如果劳动合同期满,劳动合同也须延续至孕期、产期、哺乳期情形消失为止。这是对女性职工的特殊保护,也是基于基本人权的考虑,但并不是绝对化的条款。如前所述,若女工在"三期"内严重违纪,用人单位还是可以解除合同的。

第三,"在本单位连续工作满15年,且距法定退休年龄不足5年的"的劳动者在劳动合同期满时也不能被终止劳动合同,除非劳动者"开始依法享受基本养老保险待遇"。这是对年老且对用人单位作出了长期贡献的劳动者的特殊保护,也符合我国即将进入老年社会的现实,有利于实现社会的和谐,减轻独生子女的压力。如果在本单位连续工作满15年,且距法定退休年龄不足5年的劳动者有本法第三十九条规定的过错,用人单位仍然可以依法解除与其的劳动合同关系。

第四,其他相关法律依据。在其他法律法规中也存在对合同期满终止情形的限制,但一般仅限于特殊岗位人员,主要为了保护他们的法定权利以让他们更无后顾之忧地履行自己的义务。根据《工会法》第18条规定:"基层工会专职主席、副主席或者委员自任职之日起,其劳动合同期限自动延长,延长期限相当于其任职期间;非专职主席、副主席或者委员自任职之日起,其尚未履行的劳动合同期限短于任期的,劳动合同期限自动延长至任期期满。但是,任职期间个人严重过失或者达到法定退休年龄的除外。"

第五,关于例外情形。本条还对劳动者患职业病或者因工负伤并被确认部分丧失劳动能力的情形作了例外规定,在这种情形下适用工伤保险条例的规定。

二、实务问答

问题1:用人单位和劳动者建立的是事实劳动关系,则一方提前通知就可以终止合同吗?

用人单位除非与劳动者协商达成一致,否则即使没有签订书面劳动合同,劳动关系也不能以仅被提前通知就正式终止;用人单位还将为不签订书面劳动合同的违法行为付出代价:1个月以上1年以内违法不与劳动者订立书面劳动合同的,应当向劳动者每月支付两倍的工资;用工满1年不与劳动者订立书面劳动合同的,视为用人单位与劳动者已订立无固定期限劳动合同。

问题2:"终止"与"解除"劳动合同是一样的吗?

劳动合同的终止与劳动合同的解除是两个完全不同的法律概念。

劳动合同的解除是指劳动合同订立后,尚未全部履行以前,由于某种原因导致劳动合同一方或双方当事人提前消灭劳动关系的法律行为。劳动合同的解除分为法定解除和约定解除两种。劳动合同的终止,是指劳动合同期限届满或者有其他符合法律规定的情形出现导致劳动合同关系消灭。劳动合同的终止只有法定情形的终止,而不能有约定条件下的终止;否则,即使约定了,也是无效的。

问题3:员工主动提出提前终止劳动合同的,需支付违约金吗?

如果劳动者与用人单位签订的劳动合同中有劳动者提前终止劳动合同需要支付违约金的约定,则劳动者应当支付。如果没有作出相关约定的,则取决于用人单位能否证明其因为劳动者提前终止劳动合同而遭遇了损失。如果能够证明,则劳动者负有相应赔偿责任。值得注意的是,劳动者在此时仍然必须履行提前通知的义务。

问题4:用人单位对已经解除或终止劳动合同的职工应当出具什么证明?

按照《失业保险条例》及劳动部有关规定,用人单位与劳动者办理终止、解除劳动合同时,应当出具终止、解除劳动合同证明书,作为该劳动者按规定享受失业保险待遇和失业登记、求职登记的凭证。也可作为用人单位招用职工时能证明该职工与其他用人单位不存在劳动关系的凭证。该证明应为书面证据,劳动者和用人单位都需要保留,劳动者的新工作单位有义务查看该证明,否则将因聘用还未与原单位解除合同关系的劳动者而产生相应的法律责任。

三、典型事例

事例1:超期通知终止劳动合同。

【事件经过】

2005年7月1日,韩某与传媒公司签订书面劳动合同,约定:该合同自签订之日起至2006年7月1日终止;传媒公司结算工资的周期为上月26日到当月25日,韩某月平均工资为1454.99元。

2006年6月30日,传媒公司制作了《关于工厂职工续签劳动合同的通知》,表示不再与韩某等人续签劳动合同,但当日传媒公司没有将该通知告知韩某。2006年7月1日是周六,7月2日是周日,7月3日韩某照常上班,当日下午2点30分,传媒公司通知韩某劳动合同于7月1日到期,将不再与其续订劳动合同,要求其办理离职手续。传媒公司通过银行划账方式向韩某发放了1927.71元,传媒公司主张其中1535.2元作为未提前30日通知合同到期不再续订的经济补偿金,392.51元作为2006年6月26日至7月3日上午的补发工资。上述款项韩某已收到。

后韩某向仲裁委员会提出申诉,该委作出裁决,传媒公司不服裁决向法院提起了诉讼。①

【点评】

本案是关于用人单位超期通知终止劳动合同,能否终止劳动合同以及是否需要支付经济补偿金的问题。

劳动合同期满则自然终止,原劳动合同消灭。如果劳动者仍在原用人单位工作,用人单位未表示异议的,应视为一个新劳动合同的开始。本案中,劳动合同已于7月1日期满终止,7月3日韩某上班而公司未表示异议,可视为双方续订了劳动合同。原劳动合同已于7月1日因期满自动终止,公司7月3日通知终止的是事实劳动关系。传媒公司7月3日单方解除劳动合同的行为属于强行解除劳动合同,依《劳动合同法》第八十七条的规定,传媒公司要向劳动者支付两倍的经济补偿金。

若劳动者继续履行且用人单位未提出异议,则双方形成事实劳动关系,用人单位强行终止的要向劳动者支付两倍的经济补偿金。

事例2:特殊疾病患者医疗期内劳动合同自动延续至医疗期满。

【事件经过】

梁某于2009年11月18日入职餐饮公司工作,双方签订了劳动合同。梁某于2010年5月初生病,经医院诊断为足细胞病,其后一直休病假,餐饮公司向梁某支付病假工资至2011年2月份。2011年3月7日,餐饮公司以其已经将劳动合同期限顺延至医疗期满为由,通知梁某终止双方的劳动合同关系。2011年6月7日,梁某向劳动争议仲裁委员会申请仲裁。2011年7月11日,仲裁委作出仲裁裁决书,梁某不服裁决书向法院提起诉讼。

2011年11月,梁某因病情复发至医院治疗,出具病重通知单。治疗中,病程记录亦多次提及梁某病情严重,随时可能出现猝

---

① 苏号朋:《劳动合同法案例评析》,对外经济贸易大学出版社2008年版,第272页。

死，危及生命。①

【点评】

劳动者患病或者非因工负伤，在规定的医疗期内劳动合同期满，劳动合同应当延续至医疗期满时终止。由于梁某所患疾病病情严重，难以治疗，属特殊疾病，不受实际工作年限的限制，故梁某应当享受的医疗期为24个月。梁某与餐饮公司之间的劳动合同在2011年11月30日期满，但该日期仍在梁某享有的医疗期内，故劳动合同应当延续至医疗期满。在医疗期内餐饮公司终止与梁某的劳动合同，违反了法律规定，因此餐饮公司作出的劳动合同终止告知书无效，应予撤销。劳动者患病或者非因工负伤停止劳动，且在国家规定医疗期内的，用人单位应当按照工资分配制度的规定，按不低于当地最低工资标准的80%，向劳动者支付病假工资。

---

① 中华人民共和国最高人民法院办公厅：《梁介树诉南京乐府餐饮管理有限公司劳动争议案》，载《中华人民共和国最高人民法院公报》2013年第6期，第45页。

第七讲　经济补偿与违约赔偿

第一节　经济补偿的条件

一、条文解读

第四十六条　有下列情形之一的，用人单位应当向劳动者支付经济补偿：

（一）劳动者依照本法第三十八条规定解除劳动合同的；

（二）用人单位依照本法第三十六条规定向劳动者提出解除劳动合同并与劳动者协商一致解除劳动合同的；

（三）用人单位依照本法第四十条规定解除劳动合同的；

（四）用人单位依照本法第四十一条第一款规定解除劳动合同的；

（五）除用人单位维持或者提高劳动合同约定条件续订劳动合同，劳动者不同意续订的情形外，依照本法第四十四条第（一）项规定终止固定期限劳动合同的；

（六）依照本法第四十四条第（四）项、第（五）项规定终止劳动合同的；

（七）法律、行政法规规定的其他情形。

本条规定解除或终止劳动合同时用人单位应向劳动者支付经济补偿金的法定情形。

经济补偿金是指按照劳动法律规定，在劳动者无过错的情况下,用人单位与劳动者解除或终止劳动关系时,依法应给予劳动者的经济上的补助。其支付标准由法律规定,一般是一次性以货币形式支付给劳动者。

法国《劳动法典》称为"辞退补偿金",俄罗斯《劳动法》称为"解职金",香港《雇佣条例》将其称为"遣散费",台湾地区《劳动基准法》则称为"资遣费"。[①] 我国的经济补偿制度相当于外国的"失业金"制度,解读本条时要注意以下方面:

1. 协议终止或解除劳动合同

协商一致,即用人单位与劳动者达成一致意见。对于有固定期限的劳动合同,在合同期满后,是否续订,取决于双方的意思表示。"协商一致"主要有以下三种情况:一是如果用人单位不同意续订,此时,不管劳动者是否愿意续订,劳动合同终止,用人单位应当支付经济补偿金;二是如果用人单位同意续订,并且维持或者提高劳动合同的约定条件,此时,劳动者不同意续订,劳动合同终止,用人单位不需要支付经济补偿金;三是如果用人单位同意续订,但降低劳动合同的约定条件,劳动者不同意续订的,劳动合同终止,用人单位应当支付经济补偿金。

对于协议解除劳动合同,是否支付补偿金,取决于由谁提出解除劳动合同,如果由用人单位提出,则应该支付经济补偿金;反之,则不必支付。实践中,用人单位往往要求劳动者递交一份"辞职申请",而发生纠纷时,用人单位就拿出"辞职申请"证明是劳动者提出的解除合同。因此,劳动者宜在提交辞职申请的同时详加斟酌,法官也应结合各种事实和证据,了解当事人的真实意思。[②]

2. 用人单位经济性裁员

经济性裁员,是指用人单位的经营状态或经济效益出现问题

[①] 参见董保华《劳动合同法中经济补偿金的定性及其制度构建》,载《河北法学》2008年第5期,第43页。

[②] 参见王波永《〈劳动合同法〉经济补偿金问题研究》,载《法制与社会》2012年第6期,第10页。

时，一次性辞退部分劳动者，以此改善企业状况的一种手段。裁员会影响职工的生活，法律对经济性裁员的条件和程序作严格规定。

企业需要裁减人员20人以上或者裁减不足20人但占企业职工总数10％以上的，用人单位提前30日向工会或者全体职工说明情况，听取工会或者职工的意见后，裁减人员方案经向劳动行政部门报告，可以裁减人员。

企业在以下情况中可以经济性裁员：一是依照企业破产法规定进行重整的；二是生产经营发生严重困难的；三是企业转产、重大技术革新或者经营方式调整，经变更劳动合同后，仍需裁减人员的；四是其他因劳动合同订立时所依据的客观经济情况发生重大变化，致使劳动合同无法履行的。

裁减人员时，应优先留用下列人员：①与本单位订立较长期限的固定期限劳动合同的；②与本单位订立无固定期限劳动合同的；③家庭无其他就业人员，有需要扶养的老人或者未成年人的。

用人单位在6个月内重新招用人员的，应当通知被裁减的人员，并在同等条件下优先招用被裁减的人员。

3.《劳动合同法》对用人单位在解除和终止劳动合同时支付经济补偿的新规定

三种情况下用人单位应依国家有关规定给予经济补偿：①用人单位依法经协商与劳动者解除劳动合同；②提前30日以书面形式通知劳动者解除劳动合同；③因裁减人员而与劳动者解除劳动合同。

劳动部《违反和解除劳动合同的经济补偿办法》对支付经济补偿的具体办法作出了规定。《劳动合同法》对用人单位在解除和终止劳动合同时支付经济补偿作出了一些新规定：

（1）用人单位存在违反工资支付、社会保险等方面法律规定的行为，损害了劳动者的合法权益，劳动者可以依照《劳动合同法》第三十八条的规定解除劳动合同。在这种情形下劳动者提出解除劳动合同的，用人单位也必须支付经济补偿。

（2）增加规定劳动合同因下列情形而终止时，用人单位也应当依法支付经济补偿：①除用人单位维持或者提高劳动合同约定条件续订劳动合同，劳动者不同意续订的情况外，固定期限劳动合同期满终止的；②因用人单位被依法宣告破产，或者用人单位被吊销营业执照、责令关闭、撤销或者用人单位决定提前解散，而终止劳动合同的。特别值得注意的是，《劳动法》规定，在劳动合同期满终止时，一般不需要支付经济补偿金，《劳动合同法》要求用人单位在劳动合同期满终止时，在原有薪酬待遇基础上，除由劳动者主动提出解除劳动关系外，应支付经济补偿金。

（3）增加规定了向高收入劳动者支付经济补偿的限额。即劳动者月工资高于用人单位所在直辖市、设区的市级人民政府公布的上年度职工月平均工资3倍的，支付的标准按职工月平均工资3倍的数额支付，向其支付经济补偿的年限最高不超过12年。①

4. 依照本条的规定，用人单位有以下情形之一的，要向劳动者支付经济补偿金

向劳动者支付经济补偿金的情况如下：①用人单位未按照劳动合同约定提供劳动保护或者劳动条件。②用人单位未及时足额支付劳动报酬。③用人单位未依法为劳动者缴纳社会保险费。④用人单位的规章制度违反法律、法规的规定，损害劳动者权益。⑤以欺诈、胁迫的手段或者乘人之危，使对方在违背真实意思的情况下订立或者变更劳动合同，致使劳动合同无效。⑥用人单位经济性裁员。⑦用人单位以暴力、威胁或者非法限制人身自由的手段强迫劳动者劳动的，或者用人单位违章指挥、强令冒险作业危及劳动者人身安全的（此时劳动者可以立即解除劳动合同，不需事先告知用人单位）。⑧用人单位与劳动者协商一致，用人单位解除劳动合同。⑨劳动者患病或者非因工负伤，在规定的医疗期满后不能从事原工作，也不能从事由用人单位另行安排的工作的。⑩劳动者不能

---

① 参见《〈中华人民共和国劳动合同法〉宣誓提纲》，劳动和社会保障部劳动关系司，http://www.mohrss.gov.cn/ldgxs/LDGXhetong/laodonghetongfa/201012/t20101203_86694.htm，访问时间：2015年2月11日。

胜任工作,经过培训或者调整工作岗位,仍不能胜任工作的。⑪劳动合同订立时所依据的客观情况发生重大变化,致使劳动合同无法履行,经用人单位与劳动者协商,未能就变更劳动合同内容达成协议的。⑫劳动合同期满,用人单位不同意续订;或者用人单位同意续订,但降低劳动合同的约定条件,劳动者不同意续订的,劳动合同终止,用人单位应当支付经济补偿金。⑬用人单位被依法宣告破产的。⑭用人单位被吊销营业执照、责令关闭、撤销或者用人单位决定提前解散的。⑮用人单位支付劳动者的工资报酬低于当地最低工资标准的。⑯用人单位克扣或者无故拖欠劳动者工资的,以及拒不支付劳动者延长工作时间工资报酬的。⑰法律、行政法规规定劳动者可以解除劳动合同的其他情形。⑱法律、行政法规规定的其他用人单位需要支付经济补偿的情形。

5. 用人单位在以下情况中解除劳动合同,不用支付经济补偿金

根据《劳动法》第二十五条和劳动部《关于贯彻执行〈劳动法〉若干问题的意见》(劳部发〔1995〕309号)第39条规定,在下列情况下,用人单位解除劳动合同时,可以不支付经济补偿金:①在试用期间被证明不符合录用条件而被解除劳动合同的;②严重违反劳动纪律或用人单位规章制度而被解除劳动合同的;③严重失职、营私舞弊、对用人单位利益造成重大损害而被解除劳动合同的;④被依法追究刑事责任而被解除劳动合同的。

劳动者死亡,或者被人民法院宣告死亡或者宣告失踪的,劳动合同终止,用人单位也可以不支付经济补偿金。

如果企业因为劳动者提供专项培训费用,对其进行专业技术培训而与该劳动者书面约定了服务期,并在劳动合同或服务期协议中约定,出现上述第(二)至第(四)项所列因劳动者过错用人单位单方解除劳动合同的情况时,劳动者应向企业支付违约金。

二、实务问答

问题1:劳动者被迫辞职可以获得经济补偿金吗?

在用人单位有过错或违法的情况下,劳动者解除劳动合同,用人单位应该支付经济补偿金。

《最高人民法院关于审理劳动争议案件适用法律若干问题的解释》第十五条明确规定：用人单位有下列情形之一，迫使劳动者提出解除劳动合同的，用人单位应当支付劳动者的劳动报酬和经济补偿，并可支付赔偿金：①以暴力、威胁或者非法限制人身自由的手段强迫劳动的；②未按照劳动合同约定支付劳动报酬或者提供劳动条件的；③克扣或者无故拖欠劳动者工资的；④拒不支付劳动者延长工作时间工资报酬的；⑤低于当地最低工资标准支付劳动者工资的。劳动者因为用人单位的过错或违法而被迫解除劳动合同，用人单位必须支付经济补偿金。

问题2：劳动者因病不能胜任工作，用人单位解除劳动合同，劳动者可以获得经济补偿金吗？

可以。《劳动法》第二十六条第（一）项规定："劳动者患病或者非因工负伤，医疗期满后，不能从事原工作也不能从事由用人单位另行安排的工作的，用人单位可以解除劳动合同，但是应当提前三十日以书面形式通知劳动者本人。"《劳动合同法》第四十条第（一）项规定："劳动者患病或者非因工负伤，在规定的医疗期满后不能从事原工作，也不能从事由用人单位另行安排的工作的，用人单位提前三十日以书面形式通知劳动者本人或者额外支付劳动者一个月工资后，可以解除劳动合同。"

问题3：用人单位不支付经济补偿金有哪些法律后果？

《劳动法》第九十一条规定："用人单位有下列侵害劳动者合法权益情形之一的，由劳动行政部门责令支付劳动者的工资报酬、经济补偿，并可以责令支付赔偿金：……（四）解除劳动合同后，未依照本法规定给予劳动者经济补偿的。"

《劳动合同法》第八十五条规定：用人单位有下列情形之一的，由劳动行政部门责令限期支付劳动报酬、加班费或者经济补偿；劳动报酬低于当地最低工资标准的，应当支付其差额部分；逾期不支付的，责令用人单位按应付金额50%以上100%以下的标准向劳动者加付赔偿金:"(一)未按照劳动合同的约定或者国家规定及时足额支付劳动者劳动报酬的;(二)低于当地最低工资标准支付劳动者工资的;(三)安排加班不支付加班费的;(四)解除或者终止劳动合同,未依照本法规定向劳动者支付经济补偿的。"

劳动行政部门无从自主知晓用人单位的违法情况,劳动者应当到劳动行政部门去投诉,由劳动行政部门责令用人单位限期支付,方能请求"不支付劳动报酬、加班费或者经济补偿的赔偿金"。

问题4:经济补偿金的数额可以约定吗?

可以。经济补偿金是依照法律规定应当由用人单位在解除或终止劳动合同时支付给劳动者的补偿,法律对经济补偿金的支付条件及数额有明确的规定。劳动合同法只是劳动关系的基准法,即劳动法所规定的标准是用人单位必须达到的最低标准,如果用人单位与劳动者在劳动合同中约定的经济补偿金标准高于劳动法的规定,这种约定当然是有效的,与此相反,如果用人单位与员工约定的经济补偿金低于劳动者依照法律的规定应当得到的经济补偿金,就是不合法的,是无效的。①

三、典型事例

事例1:因调换工作的经济补偿金问题。

【事件经过】

李某是公司的一名管理人员,2014年3月公司为了加强对其下属机构的管理,派李某去下属机构担任管理人员。但李某必须先与总公司解除劳动合同,然后才能与下属机构签订劳动合同。李某能否要求经济补偿金?

【点评】

根据劳动部的相关规定:劳动者在劳动合同期内,由于主管部

---

① 参见丁宇翔《经济补偿金、赔偿金及其他:〈劳动合同法〉实施后经济补偿的法律适用》,载《法律适用》2009年第1期,第53页。

门调动或转移工作未造成失业的,用人单位可以不支付经济补偿金。劳动者李某因此不能领取到经济补偿金。

劳动法以及相关法律的意旨在于保护劳动者的合法权益。在保护劳动者的同时,也必须平衡用人单位的利益,因此,法律对经济补偿金的支付也必须要给予一定的限制,劳动者只是因为工作调动而非解除劳动合同,李某并没有因此而失业,公司不需要支付经济补偿金。

事例2:解除无固定期限的劳动合同应支付经济补偿金。

【事件经过】

郭某与地产公司签订了劳动合同,合同约定:"本合同为无固定期限合同,但乙方(郭某)若不能胜任工作,经培训或调整工作岗位后仍不能胜任,甲方(地产公司)可提前30日通知乙方终止劳动合同。"工作一段时间后,公司发现郭某不能胜任该工作,郭某经过技术培训后,仍不能胜任该工作。公司根据合同的规定,作出了30日后与劳动者郭某终止劳动合同的决定。但公司拒绝给劳动者郭某经济补偿金。公司认为,终止劳动合同时公司可以不给经济补偿金。

【点评】

劳动者不能胜任工作,经过培训或者调整工作岗位,仍不能胜任工作的,用人单位提前30日以书面形式通知劳动者本人或者额外支付劳动者1个月工资后,可以解除劳动合同。《劳动合同法》第四十六条第(三)项的规定:"用人单位依照本法第四十条解除劳动合同的,应当向劳动者支付经济补偿金。"

公司与郭某在合同中约定的事实上是解除劳动合同的条件,而不是终止劳动合同的条件。公司试图以终止合同之名掩盖解除合同之实,进而规避支付经济补偿金的义务,该劳动合同中的约定无效,应当支付经济补偿金。

第二节 经济补偿金的计算标准

一、条文解读

第四十七条 经济补偿按劳动者在本单位工作的年限,每满一年支付一个月工资的标准向劳动者支付。六个月以上不满一年的,按一年计算;不满六个月的,向劳动者支付半个月工资的经济补偿。

劳动者月工资高于用人单位所在直辖市、设区的市级人民政府公布的本地区上年度职工月平均工资三倍的,向其支付经济补偿的标准按职工月平均工资三倍的数额支付,向其支付经济补偿的年限最高不超过十二年。

本条所称月工资是指劳动者在劳动合同解除或者终止前十二个月的平均工资。

1.《劳动合同法》进一步细化了经济补偿制度

《劳动合同法》进一步细化了经济补偿制度,并对劳动者获得经济补偿金的标准作了一些限制性的规定。

《劳动法》以及《违反和解除劳动合同的经济补偿办法》中都只规定:用人单位应根据劳动者在本单位工作年限,每满一年发给相当于1个月工资的经济补偿金,最多不超过12个月。工作时间不满1年的按1年的标准发给经济补偿金。如今《劳动合同法》区分了满6个月不满1年以及不满6个月的工作年限,减少了用人单位的成本;另外,在经济补偿金的计算标准上,区分了高收入劳动者和一般收入劳动者,对用人单位终止或解除劳动合同的补偿成本作了适当平衡,避免过于加重用人单位的人工成本,同时合理调节高收入劳动者的收入水平。

2. 经济补偿金的支付标准

经济补偿金的支付标准分三类:

（1）不能超过 12 个月的标准。用人单位根据劳动者在本单位工作年限，每满 1 年发给相当于 1 个月工资的经济补偿金，但最多不超过 12 个月。

（2）按实际工作年限计算的标准。根据劳动者在本单位工作年限，每满 1 年发给相当于 1 个月工资的经济补偿金。适用此标准的有以下几种情形：①劳动者患病或非因工负伤，医疗期满后不能从事原工作，也不能从事由用人单位另行安排的工作的；②劳动合同订立时所依据的客观情况发生重大变化，致使原劳动合同无法履行，经当事人协商不能就变更劳动合同达成协议的；③用人单位符合裁减人员条件而被裁员的；④用人单位因破产、解散或被撤销与劳动者终止劳动合同的；⑤用人单位因被工商行政部门吊销营业执照，实际处于无法生产经营状况而与劳动者终止劳动合同的；⑥应当订立书面劳动合同而未订立的，用人单位提出终止劳动关系，支付未订立劳动合同期间的经济补偿金。

（3）双重标准。用人单位除支付经济补偿金外，还支付医疗补偿金。劳动者患病或者非因工负伤，经劳动鉴定委员会确认不能从事原工作，也不能从事用人单位另行安排的工作而解除劳动合同的。用人单位应按其在本单位的工作年限，每满 1 年发给相当于 1 个月工资的经济补偿金，同时还应发给不低于 6 个月工资的医疗补助费。患重病和绝症的还应增加医疗补助费，患重病的增加部分不低于医疗补助费的 50%，患绝症的增加部分不低于医疗补助费的 100%。①

二、实务问答

问题1：计算经济补偿金时的工作年限如何认定？

应注意以下几个问题：

第一，工作年限从用人单位提供劳动之日起计算。具体分两种情况：一是劳动者连续为同一用人单位提供劳动，但先后签订了几

---

① 参见《违反和解除劳动合同的经济补偿办法》第六条。

份劳动合同，如一年一签；二是劳动者为同一用人单位工作了数年，先后签订了数份合同，但数份合同之间有一定的时间间隔。

第二，终止劳动合同与解除劳动合同的经济补偿年限起算点并不一致：终止劳动合同的工作年限从《劳动合同法》生效之日（2008年1月1日）起算，解除劳动合同的工作年限从劳动者入职之日起算。

第三，对于退伍、复员、转业军人的军龄是否作为计发经济补偿年限的问题。根据相关规定，经济补偿金按职工在本单位的工作年限计发，因此，企业与职工解除劳动关系计发法定的经济补偿金时，退伍、转业军人的军龄应当计算为"本单位工作年限"。

第四，关于组织调动或企业分立、合并后，经济补偿金年限计算问题。①因用人单位的合并、兼并、合资、单位改变性质、法人改变名称等原因而改变工作单位的，其改变前的工作时间可以计算为在本单位的工作时间。②由于成建制调动、组织调动等原因而改变工作单位的，是否计算为在本单位的工作时间，在行业直属企业间成建制调动或组织调动等，由行业主管部门作出规定；其他调动，由各省、自治区、直辖市作出规定。③对企业改制改组中已经向职工支付经济补偿金的，职工被改制改组后企业重新录用的，在解除劳动合同支付经济补偿金时，职工在改制前单位的工作年限可以不计算为改制后单位的工作年限。

问题2：计算经济补偿金时工资如何认定？

经济补偿金中月工资计算标准是指企业正常生产情况下，劳动者解除劳动合同前12个月的月平均工资。劳动者因病、非因工负伤不能工作、劳动合同订立时所依据的客观情况变化不能就变更劳动合同达成协议、企业经济性裁员或者劳动者被解除劳动合同时，劳动者的月平均工资低于企业月平均工资的，按企业月平均工资的标准支付经济补偿金。

"工资"是指用人单位依据国家有关规定或劳动合同的约定，以货币形式直接支付给本单位劳动者的劳动报酬，包括计时工资、计件工资、奖金、津贴和补贴、延长工作时间的工资报酬以及特殊情况下支付的工资等,是劳动者劳动收入的主要组成部分。

劳动者月工资收入是指按国家和本市规定列入工资总额统计的工资、奖金、津贴、补贴,不包括按国家和本市规定个人应缴纳的各种税费。股票、期权、红利等与投资相关的收入也不列入工资总额,不作为解除或终止劳动合同的经济补偿的基数。特别是企业在正常生产情况下,支付给职工的加班加点工资报酬属于工资的组成部分,计发经济补偿金的工资标准应包括加班加点的工资报酬。

问题3:劳动关系跨越新旧法,经济补偿如何计算?

《劳动合同法》施行之日存续的劳动合同在《劳动合同法》施行后解除,依法应当支付经济补偿的,经济补偿金分阶段计算:以2008年1月1日为分界线,2008年1月1日之前的工作年限按照旧法规定计算经济补偿,2008年1月1日之后按照《劳动合同法》的规定计算经济补偿,分别计算,再合并相加。① 《劳动合同法》施行之后终止劳动合同的,经济补偿金的计发年限从2008年1月1日开始计算。同时,国有企业还要按《关于〈国营企业实行劳动合同制度暂行规定〉废止后有关终止劳动合同支付生活补助费问题的复函》(劳社厅函〔2001〕280号)支付生活补助费。

经济补偿金具体计算方式如下所示:

(1)劳动者与用人单位协商一致,由用人单位解除劳动合同的。

经济补偿金 = 工作年限(超过12年的,按12年计算)× 月工资(劳动合同解除前12个月的平均工资)

(2)劳动者经过培训后仍不能胜任工作的。

经济补偿金 = 工作年限(超过12年的,按12年计算)× 月工资(劳动合同解除前12个月的平均工资)

(3)劳动者患病或者非因工负伤不能工作的。

---

① 参见郑尚元《劳动合同法的制度和理念》,中国政法大学出版社2008年版,第307页。

经济补偿金＝工作年限×月工资（劳动合同解除前12个月的平均工资）＋医疗补助费（不低于6个月的工资）

（4）因客观情况发生重大变化解除劳动合同的。

经济补偿金＝工作年限×月工资（劳动合同解除前12个月的平均工资）

（5）因经济性裁员解除劳动合同的。

经济补偿金＝工作年限×月工资（劳动合同解除前12个月的平均工资）

（6）用人单位逾期给付经济补偿金的经济补偿金的计算。

经济补偿金＝工作年限×月工资（劳动合同解除前12个月的平均工资）×[1＋（50%～100%）]

（7）高收入者（超过用人单位所在直辖市、设区的市级人民政府公布的本地区上年度职工月平均工资3倍的）的经济补偿金的计算。

经济补偿金＝工作年限（超过12年的，按12年计算）×用人单位所在直辖市、设区的市级人民政府公布的本地区上年度职工月平均工资×3

三、典型事例

事例1："年终奖"不能代替经济补偿金。

【事件经过】

孙某与建筑公司于2012年年初签订了劳动合同，约定公司实行"双粮"政策，每年年底向职工发放"年终奖"，如果依照双方约定或法律的规定公司需要向职工支付经济补偿金，则以每年的"年终奖"抵充之，在解除劳动合同时，公司便不再支付经济补偿金。现孙某在公司工作了一年以后，被公司解雇，在解除劳动者合同时，公司拒绝支付经济补偿金。

【点评】

根据我国相关法律的规定，经济补偿金是在解除或终止劳动合同时用人单位依照法律的规定向劳动者支付的金钱补偿,其支付条件和标准都是法定的。"双粮"、"年终奖"则属于用人单位支付给劳动者的劳动报酬部分,是正常发放的工资部分,用人单位往往混淆这两个概念,以规避法律的责任。

在该事件中,公司与孙某的在合同中关于经济补偿金的该条款无效,劳动者可以得到经济补偿金。

事例2:关于劳动关系跨越新旧法,经济补偿金的计算标准问题。

【事件经过】

卢某自2001年1月1日起在服装公司工作,劳动合同每两年签1次,2007年1月1日,公司与卢某又签订了两年的劳动合同,合同于2008年12月31日期满。2008年12月31日合同期满,公司决定不再续签,公司应如何支付经济补偿金?如果公司在2008年11月30日强行解除了劳动合同,公司又该如何支付经济补偿金?

【点评】

有固定期限的劳动合同终止时,用人单位若不再续签,则应向劳动者支付经济补偿金,这是相对于《劳动法》的新增规定,根据法不溯及既往原则,2008年1月1日之前的工作年限不适用该规定,按照之前的规定,合同终止时用人单位可不支付经济补偿金,因此,卢某2007年1月1日至2007年12月31日之间的工作年限公司不予支付经济补偿金。卢某的劳动合同于2008年12月31日期满终止,年限正好1年,因此根据劳动合同法的规定,公司需支付1个月工资标准的经济补偿。经济补偿金按照劳动者2008年1月1日至2008年12月31日12个月的月平均工资计算。

用人单位解除劳动合同的,都应当支付经济补偿,但对用人单位违法解除合同的,如果劳动者要求继续履行劳动合同的,用人单位应当继续履行;劳动者不要求继续履行劳动合同或者劳动合同已经不能继续履行的,用人单位应当依照本法第八十七条规定支付赔偿金。如果公司在2008年11月30日强行解除了劳动合同，卢某不要求继续履行劳动合同的，公司应当按照卢某2001年1月1日至2007年12月31日的工作年限（7年）支付解除劳动合同的经济补偿金（为2007年度月平均工资×7个月）和支付赔偿金（为2008年1月1日至2008年11月30日的月平均工资×1个月×2倍）。

第三节 违约赔偿的条件

一、条文解读

第八十二条 用人单位自用工之日起超过一个月不满一年未与劳动者订立书面劳动合同的，应当向劳动者每月支付两倍的工资。

用人单位违反本法规定不与劳动者订立无固定期限劳动合同的，自应当订立无固定期限劳动合同之日起向劳动者每月支付两倍的工资。

用人单位与劳动者建立劳动关系，应当订立书面劳动合同；已建立劳动关系，未同时订立书面劳动合同的，应当自用工之日起1个月内订立书面劳动合同。用人单位与劳动者建立劳动关系后1个月，用人单位就应该与劳动者签订书面的劳动合同，否则，用人单位就应该向劳动者支付两倍的工资。

劳动者在该用人单位连续工作满10年或劳动者与用人单位连续订立了两次固定期限劳动合同，且劳动者没有过错的情况下，除劳动者提出订立固定期限劳动合同外，用人单位都应当与劳动者订立无固定期限劳动合同；用人单位自用工之日起满1年不与劳动者订立书面劳动合同的，视为用人单位与劳动者已订立无固定期限劳动合同。如果用人单位违反了以上规定，不与劳动者订立无固定期限劳动合同的，自应当订立无固定期限劳动合同之日起向劳动者每月支付两倍的工资。

本条在以下三种情况并不适用：一是人事经理等特殊人群未签书面劳动合同。人事经理作为一类特殊人群，他们的岗位职责就是负责公司员工的招聘面试工作以及员工的合同管理工作，对于未签劳动合同的法律后果应有更清楚的认识，若是没有签订劳动合同，应直接推定人事经理具有不签劳动合同的故意，无需用人单位举证，就可以直接排除适用双倍工资支付罚则；但是如果有证据证明是用人单位恶意不签订劳动合同，那么用人单位仍需支付双倍工资。二是劳动者拒绝签订劳动合同，事后索要双倍工资。若拒签合同原因是因不满工资、工作时间拒绝合同的签订，用人单位可以援引《劳动合同法实施条例》第五条、第六条的规定与劳动者解除用工关系，否则将承担不利的法律后果。三是不可抗力等客观原因导致未及时签订劳动合同。这里的特殊原因一般指劳动者的特殊原因，它是指劳动者并没有不签劳动合同的故意，但是由于客观原因，如意外事件、自然灾害等难以抗拒的原因致使发生了未签劳动合同状态，此时由于用人单位履行了诚信磋商的义务，未能及时签订劳动合同是由于事先没有预见的因素造成的。①

第八十三条 用人单位违反本法规定与劳动者约定试用期的，由劳动行政部门责令改正；违法约定的试用期已经履行的，由用人单位以劳动者试用期满月工资为标准，按已经履行的超过法定试用期的期间向劳动者支付赔偿金。

用人单位违法的成本是除支付试用期工资外，超过法定试用期的试用期间，还应按试用期满的工资标准支付赔偿金。

根据《劳动合同法》第十九条的规定，劳动合同期限3个月以上不满1年的，试用期不得超过1个月；劳动合同期限1年以上不满3年的，试用期不得超过两个月；3年以上固定期限和无固定

---

① 参见何丽芳《论我国〈劳动合同法〉第82条的适用与排除》，载《湖南行政学院学报》2014年第4期，第108页。

期限的劳动合同,试用期不得超过6个月。同一用人单位与同一劳动者只能约定1次试用期。以完成一定工作任务为期限的劳动合同或者劳动合同期限不满3个月的,不得约定试用期。试用期包含在劳动合同期限内。劳动合同仅约定试用期的,试用期不成立,该期限为劳动合同期限。

在计算赔偿金的时候,只按劳动者已实际履行的超过法定试用期的期间来计算,对于尚未履行的部分则不需要支付赔偿金。

例如,公司与杨某签订了为期两年的劳动合同,约定了6个月的试用期,试用期满后月工资3000元,在杨某工作5个月后被公司解雇。在此案中,公司违反了关于试用期的规定(劳动合同期限1年以上不满3年的,试用期不得超过两个月),此时,公司应向劳动者支付3000元×(5个月-2个月)=9000元的赔偿金。

第八十五条 用人单位有下列情形之一的,由劳动行政部门责令限期支付劳动报酬、加班费或者经济补偿;劳动报酬低于当地最低工资标准的,应当支付其差额部分;逾期不支付的,责令用人单位按应付金额百分之五十以上百分之一百以下的标准向劳动者加付赔偿金:

(一)未按照劳动合同的约定或者国家规定及时足额支付劳动者劳动报酬的;

(二)低于当地最低工资标准支付劳动者工资的;

(三)安排加班不支付加班费的;

(四)解除或者终止劳动合同,未依照本法规定向劳动者支付经济补偿的。

本条是在《劳动法》第九十条的基础上明确了赔偿金的计算标准。《劳动法》第九十条规定了用人单位克扣或者无故拖欠劳动者工资的、拒不支付劳动者延长工作时间工资报酬的、低于当地最低工资标准支付劳动者工资的、解除劳动合同后未依照本法规定给予劳动者经济补偿的,由劳动行政部门责令支付劳动者的工资报酬、经济补偿，并可以责令支付赔偿金。

要注意理解"及时"和"足额"，及时也就是不能拖欠，必须按照合同的约定按时支付劳动报酬，对于非全日制劳动者，《劳动合同法》第七十二条规定"非全日制用工劳动报酬结算支付周期最长不得超过十五日"，如果用人单位违反了该规定，就属于本条第一款第（一）项所规定的违法行为。"足额"也就是必须按照合同约定的数额支付劳动报酬，不能随意克扣劳动者的工资。另外，根据《劳动合同法》第二十条的规定，"劳动者在试用期的工资不得低于本单位相同岗位最低档工资或者劳动合同约定工资的80%，并不得低于用人单位所在地的最低工资标准"，如果用人单位违反了该规定，就属于本条第一款第（一）项所规定的违法行为。

国家实行最低工资保障制度。最低工资的具体标准由省、自治区、直辖市人民政府规定，报国务院备案。用人单位支付劳动者的工资不得低于当地最低工资标准。如果低于当地最低工资标准，就属于本条第一款第（二）项所规定的违法行为。

劳动者加班后，用人单位必须支付加班费，如果用人单位违反了该规定，就属于本条第一款第（三）项所规定的违法行为。

《违反和解除劳动合同的经济补偿办法》对用人单位的违法行为也作了相关规定：用人单位克扣或者无故拖欠劳动者工资的，以及拒不支付劳动者延长工作时间工资报酬的，除在规定的时间内全额支付劳动者工资报酬外，还需加发相当于工资报酬25%的经济补偿金。用人单位支付劳动者的工资报酬低于当地最低工资标准的，要在补足低于标准部分的同时，另外支付相当于低于部分25%的经济补偿金。用人单位解除劳动合同后，未按规定给予劳动者经济补偿的，除全额发给经济补偿金外，还须按该经济补偿金数额的50%支付额外经济补偿金。

八十七条 用人单位违反本法规定解除或者终止劳动合同的，应当依照本法第四十七条规定的经济补偿标准的两倍向劳动者支付赔偿金。

第七讲 经济补偿与违约赔偿

本条是关于用人单位违法解除或终止劳动合同所应承担的法律责任的规定。《劳动合同法》的第三十六条、第三十九条、第四十条、第四十一条、第四十二条、第四十四条对用人单位解除或终止劳动合同作出了相关规定，如果单位违反了这些规定，就须承担本条种所规定的法律责任。

用人单位在以下情况中必须要向劳动者支付赔偿金：

（1）在法定解除中用人单位违反法定程序解除劳动合同，例如劳动者不能胜任工作，经过培训或者调整工作岗位，仍不能胜任工作的，用人单位提前30日以书面形式通知劳动者本人或者额外支付劳动者1个月工资后可以解除劳动合同，但用人单位违反了关于期限的规定。

（2）不符合法定解除条件而解除劳动合同，在试用期间用人单位没有证据证明劳动者不符合录用条件而解除合同。

（3）用人单位在不得解除劳动合同的情形中解除合同，例如劳动者患病，在规定的医疗期内，用人单位解除劳动合同。

（4）用人单位自用工之日起超过1个月不满1年未与劳动者订立书面劳动合同的，应当向劳动者每月支付两倍的工资。用人单位违反本法规定不与劳动者订立无固定期限劳动合同的，自应当订立无固定期限劳动合同之日起向劳动者每月支付两倍的工资。

（5）用人单位违反本法规定与劳动者约定试用期的，由劳动行政部门责令改正；违法约定的试用期已经履行的，由用人单位以劳动者试用期满月工资为标准，向劳动者支付赔偿金。

（6）根据《劳动合同法》第八十五条的规定，用人单位未按照劳动合同的约定或者国家规定及时足额支付劳动者劳动报酬的、低于当地最低工资标准支付劳动者工资的、安排加班不支付加班费的、解除或者终止劳动合同，未依照本法规定向劳动者支付经济补偿的，用人单位按应付金额50%以上100%以下的标准向劳动者加付赔偿金。

（7）劳动者"被迫辞职"。根据《最高人民法院关于审理劳动争议案件适用法律若干问题的解释》的规定，用人单位以暴力、威胁或非法限制人身自由的手段强迫劳动的、未按照劳动合同约定支付劳动报酬或提供劳动条件的、克扣或者无故拖欠劳动者工资的、拒不支付劳动者延长工作时间工资报酬的、低于当地最低工资标准支付劳动者工资的，迫使劳动者提出解除劳动合同的，用人单位应支付劳动者的劳动报酬和经济补偿及赔偿金。

二、实务问答

问题1：如何区分经济补偿金、赔偿金和违约金

经济补偿金、赔偿金和违约金三者有本质的区别，我们必须正确区分这三者的关系，理清用人单位和劳动者各自的权利和义务。

经济补偿金是指按照劳动法律规定，在劳动者无过错的情况下，用人单位与劳动者解除或终止劳动关系时，依法应给予劳动者的经济上的补助。其支付标准由法律规定，一般是一次性的以货币形式支付给劳动者，其支付以法律的规定为前提，不以劳动者的实际损失为标准。并且，不管是合法解除合同还是非法解除合同，用人单位都必须向劳动者支付经济补偿金。

违约金是指当事人违反了合同中的约定，应当依照合同的约定或法律的规定，给守约的另一方一定的金钱补偿。例如劳动者甲接受了用人单位A为期半年的技术培训，并与用人单位A签订了为期3年的服务期合同，如果劳动者甲中途离职，就必须赔偿5万元违约金。用人单位只在两种情况下可以与劳动者约定由劳动者承担违约金：一是用人单位为劳动者提供专项培训费用，与该劳动者订立协议，约定服务期。劳动者违反服务期约定的，应当按照约定向用人单位支付违约金。二是劳动者违反竞业限制约定的，应当按照约定向用人单位支付违约金。

赔偿金是指合同当事人一方违反合同约定，而给对方造成损失的，应给予一定的经济赔偿。支付赔偿金必须具备两个特殊条件：一是违约行为确实给对方造成了损失；二是支付违约金后还不足以补偿此损失。

在实践中，必须注意这"三金"的区别。详见表7-2

表 7-2　"三金"的区别

区别	经济补偿金	违约金	赔偿金
定义	按劳动法律规定，在劳动者无过错的情况下，用人单位与劳动者解除或终止劳动关系时，依法应给予劳动者的经济上的补助	合同一方当事人违反了合同中的约定，依照合同约定或法律的规定，给守约一方一定的金钱补偿	合同当事人一方违反合同约定，给对方造成损失的，应给予的一定的经济赔偿
构成要件	不以过错为要件	有违约的事实	违约行为确实给对方造成了损失
约定/法定	法定，可以约定高于法定的数额	分为约定违约金和法定违约金	以实际损失为标准
支付主体	用人单位	用人单位和劳动者双方都可能违约的一方向守约的一方支付	用人单位和劳动者双方都可能违约给对方造成损失的一方
性质	补偿性	具有惩罚性；当约定的违约金高于或低于实际损失时，当事人可以请求法院或仲裁庭予以适当增加或减少	赔偿性
是否并存	可以与赔偿金、违约金并存	两者并存时，"从高原则"	

第一，违约金与赔偿金的区别。违约金一般是在合同中约定的，而赔偿金则是根据实际损失来计算的，具有补偿性。在实践中，实际损失往往与约定的违约金不一致，此时，实践中往往遵循"从高原则"，即如果造成的损失超过违约金，就只支付赔偿金。

第二，经济补偿金与赔偿金的区别。经济补偿金的支付主体只能是用人单位，是用人单位的法定义务，其数额是法律明确规定的，赔偿金是双方当事人违反了法定的或约定的义务应当承担的法律责任，因此，其支付主体既可以是用人单位，也可以是劳动者，而赔偿金的数额根据具体情况确定。

在实践中，经济补偿金与赔偿金是可以并存的。《违反和解除劳动合同的经济补偿办法》第十条规定用人单位解除劳动合同后，未按规定给予劳动者经济补偿的，除全额发给经济补偿金外，还须按该经济补偿金数额的50%支付额外经济补偿金。这里50%支付额外经济补偿金实际上就是赔偿金。

第三，经济补偿金与违约金的区别。经济补偿金是法定的，其支付条件、支付标准都由法律明确规定，不以过错为构成要件，只要满足法律规定的情形，劳动者就可以要求用人单位支付经济补偿金，并且只是用人单位需要向劳动者支付。违约金是约定的，由双方当事人事先在合同中约定，由于违约金是双方约定的，当约定的违约金高于或低于实际损失时，当事人可以请求法院或仲裁庭予以适当增加或减少。

经济补偿金和违约金的性质和功能不相同，两者可以并存。

问题2：劳动者在哪些情况下需要向用人单位支付赔偿金？

《劳动法》第一百零二条规定劳动者违反本法规定的条件解除劳动合同或者违反劳动合同中约定的保密事项，对用人单位造成经济损失的，应当依法承担赔偿责任。

《劳动合同法》第三十七条规定了劳动者的单方面解除权，其条件仅为"提前三十日以书面形式通知用人单位"，"在试用期内提前三日通知用人单位"，劳动者只有在违反提前通知期或者违反劳动合同中约定的保密义务或者竞业限制，给用人单位造成损失的，应当承担赔偿责任。

《违反〈劳动法〉有关劳动合同规定的赔偿办法》第四条规定："劳动者违反规定或劳动合同的约定解除劳动合同，对用人单位造成损失的，劳动者应赔偿用人单位下列损失：（一）用人单位招收录用其所支付的费用；（二）用人单位为其支付的培训费用，双方另有约定的按约定办理；（三）对生产、经营和工作造成的直接经济损失；（四）劳动合同约定的其他赔偿费用。"在实践中，劳动者必须遵守劳动合同的约定，特别是合同中关于合同期限和商业秘密、竞业禁止的规定，如果违反了这些义务，并且给用人单位造成损失的，就要承担赔偿责任。

三、典型事例

事例：劳动者"被迫"辞职的赔偿金问题。

【事件经过】

陈某于2005年3月开始在广告公司工作，公司一直未与陈某签订劳动合同，公司经常要求加班，但并不支付加班工资。2008年劳动合同法实施后，陈某一再要求订立劳动合同，但公司一直推脱，陈某想辞职。如果陈某辞职，是否可以向公司提出索赔？

【点评】

一般情况下，劳动者主动辞职是不能要求经济补偿的，但劳动者"被迫辞职"可以要求经济补偿。用人单位拒绝订立劳动合同以及支付的工资低于最低工资，劳动者因为用人单位这些违法劳动法的行为而主动辞职，可以要求3.5个月工资的经济补偿。

根据《违反和解除劳动合同的经济补偿办法》和《劳动合同法》的规定，对于2008年以前的加班工资，劳动者可以要求公司支付拖欠的加班工资以及加班工资25%的赔偿金；对于2008以后的加班工资，劳动者可以要求公司支付拖欠的加班工资以及加班工资50%～100%赔偿金。

根据《劳动合同法》的规定,陈某可以要求公司支付自 2008 年 2 月 1 日至其辞职时的双倍工资。

第四节 赔偿金的计算方式

一、条文解读

第四十七条 经济补偿按劳动者在本单位工作的年限,每满 1 年支付一个月工资的标准向劳动者支付。六个月以上不满一年的,按一年计算;不满六个月的,向劳动者支付半个月工资的经济补偿。

劳动者月工资高于用人单位所在直辖市、设区的市级人民政府公布的本地区上年度职工月平均工资三倍的,向其支付经济补偿的标准按职工月平均工资三倍的数额支付,向其支付经济补偿的年限最高不超过十二年。

本条所称月工资是指劳动者在劳动合同解除或者终止前十二个月的平均工资。

即赔偿金的具体计算标准是按劳动者在本单位工作的年限,每满一年支付两个月工资的标准向劳动者支付赔偿金。6 个月以上不满 1 年的,按 1 年计算;不满 6 个月的,向劳动者支付 1 个月工资的赔偿金。劳动者月工资高于用人单位所在直辖市、设区的市级人民政府公布的本地区上年度职工月平均工资 3 倍的,向其支付赔偿金的标准按职工月平均工资 3 倍的数额支付,向其支付经济补偿的年限最高不超过 12 年。月工资是指劳动者在劳动合同解除或者终止前 12 个月的平均工资。

二、实务问答

问题:用人单位支付的赔偿金的计算方式是怎样的?

用人单位违法解除或者终止劳动合同的,按劳动者在本单位工作的年限,每满1年支付两个月工资的标准向劳动者支付。6个月以上不满1年的,按1年计算;不满6个月的,支付1个月工资的赔偿金。

用人单位自用工之日起超过1个月不满1年未与劳动者订立书面劳动合同的,应当向劳动者每月支付两倍的工资。用人单位违反本法规定不与劳动者订立无固定期限劳动合同的,自应当订立无固定期限劳动合同之日起向劳动者每月支付两倍的工资。

用人单位违反本法规定与劳动者违法约定的试用期已经履行的,由用人单位以劳动者试用期满月工资为标准,按已经履行的超过法定试用期的期间向劳动者支付赔偿金。

用人单位未按照劳动合同的约定或者国家规定及时足额支付劳动者劳动报酬的、低于当地最低工资标准支付劳动者工资的;安排加班不支付加班费的;解除或者终止劳动合同,未依照本法规定向劳动者支付经济补偿或逾期不支付的,用人单位按应付金额50%以上100%以下的标准向劳动者加付赔偿金。

三、典型事例

事例1:用人单位临时解雇劳动者的赔偿金问题。
【事件经过】

葛某自2006年1月1日起在证券公司工作,月工资3000元,2010年5月15日被公司辞退,原因是"公司进行企业结构调整,没有工作岗位了,须将其辞退",在这种情况下,公司须支付劳动者多少钱?

【点评】

首先,由于公司辞退葛某的理由是公司结构调整,没有工作岗位了,所以应适用《劳动合同法》第四十条第(三)项规定解除劳动合同,须提前30天通知。因公司没有提前30天通知,所以应支付1个月工资3000元的代通知金。其次,葛某5月在公司工作了半个月,公司应支付其半个月的工资1500元。最后,葛某自2006年1月1日起至2010年5月15日,在公司工作了3年4个半月,根据《劳动合同法》第四十七条的规定,公司应向葛某支付3个半月的工资的经济补偿金,即10500元。

因此,用人单位在与葛某解除劳动合同时,必须向其支付3000元+1500元+10500元=15000元。根据《劳动合同法》第八十五条的规定,"用人单位有下列情形之一的……由劳动行政部门责令限期支付劳动报酬、加班费或者经济补偿;劳动报酬低于当地最低工资标准的,应当支付其差额部分;逾期不支付的,责令用人单位按应付金额百分之五十以上百分之一百以下的标准向劳动者加付赔偿金"。如果公司拒不支付或延迟支付,由劳动行政部门责令限期支付后仍不支付,葛某可以要求其补偿6000元×50%到6000元×100%的赔偿金。

事例2:违约金和赔偿金并存的问题。

【事件经过】

李某是投资公司的一名骨干职员,公司决定对李某进行职业培训,提高其技术能力的同时也增强企业的竞争力。李某与公司对职业培训达成了协议:公司为李某支付5万元的培训费,李某与公司签订为期5年的服务合同,如果李某在这5年之内离开公司,需按比例赔偿培训费,并且支付5万元的违约金。李某在公司工作1年后,由于找到了待遇更好的工作,于是向公司提交了辞职申请。公司同意李某的辞职,但要求其支付5万元学费的递减余额4万元和违约金5万元,共9万元。

【点评】

违约金是指劳动者和用人单位中的一方违反了合同的约定,需向守约的另一方承担的经济责任。一般是在合同中预先约定,只要合同内容合法,一般都允许在合同中约定违约金。

用人单位只在两种情况下可以与劳动者约定由劳动者承担违约金:①用人单位为劳动者提供专项培训费用,与该劳动者订立协议,约定服务期;劳动者违反服务期约定的,应当按照约定向用人单位支付违约金。②劳动者违反竞业限制约定的,应当按照约定向用人单位支付违约金。公司为李某支付了培训费,约定了服务期,李某违反了服务期的约定,应当向公司支付违约金。然而,公司要求李某既支付违约金又支付赔偿金,这是不合理的。根据我国法律的规定,违约金和赔偿金并存时,使用"从高原则"。用人单位只能要求其支付二者中数额较高的一个(可要求李某支付违约金5万元)。

事例3:劳动关系跨越新旧法的赔偿金计算问题。

【事件经过】

袁某自2007年6月到快递公司工作以来,公司一直未与袁某签订劳动合同,到2008年4月时,袁某在一次法律咨询活动中得知,根据《劳动合同法》第八十二条的规定"用人单位自用工之日起超过一个月不满一年未与劳动者订立书面劳动合同的,应当向劳动者每月支付两倍的工资。用人单位违反本法规定不与劳动者订立无固定期限劳动合同的,自应当订立无固定期限劳动合同之日起向劳动者每月支付两倍的工资"。于是,袁某认为自己已在该公司工作了10个月,按照该法条的规定,公司应当支付其20个月的工资。公司应当向其支付多少赔偿金?

【点评】

在本事件中,袁某不能要求公司对其支付20个月工资的赔偿金。

根据我国《劳动合同法》的规定,"用人单位自用工之日起满一年不与劳动者订立书面劳动合同的,视为用人单位与劳动者已订立无固定期限劳动合同。""用人单位违反本法规定不与劳动者订立无固定期限劳动合同的,自应当订立无固定期限劳动合同之日起向劳动者每月支付二倍的工资。"在本案中,袁某的确在公司工作了10个月,但袁某并不能完全适用以上条款。

《劳动合同法》是于2008年1月1日开始施行的,因此,袁某不能向快递公司要求20个月工资的赔偿金。

第八讲 劳动合同的特别规定

第一节 集体合同

一、条文解读

第五十一条 企业职工一方与用人单位通过平等协商，可以就劳动报酬、工作时间、休息休假、劳动安全卫生、保险福利等事项订立集体合同。集体合同草案应当提交职工代表大会或者全体职工讨论通过。

集体合同由工会代表企业职工一方与用人单位订立；尚未建立工会的用人单位，由上级工会指导劳动者推举的代表与用人单位订立。

此条是关于集体合同的内容和集体合同的订立方面的规定。

1. 集体合同的内容

集体合同，是指用人单位与本单位职工根据法律法规以及相关规定，就劳动报酬、工作时间、休息休假、劳动安全卫生、职业培训、保险福利等事项，通过集体协商签订的书面协议。1994年的《劳动法》首次规定了集体合同制度。这一制度具有多方面意义：①它有利于劳动者利用集体的力量来与用人单位展开谈判，调整和改善劳动关系；②对于企业来说，集体合同中许多方面的规定适用于全体职工，这有利于降低订立单个劳动合同的成本。[①]

集体合同的内容是用人单位和职工组织经过谈判，协商一致的

[①] 参见程延园《劳动合同法教程》，首都经济贸易大学出版社2009年版，第145页。

结果。具体内容取决于双方的具体要求。劳动合同法对集体合同中应涉及协商的内容进行了列举，包括劳动报酬、工作时间、休息休假、劳动安全卫生、保险福利等事项。此外，根据《集体合同规定》（2004年中华人民共和国劳动和社会保障部令第22号），工会与用人单位还可就"女职工和未成年工特殊保护，职业技能培训，劳动合同管理，奖惩，裁员，集体合同期限，变更、解除集体合同的程序，履行集体合同发生争议时的协商处理办法，违反集体合同的责任，双方认为应当协商的其他内容"进行协商。

2. 集体合同的订立

集体合同的订立有特殊的内容，有别于普通劳动合同。

第一，集体合同的订立主体是用人单位和用人单位的全体劳动者。全体劳动者一方以工会为代表，没有建立工会的，由上级工会指导劳动者推举的代表与用人单位订立。

第二，集体合同的订立过程遵循集体协商原则，即用人单位和劳动者双方各派代表通过集体协商谈判的方式来最终达成集体合同的协议，须遵循平等协商的原则进行。

第三，订立集体合同要采取书面形式。根据《集体合同规定》的规定，集体合同的生效还必须经过法定程序，签订后10日内需送交劳动行政管理部门进行审查，管理部门自收到集体合同文本之日起15日内未提出异议的，集体合同即时生效。

第五十二条 企业职工一方与用人单位可以订立劳动安全卫生、女职工权益保护、工资调整机制等专项集体合同。

第五十三条 在县级以下区域内，建筑业、采矿业、餐饮服务业等行业可以由工会与企业方面代表订立行业性集体合同，或者订立区域性集体合同。

这两条分别对专项集体合同和行业性、区域性集体合同，涉及订立劳动安全卫生、女职工权益保护、工资调整机制等专项集体合同以及县级以下建筑业、采矿业、餐饮服务业等区域性、行业性集体合同的规定。

1. 专项集体合同

集体合同可以分为综合性集体合同和专项集体合同。综合性集体合同是指用人单位与本单位职工就劳动报酬、工作时间、休息休假、劳动安全卫生、保险福利等事项订立的协议。综合性集体合同因涉及方面较多,范围较广,其签订往往会耗时费力且难以达成共识。专项集体合同可以填补这方面的缺陷,它是指用人单位与本单位职工针对集体合同中的某项具体内容订立的专门协议,用来解决实践中更为细致、具体的问题。劳动合同法中列举了三种较为常见和重要的专项集体合同,其主要内容如下(见表8-1)。

表8-1 各类专项集体合同的主要内容

专项集体合同名称	主要内容	参见法律
劳动安全卫生专项集体合同	主要有关于劳动安全卫生责任制、劳动条件和安全技术措施、安全操作规程、作业环境改善、安全设施投入、职业危害预防、安全卫生培训教育、劳保用品发放标准、定期健康检查和职业健康体检等方面的内容	劳动和社会保障部2004年颁布的《集体合同规定》
女职工权益保护专项集体合同	主要有关于女职工的劳动权利,如劳动就业、同工同酬、休息休假、保险福利待遇等;女职工特殊利益,如女职工禁忌劳动保护、"四期"保护、妇科疾病检查、生育待遇等;女职工的政治、文化、教育、发展权利;职业教育、技术培训、晋职晋级、参与企业民主管理,以及双方认为应当协商的其他等方面的内容	2006年全国总工会出台的《关于推进女职工权益保护专项集体合同的意见》

续表 8-1

专项集体合同名称	主要内容	参见法律
工资调整机制专项集体合同	主要关于工资协议的期限，工资分配制度，工资标准和工资分配形式，工资支付办法，变更、解除工资协议的程序，工资协议的终止条件，工资协议的违约责任，双方认为应当协商约定的其他事项等方面的内容	劳动和社会保障部2000年颁布的《工资集体协商试行办法》

专项集体合同的种类并不局限于以上三种，劳动关系当事人可以根据实际需要订立其他类型的专项集体合同。

2. 行业性、区域性集体合同

行业性、区域性集体合同是指由区域、行业工会代表职工与相应的用人单位代表或者用人单位，就劳动报酬、工作时间、休息休假、劳动安全卫生、保险福利等事项进行平等协商所签订的书面协议。行业性、区域性集体合同的范围限于县级以下区域内（包括镇、区、街道、村）的建筑业、采矿业、餐饮服务业等劳动力密集型行业。这些行业劳动者工资报酬较为平均，签订行业性集体合同，有利于建立良好的工资调整机制，提高餐饮服务业劳动者的工资水平。此外，由于同一区域的企业往往具有的行业共同性，在利润和职工工资水平、职业危害状况、劳动者素质等方面均比较接近，可以就某一方面制定具体的、有针对性的共同标准。

普通劳动合同、集体合同与行业性、区域性集体合同之间既有区别又有联系，它们之间的关系可总结如下（表8-2所示）。

表8-2 普通劳动合同、集体合同以及行业性、区域性集体合同的区别与联系

		普通劳动合同	一般集体合同	行业性、区域性集体合同
区别	法律效力不同	不具有扩张效力和优先效力	法律效力高于劳动合同的法律效力，普通劳动合同条款的标准不得低于集体合同的规定，两者出现不一致时，应以集体合同规定的条款为准	扩张和优先效力与一般集体合同相同，但适用范围更广
	生效程序不同	只需要双方合意签订即可，不需要特别的生效程序	集体合同签订后10日内需送交劳动行政管理部门进行审查，劳动部门自收到集体合同文本之日起15日内未提出异议的，集体合同即时生效	生效程序在《劳动合同法》中没有规定，但会有别于一般集体合同
联系		三者都是劳动合同，而后两者都是集体劳动合同。它们都用于调整劳动者和用人单位间的权利义务关系		

第五十四条 集体合同订立后，应当报送劳动行政部门；劳动行政部门自收到集体合同文本之日起十五日内未提出异议的，集体合同即行生效。

依法订立的集体合同对用人单位和劳动者具有约束力。行业性、区域性集体合同对当地本行业、本区域的用人单位和劳动者具有约束力。

此条是关于集体合同的审查、生效及其效力的规定。

1. 集体合同的订立、审查和生效程序

一个集体合同从订立到生效大致要经历代表选举、协商谈判、集体合同草案的通过和签订、劳动行政管理部门的审查、生效及公布这几个阶段，详情可参见如下流程图及解析（图8-1）。

（1）集体合同提出订立和确定协商代表阶段。任何一方均可就签订集体合同或专项集体合同以及相关事宜，以书面形式向对方提出进行集体协商的要求。另一方应当在收到集体协商要求之日起20日内以书面形式给以回应，无正当理由不得拒绝进行集体协商。

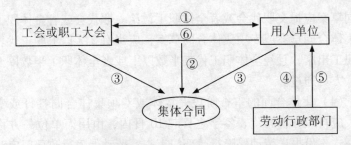

图 8－1　集体合同的订立、审查和生效流程

随后，劳动者和用人单位双方各自选派协商代表，双方的代表人数应当对等，每方至少 3 人，并各确定 1 名首席代表。职工一方的协商代表由本单位工会选派。未建立工会的，由本单位职工民主推荐，并经本单位半数以上职工同意。职工一方的首席代表由本单位工会主席担任。工会主席可以书面委托其他协商代表代理首席代表。工会主席空缺的，首席代表由工会主要负责人担任。未建立工会的，职工一方的首席代表从协商代表中民主推举产生。用人单位一方的协商代表，由用人单位法定代表人指派，首席代表由单位法定代表人担任或由其书面委托的其他管理人员担任。

（2）双方进入谈判协商阶段。代表确定之后，由双方协商代表在遵循集体协商原则的基础上，通过平等协商的方式最终达成合意，产生集体合同的草案。在此期间，集体协商会议由双方首席代表轮流主持，并按下列程序进行：①宣布议程和会议纪律；②一方首席代表提出协商的具体内容和要求，另一方首席代表就对方的要求作出回应；③协商双方就商谈事项发表各自意见，开展充分讨论；④双方首席代表归纳意见，达成一致的，应当形成集体合同草案或专项集体合同草案，由双方首席代表签字。①

（3）集体合同的签订阶段。首席代表签字的集体或专项集体

---

①　参见杨冬梅《从协商民主的角度看集体协商和集体合同立法》，载《工会理论研究（上海工会管理职业学院学报）》2014 年第 6 期，第 5 页。

合同草案应提交职代会或者全体职工讨论。职代会或者全体职工讨论集体合同草案或专项集体合同草案，应当有 2/3 以上职工代表或者职工出席，且经全体职工代表半数以上或者全体职工半数以上同意，方可通过。

（4）集体合同的审查阶段。集体或专项集体合同签订或变更后，应自双方首席代表签字之日起 10 日内，由用人单位一方将文本一式三份报送劳动保障行政部门审查。劳动保障行政部门应对报送的集体合同或专项集体合同的下列事项进行合法性审查：①集体协商双方的主体资格是否符合法律、法规和规章规定；②集体协商程序是否违反法律、法规、规章规定；③集体合同内容是否与国家规定相抵触。

（5）审查结果反馈阶段。劳动保障行政部门自收到文本之日起 15 日内未提出异议的，集体合同或专项集体合同即行生效。有异议的，应当自收到文本之日起 15 日内将《审查意见书》送达双方协商代表。用人单位与本单位职工就劳动保障行政部门提出异议的事项经集体协商重新签订集体合同或专项集体合同的，应再次交由劳动行政管理部门审查。

（6）集体合同生效、公布阶段。合同应当自其生效之日起由协商代表及时以适当的形式向本方全体人员公布。

2. 集体合同的约束力

集体合同具有扩张效力，对用人单位和用人单位的全体劳动者均具有约束力，不论该劳动者的岗位、工作时间等有何差异，只要其具有该单位劳动者的身份，仍在该用人单位提供劳动即可。行业性、区域性集体合同对当地本行业、本区域内所有的用人单位和劳动者都适用，甚至对那些对集体合同有异议的或者集体合同签订后才加入该行业、该区域的用人单位也适用。此外，集体合同还具有最低保障功能，即集体合同中的相关标准只是该集体合同生效范围内的最低标准，如果单个劳动合同的标准高于集体合同规定，仍应适用单个劳动合同中约定的标准；基于集体合同的规范效力，它可以直接并强制性的对劳动者和用人单位之间的个别劳动法律关系发生效力，并成为个别劳动关系的内容；在个别劳动争议案件中，劳动者和用人单位可以直接依据集体合同的内容提出请求。①

第五十五条 集体合同中劳动报酬和劳动条件等标准不得低于当地人民政府规定的最低标准；用人单位与劳动者订立的劳动合同中劳动报酬和劳动条件等标准不得低于集体合同规定的标准。

此条是关于集体合同中劳动报酬和劳动条件等最低标准与集体合同的效力的规定，规定了两个"不低于"标准：

1. 集体合同标准不低于当地政府规定的最低标准

由于全国各地经济发展极不平衡，不同地区的工资水平差异较大，法律法规规定了由各地政府自行根据自身实际水平制定劳动报酬和劳动条件等的最低标准，一般以法规或规章的形式出现，这个最低标准对于企业和劳动者具有约束力。最低标准是法律规定的"底线"，集体合同中涉及劳动报酬和劳动条件等的标准不能低于当地政府规定的最低标准，否则合同无效。集体合同生效后，如果当地的最低标准提高，从而高于集体合同约定标准的，集体合同中的相关标准也应当相应变更、予以提高，否则无效。以广州市为例，如果某单位于2007年8月订立的集体合同中规定的月工资标准是820元，高于当地政府规定的最低工资标准760元，该合同有效。但2008年4月1日，广州市的最低工资标准上调至860元，此时该单位就应当作出相应的调整。

2. 劳动合同的标准不低于集体合同的标准

集体合同对于本企业全部劳动合同都具有约束力，适用于该企业的全体职工，不论他是在集体合同签订之前进入该企业还是在集体合同签订之后进入，只要他具有该企业职工的身份即应适用。集体合同的法律效力还高于劳动合同。如果集体合同中有的内容是单

---

① 参见沈建峰《论集体合同对劳动者和用人单位的效力》，载《西南民族大学学报（人文社会科学版）》2012年第9期，第99页。

个的劳动合同未涉及的,这些内容对劳动者和企业也是有约束力的;如果集体合同中的有关标准高于具体劳动合同的,应由集体合同中的标准代替劳动合同中的标准。

第五十六条 用人单位违反集体合同,侵犯职工劳动权益的,工会可以依法要求用人单位承担责任;因履行集体合同发生争议,经协商解决不成的,工会可以依法申请仲裁、提起诉讼。

本条是关于工会监督集体合同履行以及纠纷解决途径的规定。

1. 工会对集体合同履行的监督

集体合同生效后,工会对用人单位履行集体合同的情况应该进行监督,发现违反集体合同的有关约定,以及侵犯职工劳动权益的,工会作为劳动者的代表组织,可以依法要求用人单位承担责任。

2. 集体合同履行纠纷的解决

对履行集体合同中发生的争议,工会可以先代表职工与用人单位进行协商解决。协商不成的,工会可以依法申请仲裁或者提起诉讼。

3. 集体合同的变更、解除和终止

双方协商代表协商一致,可以变更或解除集体合同或专项集体合同。有下列情形之一的,可以变更或解除集体合同或专项集体合同:①用人单位因被兼并、解散、破产等原因,致使集体合同或专项集体合同无法履行的;②因不可抗力等原因致使集体合同或专项集体合同无法履行或部分无法履行的;③集体合同或专项集体合同约定的变更或解除条件出现的;④法律、法规、规章规定的其他情形。

集体合同或专项集体合同期限一般为 1～3 年,期满或双方约定的终止条件出现,即行终止。集体合同或专项集体合同期满前 3 个月内,任何一方均可向对方提出重新签订或续订的要求。

二、实务问答

问题 1：老王被选为职工一方代表参加集体合同的谈判，在谈判期间他与用人单位的劳动合同正好到期了，这时该怎么处理呢？

《集体合同规定》第二十八条规定，职工一方协商代表在其履行协商代表职责期间劳动合同期满的，劳动合同期限自动延长至完成履行协商代表职责之时，除出现下列情形之一的，用人单位不得与其解除劳动合同：①严重违反劳动纪律或用人单位依法制定的规章制度的；②严重失职、营私舞弊，对用人单位利益造成重大损害的；③被依法追究刑事责任的。

职工一方协商代表履行协商代表职责期间，用人单位无正当理由不得调整其工作岗位。

问题 2：在订立集体合同的过程中，如果双方因意见不和而发生集体协商争议应该怎么办？

根据《集体合同规定》的有关规定，集体协商过程中发生争议，首先应通过协商解决；双方当事人不能协商解决的，当事人一方或双方可以书面向劳动保障行政部门提出协调处理申请；未提出申请的，劳动保障行政部门认为必要时也可以进行协调处理。劳动保障行政部门应当组织同级工会和企业组织等三方面的人员，共同协调处理集体协商争议。集体协商争议处理实行属地管辖。中央管辖的企业以及跨省、自治区、直辖市用人单位因集体协商发生的争议，由劳动保障部指定的省级劳动保障行政部门组织同级工会和企业组织等三方面的人员协调处理，劳动保障部门也可以组织有关方面协调处理。

三、典型事例

事例 1：工会主席未经集体协商签订"集体合同"的效力问题。

【事件经过】

丘某（单位工会主席）任职期间代表工会与该公司签订了一份《集体合同协议书》，该协议书规定：本公司职工有义务随时依据公司的需要临时加班，公司支付加班工资，加班工资与平时工资相同。随后，该公司以履行"集体合同"为由，多次要求公司职工无条件临时加班，并且不得拒绝。据该公司职工称，该协议根本没有经过工会组织或全体职工大会的通过，也没有报送相关部门进行审批。用人单位的这种做法引起了劳动者的普遍不满，但又不知如何解决。

【点评】

工会主席丘某与公司所签订的《集体合同协议书》不具有法律拘束力。

集体合同的订立要经过严格的程序。它应由职工一方与用人单位来共同签订。根据《劳动合同法》第五十一条和《集体合同规定》的相关规定：集体合同应由工会代表企业职工一方与用人单位订立；尚未建立工会的用人单位，由上级工会指导劳动者推举的代表与用人单位订立。在订立集体合同时，双方各派不少于3人的等额代表参加集体协商，经过双方谈判，共同制定出集体合同的草案，并由双方首席代表签字，其中职工一方的首席代表一般由工会主席担任。签字后的集体合同草案还需要经过职工代表大会或者全体职工讨论通过。最后，用人一方还要在集体合同签字之日起10日内将集体合同文本报送劳动保障部门审查，该部门自收到文本之日起15日内未提出异议的，集体合同才即行生效。

从本事件的情况来分析，丘某与公司所签订的协议书根本没有经过正常、合法的程序，尽管他本身具有工会主席的身份，但他不具有独自代表全体职工与用人单位签订集体合同的资格。而且，该协议书在签订之后也没有经过职工代表大会或全体职工讨论通过，更加没有报送劳动保障部门审批，因此根本不可能产生任何法律效力，自然对公司劳动者也不具有任何约束力。

在实践中有可能出现用人单位或劳动者因为不清楚集体合同的

概念和性质而用"集体合同"对本单位和劳动者作出不合理的安排。用人单位和劳动者双方都应对集体合同制度有更清晰的认识。

事例2：集体合同效力的扩张问题。

【事件经过】

李某于2008年5月进入某模具制造企业担任技术工人，他与该企业签订的为期两年的固定期限劳动合同中规定：试用期3个月，试用期间工资800元；如果试用合格，以后每月工资1000元。李某在该企业工作半年后得知，该企业职工于2007年10月与用人单位签订的集体合同中明确规定：本企业职工的最低月工资为1200元。另据了解，该地人民政府于2008年4月公布了当地最低月工资标准是不得低于860元。于是李某向用人单位提出此后应当按照集体合同的标准发放工资。但用人单位认为该劳动者在签订劳动合同之时还不是本企业职工。该劳动合同自身就表明了李某已经放弃了要求实行集体合同标准的权利。用人单位拒绝了李某的请求。无奈之下，李某向当地劳动争议仲裁委员会提请仲裁。

【点评】

本案中企业的做法中至少以下几方面是不符合法律规定的：

第一，在与劳动者订立的劳动合同的内容很多都违反了法律的强制性规定。劳动合同期限1年以上不满3年的，试用期不得超过两个月。本案中该企业与李某只订立了两年期的固定期限劳动合同，却规定了3个月的试用期，显然不符合法律的相关规定。

第二，关于试用期期间的工资已经低于当地政府制定的最低标准860元。劳动者可以要求该企业支付差额部分。逾期不支付的，由劳动部门责令其按应付金额50%以上100%以下的标准向劳动者加付赔偿金。

第三，用人单位拒绝李某的要求也是错误的，其理由不能成立。集体合同不同于普通的劳动合同之处在于它具有扩张性，它的效力也高于单个的劳动合同的效力。集体合同一旦生效就对用人单位的全体职工发生效力，不管该职工是在集体合同签订之前还是签订之后进入企业的，均一律适用。同时，集体合同中的标准是本企业中的最低标准，单个劳动合同的标准只能高于而不能低于集体合同中的标准，否则就是无效的。

第二节 劳务派遣

一、条文解读

第五十七条 经营劳务派遣业务应当具备下列条件：

（一）注册资本不得少于人民币二百万元；

（二）有与开展业务相适应的固定的经营场所和设施；

（三）有符合法律、行政法规规定的劳务派遣管理制度；

（四）法律、行政法规规定的其他条件。

经营劳务派遣业务，应当向劳动行政部门依法申请行政许可；经许可的，依法办理相应的公司登记。未经许可，任何单位和个人不得经营劳务派遣业务。

此条是关于劳务派遣单位设立条件的规定。

1. 劳务派遣

劳务派遣是一种新兴的特殊用工形式，它是指劳务派遣机构受特定企业委托招聘员工，并与员工签订劳动合同，将其派遣到企业工作，员工的劳动过程由企业管理，其工资、福利、社会保险费等由企业提供给派遣机构，再由派遣机构支付给员工，并为员工办理社会保险登记和缴费等项事务的一种用工形式。① 劳务派遣这种用工方式涉及的主体有三方：劳务派遣单位、被派遣劳动者以及用工单位，三方的法律关系较为特殊。劳务派遣单位与被派遣劳动者之

---

① 参见董保华《论劳务派遣立法中的思维定势》，《苏州大学学报（哲学社会科学版）》2013年第3期，第61页。

间是劳动关系；劳务派遣单位与用工单位之间是劳务派遣的协议关系；而被派遣劳动者与用工单位之间本质上是劳动力的使用和被使用关系，他们之间并非劳动关系。

在我国，劳务派遣的产生和发展具有特殊性。用人单位青睐劳务派遣这一用工方式主要是为了达到廉价用工、降低劳动力支出成本的目的。在实践中也常常产生一些相应的问题，如有些劳务派遣公司随意克扣劳务派遣工工资，劳务派遣工与用工单位正式员工同工不同酬，劳务派遣工长期在用工单位却得不到正常晋升和工资增长，以及有些用工单位为降低成本而滥用劳务派遣等情形。然而，不可否认的是，劳务派遣具有为用人单位降低人力资源管理成本、税收成本、解约成本等优点，方便企业管理和集中精力进行专业化生产，在竞争中发挥自身优势的作用。

2. 劳务派遣单位的设立条件

《劳动合同法》实施后劳务派遣用工的数量呈现"井喷"态势，出现了很多用人单位滥用劳务派遣的现象，扰乱了正常的人力资源市场。旧法对从事劳务派遣业务的机构和单位准入标准不严，导致从事有关业务的很多机构的资格和能力都难以保障，劳动者权益往往因有关单位能力不足而得不到保障。①

面对这种情况，《劳动合同法》提高劳务派遣公司的设立门槛，设定行政许可。

第一，劳务派遣单位的注册资本不能少于200万元。一般来说，公司的注册资本代表着一个公司的信用资产，也决定着该公司承担责任能力的大小。对公司债权人来说，注册资本也是其债权得以实现的一种保障，因此，对劳务派遣单位注册资本规定一个较高的市场准入条件，有利于剔除一些规模过小、实力严重不足的劳务

---

① 参见苏应生、陈春梅《浅析〈劳动合同法（修正案）〉对劳务派遣的影响》，载《中国劳动》2013年第2期，第17页。

派遣单位，有利于保障劳动者权利。①

第二，劳务派遣公司要经许可。经营劳务派遣业务，应当向劳动行政部门依法申请行政许可，经许可的，依法办理相应的公司登记；未经许可，任何单位和个人不得经营劳务派遣业务。这种明确要求对经营劳务派遣业务实行行政许可的做法，实际上是采用了国际惯例的许可制设立原则。这种"经营门槛"的提高，也会带来劳务派遣行业的重新洗牌，促使小型劳务派遣公司寻求业务转型与升级，促使大型的、规范经营的劳务派遣公司进一步提升自己的业务能力和专业化水平，从而促进整个劳务派遣行业的整合提升。

对不具备合法经营资格的用人单位的违法犯罪行为，应依法追究法律责任；劳动者已经付出劳动的，该单位或者其出资人应当依照本法有关规定向劳动者支付劳动报酬、经济补偿、赔偿金；给劳动者造成损害的，应当承担赔偿责任。本条规定也应适用于不具备经营资格的劳务派遣单位。

劳务派遣中涉及三方主体：劳务派遣单位、被派遣劳动者以及实际用工单位。它们的关系可以简单地用下图来表示（图8-2）。

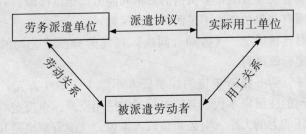

图8-2 劳务派三方主体的关系示意

第五十八条 劳务派遣单位是本法所称用人单位，应当履行用人单位对劳动者的义务。劳务派遣单位与被派遣劳

---

① 参见章慧琴《劳务派遣的法律规制研究——对〈劳动合同法〉修正案的解读与反思》，载《杭州师范大学学报（社会科学版）》2013年第2期，第117页。

动者订立的劳动合同，除应当载明本法第十七条规定的事项外，还应当载明被派遣劳动者的用工单位以及派遣期限、工作岗位等情况。

劳务派遣单位应当与被派遣劳动者订立2年以上的固定期限劳动合同，按月支付劳动报酬；被派遣劳动者在无工作期间，劳务派遣单位应当按照所在地人民政府规定的最低工资标准，向其按月支付报酬。

此条是关于劳务派遣单位与被派遣劳动者的关系以及它们之间签订的劳动合同的内容的规定。

1. 劳务派遣单位被派遣劳动者的关系

《劳动合同法》明确了劳务派遣单位和被派遣劳动者之间签订劳动合同，属于劳动关系，那么，作为用人单位一方的劳务派遣单位就必须承担《劳动法》及《劳动合同法》中相关的义务和责任。

2. 劳务派遣合同的内容

第一，对于劳动合同的必备条款，《劳动合同法》第五十八条第一款规定，劳务派遣单位与被派遣劳动者订立的劳动合同，除应当载明本法第十七条规定的事项外，还应当载明被派遣劳动者的用工单位以及派遣期限、工作岗位等情况。

第二，对于期限和报酬支付，劳务派遣单位应当与被派遣劳动者订立两年以上的固定期限劳动合同，按月支付劳动报酬。劳务派遣单位与被派遣劳动者签订的劳动合同只能是最低年限为两年以上的固定期限劳动合同，也可以包括无固定期限的劳动合同，立法的目的在于增加劳动者与劳务派遣单位之间劳动关系的稳定性。

第三，劳务派遣单位应当按月支付工资，并且在被派遣劳动者没有工作期间，仍然要支付劳动者当地人民政府所规定的最低工资以确保劳动者的基本生活得以保障。

第五十九条 劳务派遣单位派遣劳动者应当与接受以劳务派遣形式用工的单位（以下称用工单位）订立劳务派遣协议。劳务派遣协议应当约定派遣岗位和人员数量、派遣期限、劳动报酬和社会保险费的数额与支付方式以及违反协议的责任。

用工单位应当根据工作岗位的实际需要与劳务派遣单位确定派遣期限,不得将连续用工期限分割订立数个短期劳务派遣协议。

此条是关于劳务派遣单位与用工单位应当签订劳务派遣协议、协议内容以及用工单位不得将连续用工期限分割订立数个短期劳务派遣协议这两方面的规定。

1. 劳务派遣协议

劳务派遣协议是派遣劳动者的劳务派遣单位同接受被派遣劳动者的实际用工单位之间签订的关于如何用工以及双方在这一过程中各自对劳动者应该承担的责任和义务的约定。劳务派遣协议不仅对劳务派遣单位和用工单位之间的权利义务关系的约定具有重要意义,对于被派遣劳动者的切身利益也是非常重要的。

劳务派遣协议性质上属于民事合同。协议中,要明确约定派遣岗位和人员数量、派遣期限、劳动报酬和社会保险费的数额与支付方式以及违反协议的责任等内容。这些约定有利于明确派遣单位与接受以劳务派遣形式用工的单位的权利义务,有利于劳动者合法劳动权益的保护,也有利于和谐、稳定劳动关系的构建和发展。

2. 禁止将连续用工期限分割订立数个短期劳务派遣协议

在订立劳务派遣协议时,用工单位与劳务派遣单位应当遵循实际需要的原则来确定派遣期限,不允许将连续用工期限分割订立数个短期劳务派遣协议。劳务派遣只能适用于临时性岗位,其期限肯定较短。超过一定期限的岗位,不能被认定为临时性岗位,依法不应当使用劳务派遣用工,有关岗位应聘用正式的内部的劳动者。

3. 劳务派遣单位和用人单位违反法律规定应承担的责任

按照《劳动合同法》的规定,劳务派遣单位违反本法规定的,由劳动行政管理部门和其他有关主管部门责令改正;情节严重的,以每人1000元以上5000元以下的标准处以罚款,并由工商行政管理部门吊销营业执照；给被派遣劳动者造成损害的，劳务派遣单位与用工单位承担连带赔偿责任。本条是对劳务派遣单位违反法律规定应承担的责任的明确规定。如果用人单位在劳务派遣过程中违反《劳动合同法》规定的，首先由劳动行政管理部门对其进行相应的处理，如果行动严重的，还要受到罚款和吊销营业执照的行政处罚，同时对因其违法行为而给劳动者造成的损害还要承担赔偿责任。用工单位对劳动者要同用人单位一同承担连带责任。这样的规定对于用工单位来说是更为严厉的。立法者希望通过对用工单位责任的规定达到用工单位在保证自身合法用工的同时，对劳务派遣单位向劳动者履行义务的情况进行一定的了解和监督。

第六十条 劳务派遣单位应当将劳务派遣协议的内容具有告知被派遣劳动者。劳务派遣单位不得克扣用工单位按照劳务派遣协议支付给被派遣劳动者的劳动报酬。

劳务派遣单位和用工单位不得向被派遣劳动者收取费用。

1. 劳务派遣单位对劳动者的劳务派遣协议内容告知义务

劳务派遣单位对劳动者有告知协议内容的义务，劳务派遣单位不得擅自对劳动者隐瞒和更改与用工单位协议的内容。劳务派遣协议的内容直接关系到劳动者的切身利益，劳动者对其内容当然有知情了解的权利。告知的范围应该包括：派遣岗位、派遣期限、劳动报酬、社会保险等涉及劳动者切身利益的方面。

2. 劳务派遣单位不得克扣劳动者劳动报酬

劳务派遣单位在发放劳动报酬时，不能随意更改协议规定的被派遣劳动者的劳动报酬标准，不能克扣用工单位依照劳务派遣协议支付给被派遣劳动者的报酬，不能向被派遣劳动者收取费用，也不能通过克扣或减少被派遣劳动者劳动报酬的方法变相向劳动者收取劳务派遣费用；用工单位向劳务派遣单位支付的劳务派遣管理等费用的，必须在支付给被派遣劳动者劳动报酬外另行规定和支付。

3. 劳务派遣单位和用人单位不得向劳动者收取费用

在劳务派遣三方的关系中，劳动者通过与劳务派遣单位签订劳动合同建立劳动关系,劳务派遣单位与用工单位签订劳务派遣协议,被派遣劳动者通过在用工单位提供劳动而获得劳动报酬是正当合法的,劳务派遣单位则通过管理活动获取相应报酬。劳务派遣单位和用工单位不得以任何理由向劳动者收取费用。根据《劳动合同法》第八十四条的规定,如果劳务派遣单位和用工单位违反法律的规定,以担保或者其他名义向劳动者收取财物的,由劳动行政管理部门责令限期退还劳动者本人,并以每人500元以上2000元以下的标准处以罚款;给劳动者造成损害的,应当承担赔偿责任。

第六十一条 劳务派遣单位跨地区派遣劳动者的,被派遣劳动者享有的劳动报酬和劳动条件,按照用工单位所在地的标准执行。

此条是关于跨地区派遣劳动者报酬支付的规定。

由于我国经济发展的地区不平衡性,劳务派遣往往会由经济较落后而劳动力相对过剩的地区向经济较为发达但劳动力相对短缺的地区进行,用工单位所在地区的劳动报酬和劳动条件一般要优于劳务派遣单位所在地区。劳动报酬和劳动条件的差距为某些用工单位和劳务派遣单位所利用,从而减低用工的成本。在较高工资水平的地方工作,也只能拿到参照低工资水平地区的工资,显然对劳动者不公平。例如,被派遣劳动者从甲地被派遣到乙地务工,如果乙地的劳动报酬标准比甲地高,那么劳务派遣单位与用工单位就应当以乙地区的标准签订协议,按乙地标准支付被派遣劳动者的报酬。

第六十二条 用工单位应当履行下列义务:

(一)执行国家劳动标准,提供相应的劳动条件和劳动保护;

(二)告知被派遣劳动者的工作要求和劳动报酬;

(三)支付加班费、绩效奖金,提供与工作岗位相关的福利待遇;

(四)对在岗被派遣劳动者进行工作岗位所必需的

培训；

（五）连续用工的，实行正常的工资调整机制。

用工单位不得将被派遣劳动者再派遣到其他用人单位。

此条是主要规定了用工单位在使用被派遣劳动者时应尽的五个义务以及对用工单位对劳动者进行再派遣的禁止。

1. 用工单位对被派遣劳动者的义务

在劳务派遣关系中，用工单位与被派遣劳动者不存在劳动关系。由于劳务派遣用工方式的这种特殊性，造成在实践中劳动者与劳务派遣单位和用工单位之间的"有关系无劳动，有劳动无关系"的情况，使《劳动法》等直接规范劳动关系双方当事人权利义务的法律不能直接适用于用工单位。

用工单位对被派遣劳动者承担五大义务：

（1）提供劳动条件和劳动保护的义务。被派遣劳动者在用工单位提供的劳动场所、劳动环境工作，用工单位有责任按照国家劳动标准，为被派遣劳动者提供相应的劳动条件和劳动保护，以保障被派遣劳动者工作过程的安全和健康。

（2）告知义务。用工单位要将对被派遣劳动者的工作要求和劳动报酬告知劳动者。本款规定是对《劳动合同法》第六十条中劳务派遣对被派遣劳动者告知义务的一种补充，但此处对工作要求的告知比劳务派遣单位告知的内容应当更加具体，是对劳动者在用工单位到底如何工作进行的详细安排。明确用工单位的告知义务可以有效地保护被派遣劳动者的合法权益。

（3）支付加班费、绩效奖金，提供与工作岗位相关的福利待遇的义务。第二款中的劳动报酬仅指劳动者在用工单位的工作岗位付出劳动后所应得的工资。因此，如果进行了加班工作，劳动者有权获得相应的加班费，支付标准应当依据相关法律的要求来确定。所谓绩效奖金，是一个时期或者一项任务的完成而按照劳动者劳动绩效计算、发放的奖金，只能根据劳动者具体的工作情况来确定。

绩效奖金和提供与工作岗位相关的福利待遇是劳务工与用工单位其他职工同工同酬的体现,也应当是用工单位应负的义务之一。

(4)必需的培训义务。如果用工单位为劳动者安排的工作生产任务对劳动者工作能力有更高要求时,用工单位有责任对被派遣劳动者进行工作岗位所必需的培训,以使其符合工作岗位要求。

(5)连续用工的,实行正常的工资调整机制。根据有关规定,被派遣劳动者的工资随着工作时间的长短,按照工资调整机制得到提高,确保劳动者因长期工作而享有提升工资的权利。

2. 对用工单位再派遣的禁止

用工单位应当按照劳务派遣协议使用被派遣劳动者,如果用工单位可以将劳动者再派遣到其他用人单位,则有可能改变原来劳务派遣协议的内容,这不利于对被派遣劳动者利益的保护。且从法律对派遣单位的主体要求来看,只有注册资本超过50万元的劳务派遣公司才有进行劳务派遣的资格,而用工单位,无论其注册资本有多少,都不能成为实施劳务派遣的机构。法律对劳务派遣单位的主体身份有严格的要求,并非所有的企业或单位都具有进行劳务派遣的资格。对于用工单位对劳动者进行再派遣的禁止,再一次强调了对劳务派遣单位主体资格的严格要求。

第六十三条 被派遣劳动者享有与用工单位的劳动者同工同酬的权利。用工单位应当按照同工同酬原则,对被派遣劳动者与本单位同类岗位的劳动者实行相同的劳动报酬分配办法。用工单位无同类岗位劳动者的,参照用工单位所在地相同或者相近岗位劳动者的劳动报酬确定。

劳务派遣单位与被派遣劳动者订立的劳动合同和与用工单位订立的劳务派遣协议,载明或者约定的向被派遣劳动者支付的劳动报酬应当符合前款规定。

本条是关于被派遣劳动者在用工单位享有同工同酬权的规定。

同工同酬一直是我国劳动法的一项原则性规定,它是指用人单位对于从事相同工作,付出等量劳动且取得相同劳动成绩的劳动者，应支付同等的劳动报酬。有的被派遣劳动者与正式工工作量相同，劳动报酬却低很多，这显然不公平。劳务派遣问题实质上是本应作为补充性用工形式的劳务派遣，却被滥用为低成本、歧视性、主流化的用工形式。在规模大、主流化与同工不同待遇之间，以同工不同酬为主要表现的同工不同待遇是更具有根本性的问题。正因为同工不同待遇，劳务派遣的大规模和主流化才具有不正当性，才会诱使用工单位选择劳务派遣来降低用工成本，从而导致劳务派遣的大规模和主流化。若不存在同工不同待遇问题，也就不会有劳务派遣的大规模和主流化问题。① 这里的"同工"是指同类岗位，而不是同样资历等。为避免用工单位同类岗位全部使用被派遣劳动者而使上述因缺乏内部劳动者作为比照标准而归于无法执行，用工单位在同类岗位上没有安排内部劳动者，则参照用工单位所在地相同或者相近岗位劳动者的劳动报酬确定。

"同类岗位同酬"并不意味着收入上完全不能有所区别。即使是同类岗位，劳动者之间基于工龄、学历、经验、表现、技能、努力、责任和工作条件等的不同而存在劳动报酬的差别是不可否认的，法律仍然给予用工单位合理安排自身内部工资报酬制度的自由，如具体评判标准可通过内部规章制度来进行规范。只要这样的差别是建立在合理和制度公开的基础之上就是法律所认可的。

第六十四条 被派遣劳动者有权在劳务派遣单位或者用工单位依法参加或者组织工会，维护自身的合法权益。

此条是关于被派遣劳动者参加工会的权利的规定。

工会是劳动者的自治组织，依法参加和组织工会是劳动者的基本权利。对劳动者来说，工会是可以在其权利受到侵害时寻求有力保护的组织。用工单位一般认为被派遣劳动者与自己仅仅建立短期的劳动服务关系，从而将其与正式员工区别对待，而用工单位的工

---

① 参见王全兴、杨浩楠《试论劳务派遣中的同工同酬——兼评 2012 年〈劳动合同法修正案〉》，载《苏州大学学报》2013 年第 3 期，第 62 页。

会也大多认为被派遣劳动者与本单位并不存在劳动关系,不是本单位的劳动者,且由于涉及福利待遇、会籍管理等因素,一般不会吸纳被派遣劳动者加入工会。被派遣劳动者与劳务派遣单位是劳动关系,如果被派遣劳动者单位已经组织了工会,劳动者当然可以加入。劳动者可以加入其被派遣单位的工会组织,为被派遣劳动者要求用工单位工会维护其作为劳动者的合法权益提供了基础,也充分保障了劳动者依法参加和组织工会的基本权利。

第六十五条 被派遣劳动者可以依照本法第三十六条、第三十八条的规定与劳务派遣单位解除劳动合同。

被派遣劳动者有本法第三十九条和第四十条第(一)项、第(二)项规定情形的,用工单位可以将劳动者退回劳务派遣单位,劳务派遣单位依照本法有关规定,可以与劳动者解除劳动合同。

此条是关于被派遣劳动者依法解除劳动合同的条件、用工单位将被派遣劳动者退回劳务派遣单位的条件以及劳务派遣单位与劳动者解除劳动合同的规定。

1. 被派遣劳动者依法解除劳动合同的条件

按照《劳动合同法》第三十六条规定,用人单位与劳动者协商一致,可以解除劳动合同。同时,《劳动合同法》第三十八条规定了劳动者可以单方解除劳动合同的情形:①未按照劳动合同约定提供劳动保护或者劳动条件的;②未及时足额支付劳动报酬的;③未依法为劳动者缴纳社会保险费的;④用人单位的规章制度违反法律、法规的规定,损害劳动者权益的;⑤因本法第二十六条第一款规定的情形致使劳动合同无效的;⑥法律、行政法规规定劳动者可以解除劳动合同的其他情形。

用人单位以暴力、威胁或者非法限制人身自由的手段强迫劳动者劳动的,或者用人单位违章指挥、强令冒险作业危及劳动者人身安全的,劳动者可以立即解除劳动合同,不需事先告知用人单位。

被派遣劳动者与劳务派遣单位解除劳动合同的条件和一般劳动

关系中解除劳动合同的条件是相同的。

2. 用工单位将被派遣劳动者退回及用人单位解除劳动合同的条件

被派遣劳动者与用工单位之间虽然不存在劳动关系,但是双方并不能随意终止与对方的关系。如果需要结束劳务派遣用工关系,必须具备法定条件,且应遵守必要的程序。

有下列情形之一的,用人单位可以解除劳动合同:①在试用期间被证明不符合录用条件的;②严重违反用人单位规章制度的;③严重失职,营私舞弊,给用人单位造成重大损害的;④劳动者同时与其他单位建立劳动关系,对完成本单位的工作任务造成严重影响,或经用人单位提出,拒不改正的;⑤劳动合同无效的;⑥被依法追究刑事责任的。

有下列情形之一的,用人单位提前30日以书面形式通知劳动者本人并额外支付劳动者1个月工资后,可以解除劳动合同:①劳动者患病或者非因工负伤,在规定的医疗期满后不能从事原工作,也不能从事由用人单位另行安排的工作的;②劳动者不能胜任工作,经过培训或者调整工作岗位,仍不能胜任工作的。

用工单位退回被派遣劳动者只能是因为劳动者不符合录用条件或者严重违纪违法,以及不胜任工作等情形。除此之外,用工单位不能随意终止双方关系。

第六十六条 劳动合同用工是我国的企业基本用工形式。劳务派遣用工是补充形式,只能在临时性、辅助性或者替代性的工作岗位上实施。

前款规定的临时性工作岗位是指存续时间不超过六个月的岗位;辅助性工作岗位是指为主营业务岗位提供服务的非主营业务岗位;替代性工作岗位是指用工单位的劳动者因脱产学习、休假等原因无法工作的一定期间内,可以由其他劳动者替代工作的岗位。

用工单位应当严格控制劳务派遣用工数量,不得超过

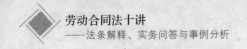

其用工总量的一定比例,具体比例由国务院劳动行政部门规定。

此条是关于劳务派遣实施范围的规定。

本条规定了劳务派遣的适用范围,即:劳务派遣只能在临时性、辅助性或者替代性的工作岗位上实施。在那些长期性、主业性和非替代性的工作岗位上不得实施劳务派遣。此条规定目的在于防止用人单位为降低成本而利用这一用工形式。

临时性工作岗位,是指存续时间不超过6个月的岗位。凡属一个单位长期性、持续性的工作岗位,只要存续时间超过6个月,这样的岗位不能使用劳务派遣劳动者,如一个生产经营性企业内的生产线上的工作岗位、一个企业内的财务或人力资源管理岗位等等。

辅助性工作岗位,是指为主营业务岗位提供服务的非主营业务岗位。如一个从事制造业生产的企业,其为员工提供膳食的食堂内的工作岗位,即属于非主业性质的、辅助性的工作岗位,这些岗位依法可使用劳务派遣劳动者,而这个企业内生产线上的各个工作岗位,则不应当被认定为辅助性工作岗位。

替代性工作岗位,指用工单位的劳动者因脱产学习、休假等原因无法工作的一定期间内,可以由其他劳动者替代工作的岗位。当某个劳动者暂时退出工作和劳动过程时,用人单位会临时产生对劳动者的需求,需要找一个"替工"完成其工作任务,这时可以适用劳务派遣制度。一旦原劳动者回到原工作岗位,临时代替他的那个劳动者则须退出。

第六十七条 用人单位不得设立劳务派遣单位向本单位或者所属单位派遣劳动者。

此条是关于用人单位不得自行实施劳务派遣的规定。

有的企业为了降低用工成本,将一些原来的正式职工以改制名义,分流到本企业设立的劳务派遣公司,然后又以劳务派遣公司的名义派遣到原岗位。有的企业将内设的劳动管理机构又挂一个劳务派遣公司的牌子,将招用的员工以劳务派遣公司的名义派遣到所属企业，将一个本来完整的劳动关系人为地分割开。这既不利于劳动者合法权益的保护，又不利于和谐稳定劳动关系的构建和发展，给劳务派遣的发展造成了消极影响。

所属单位可以理解为母公司与子公司的关系、集团公司与下属公司的关系，或具有关联性质的公司关系，这是针对解决劳务派遣中出现的不正常的现象而作出的。

二、实务问答

问题1：李某是一家劳务派遣公司派遣到公司来的，工资该怎么发放？

用工单位应当根据其与劳务派遣单位签订的《劳务派遣协议》的约定，按月管理和考核派遣员工的工作情况，确定派遣员工应发工资总额、社保经费、加班费、个人所得税、住房公积金等，每月底划拨到劳务派遣机构的财务账上，并由劳务派遣机构发放全部被派遣员工的工资、扣除个人所得税、代扣社会保险金。

问题2：被派遣员工蔡某在用工单位工作，他觉得自己的工作有一定的危险性，想知道自己的安全应如何保障，如果发生工伤事故应该怎么办？

按照《劳动合同法》第六十二条的规定，用工单位"执行国家劳动标准，提供相应的劳动条件和劳动保护"是其应当对劳动者履行的法定义务。

劳务派遣机构作为劳动者的用人单位，也应当定期查看被派遣员工的工作场地安全设施，为用工单位提出用工安全建议，以保证派遣员工劳动安全。若发生被派遣员工因工受伤的情况，劳务派遣机构应负责为劳动者处理工伤理赔事宜。

问题3：某模具制造公司现在想招用一些劳务派遣工，想了解一下劳务派遣公司的业务程序是怎样的？

劳务派遣单位向实际用工单位实施劳务派遣的过程大致要经过

如下几个阶段：①业务咨询。初步了解双方意向，确认公司的合法资质。②用人单位提出要求。用人单位根据自身情况提出用人需求及标准。③分析考察。依据用人单位提出的要求，对实际工作环境、岗位进行了解，如有必要可进行考察，确定派遣员工招聘方法。④提出派遣方案。根据不同用人单位要求及现有状况，制定劳务派遣方案。⑤洽谈方案。双方研究、协商劳务派遣方案内容，并在合法用工的前提下修改、完善派遣方案。⑥签订《劳务派遣合同》。明确双方权利、义务，分清法律责任，依法签订《劳务派遣合同》。⑦实施。执行《劳务派遣合同》之各项约定。

问题4：某劳务派遣单位希望对被派遣员工的业务质量服务水平进行相应的评价，有哪些方法或指标？

评估劳务派遣的服务质量可从四个角度入手：一是"误差率"；二是"反应速度"；三是"服务频度"；四是"派遣员工综合满意度"。[1]

三、典型事例

事例1：被派遣劳动者没有工作期间的工资发放问题。

【事件经过】

某公司是一家劳务派遣单位，专门从事劳务派遣业务。胡某与某公司签订了为期两年的劳动合同，合同约定某公司将胡某派遣至某快餐店做送货员，派遣期限1年。派遣期满后的两个月，胡某没有合适的工作，某公司亦未向他发放工资。胡某要求公司按照当地最低工资标准支付自己工资，公司则认为，胡某在这两个月内没有工作，且双方的劳动合同对此并未约定，故胡某无权要求报酬。胡

---

[1] 参见厦门山海宏劳务有限公司《如何衡量劳务派遣业务质量服务》，厦门山海宏劳务有限公司官网：http://www.fjshlw.com/news-content.asp?newid=234，访问时间：2015年2月11日。

第八讲 劳动合同的特别规定

某遂向当地劳动仲裁机构申请仲裁。[1]

【点评】

依据《劳动合同法》第五十八条第二款的规定，在劳务派遣单位与被派遣劳动者签订的两年以上固定期限劳动合同的期限内，即使劳动者没有合适的工作可以派遣，没有进行劳动，作为用人单位的劳务派遣单位仍然要履行按照劳动者所在地人民政府规定的最低工资标准按月支付劳动者报酬的义务，这主要是为了保障劳动者的最基本的生活条件。而且这是法律的强制性规定，无需双方再在劳动合同加以约定。因此，本案中胡某的要求公司按照当地最低工资标准支付自己工资的请求是有法律依据的，仲裁庭应当裁判劳务派遣单位按照当地人民政府规定的最低工资标准按月支付胡某相应的报酬。

劳务派遣与职业介绍和劳务中介等最大的不同之处即在于，它是劳动合同法所明确规定的一种用工形式。劳务派遣单位与被派遣劳动者之间形成的是劳动关系。因此，用人单位应当依法负担按月为劳动者支付工资的义务。

事例2：被派遣劳动者被用工单位再派遣到其他单位的问题。

【事件经过】

叶某与一家劳务派遣单位签订了为期3年的固定期限劳动合同。之后不久，叶某被派遣到木材加工公司从事搬运工作。劳务派遣单位与木材加工公司签订的派遣协议上约定：叶某被派遣到木材加工公司的期限是一年半，在此期间与劳动者相关的各种费用由木材加工公司先支付给该劳务派遣单位，再由劳务派遣单位发放给叶某。并且木材加工公司在这一年半的合同期限内可以将叶某再派遣到其他地方去进行工作，对此原劳务派遣单位不得提出异议。劳务

---

[1] 刘玉民、常亮：《劳动合同法操作实务与案例释解》，浙江大学出版社2007年版，第224页。

派遣单位将与木材加工公司签订的劳务派遣协议中关于工资等方面的内容告知了叶某，但没有告知其允许木材加工公司再次派遣的约定。叶某进入木材加工公司工作半年后，木材加工公司通知叶某以后都不用再到木材加工公司上班，他已经被木材加工公司派遣到家具公司从事其他工作了。对木材加工公司的此行为，叶某认为严重侵犯了自己的权益，他要求木材加工公司马上终止这一行为，但木材加工公司以其与劳务派遣单位有协议为由拒绝了叶某的请求。

【点评】

与叶某签订劳动合同的劳务派遣单位和接受叶某的木材加工公司都在一定程度上违反了法律的规定。他们的违法之处集中地体现在他们所签订的劳务派遣协议上。对被派遣劳动者进行再派遣的约定是明显违反法律的规定的。因为《劳动合同法》第六十一条规定：用工单位不得将被派遣劳动者再派遣到其他用人单位。这是对用工单位对被派遣劳动者进行再派遣行为的明令禁止。

劳务派遣单位作为法律规定的用人单位，与叶某签订了劳动合同，就应当向其履行相应的法律义务，当劳动者的权益在用工单位受到侵害时，理应由其出面为劳动者解决相关困难，尽到用人单位的责任。可是本案中劳务派遣单位却私自与用工单位签订了允许对劳动者实施再派遣的协议，也没有在事后将这一约定告知劳动者，最后当劳动者请求其协助时还加以拒绝，因此劳务派遣单位同样有过错，应承担相应责任。

第三节　非全日制用工

一、条文解读

第六十八条　非全日制用工，是指以小时计酬为主，劳动者在同一用人单位一般平均每日工作时间不超过四小时，每周工作时间累计不超过二十四小时的用工形式。

此条是对非全日制用工概念的规定。

第八讲 劳动合同的特别规定

近年来,为了适应用人单位灵活用工和劳动者自主择业的需要,以小时工为主要形式的非全日制用工得以较快发展。这一用工形式突破了传统的全日制用工模式,为规范用人单位非全日制用工行为,保障劳动者合法权益,《劳动合同法》对这一用工形式进行了规定,为劳动者合法权益的维护提供了较为完善的法律依据。

非全日制用工可实现"三赢":一是用人单位赢。如协议口头化、关系终止无因化、随时化和无补偿化等,可以让用人单位便于管理且成本降低。二是劳动者赢。便于劳动者自主择业且易于就业。三是国家赢。其在让用人单位和劳动者双赢的前提下,已成为促进就业的重要途径,对缓解就业压力起到了良好的作用。目前企业使用非全日制用工的岗位主要包括两类:一类是一些临时性岗位,另一类是一些替代性强的岗位。非全日制用工也是用人单位的职工,同全日制用工一样,都与用人单位存在劳动关系,但两者的区别可参见如下(表8-3)。

表8-3 非全日制用工与全日制用工的比较

	非全日制用工	全日制用工
劳动合同的形式	可以采用书面形式订立劳动合同,也可以采用口头形式订立劳动合同	双方当事人应当采用书面形式订立劳动合同
劳动者的工作时间	非全日制用工劳动者在同一用人单位一般平均每日工作时间不超过4小时,每周累计工作时间不超过24小时	全日制用工的劳动者在同一单位每日工作时间在5小时以上、8小时以下,每周工作时间不超过40小时
社会保险的缴纳方式	在非全日制用工中,由于可能存在一个以上的用人单位,故对非全日制用工社会保险执行特殊规定	全日制员工的社会保险由企业和员工共同缴纳,企业负责代扣代缴并办理相关手续

续表10-5

	非全日制用工	全日制用工
劳动关系的管理	可以建立一个以上的劳动关系，无需转移档案和社会保险关系	原则上只允许建立一个劳动关系，往往用人单位还要求其将档案和社会保险关系转移至指定的部门，管理较为严格
工资标准	执行的是小时最低工资标准	执行的是月最低工资标准

非全日制用工只限于用人单位用工，而不包括个人用工。非全日制用工属于劳动关系，属于《劳动法》和《劳动合同法》的调整范围。

第六十九条 非全日制用工双方当事人可以订立口头协议。

从事非全日制用工的劳动者可以与一个或者一个以上用人单位订立劳动合同；但是，后订立的劳动合同不得影响先订立的劳动合同的履行。

此条是对非全日制用工劳动合同形式和非全日制劳动者可以与多个用人单位建立劳动关系的规定。

1. 非全日制用工劳动合同形式

对于非全日制用工劳动合同的形式不作书面合同的强制性规定。劳动者与用人单位可以根据需要而自由选择劳动合同的形式。这种宽松的立法给了双方较大的选择权。但是一般来说，由于在非全日制用工和全日制用工形式下，用人单位对劳动者承担着不同的义务，当发生劳动纠纷时，为举证方便，最好还是签订书面劳动合同，以明确双方的权利义务关系。

2. 非全日制用工中的多重劳动关系

多重劳动是指同一个劳动者与多个用人单位签订劳动合同，并建立多个劳动关系的现象。对于全日制劳动者，《劳动合同法》对其与多家用人单位建立劳动关系基本上是持严格限制的态度。与此相反，从事非全日制用工的劳动者可以与1个或者1个以上用人单位订立劳动合同，但是后订立的劳动合同不得影响先订立的劳动合同的履行。一方面，肯定了劳动者建立多重劳动关系的权利，是符合非全日制用工模式的自身要求的；另一方面，法律中明确规定劳动者建立多重劳动关系的前提是不得影响先订立的劳动合同履行。

实践中，由于劳动者的多重劳动问题往往给用人单位和劳动者都带来很多问题。例如，各个单位之间的时间协调问题，若各单位之间还存在着竞争关系则还可能存在竞业禁止或商业秘密的保护等问题。用人单位在使用非全日制劳动者的时候，应该注意以下几点：①在招用非全日制员工时应当对其基本情况进行全面了解，要求求职者说明在其他兼职单位的工作内容和工作时间等情况，对工作时间有冲突的以及在竞争对手、客户等有利益冲突单位工作的求职者不予录用；②注重商业秘密管理，对涉及商业秘密的工作岗位一般不宜使用非全日制用工，如确需使用的，应当与员工签订保密协议；③向员工说明单位不希望其从事某些领域的兼职，要求员工在有其他工作单位后予以报告。

第七十条 非全日制用工双方当事人不得约定试用期。

此条是对非全日制用工中用人单位不得与劳动者约定试用期的规定。

非全日制劳动合同的内容由双方协商确定，应当包括工作时间和期限、工作内容、劳动报酬、劳动保护和劳动条件五项必备条款，但不得约定试用期。非全日制用工劳动合同的具体内容可以由双方来自主决定，只要不违反法律的强制性规定即可。

试用期是指用人单位与劳动者在劳动合同中约定的劳动者在用人单位进行试用工作的期限，其目的在于使劳动者和用人单位双方有时间相互了解、相互选择。用人单位在试用期期间支付劳动者的工资明显低于正式工作期间的工资，而非全日制用工的特点就是以

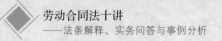

小时计酬,工作时间短,如果在这种用工方式下也允许使用试用期,无疑对劳动者十分不利。

如用人单位违反《劳动合同法》的规定与非全日制用工的劳动者约定了试用期,应由劳动行政管理部门责令改正,违法约定的试用期已经履行的,由用人单位以劳动者试用期满后的月工资为标准,按已履行的超过法定试用期的期间向劳动者支付赔偿金。

第七十一条 非全日制用工双方当事人任何一方都可以随时通知对方终止用工。终止用工,用人单位不向劳动者支付经济补偿。

此条是对非全日制用工的终止的规定。

非全日制用工方式的最大特点即体现在其用工期间短、方式灵活,可以充分满足用人单位灵活用工,劳动者自主择业的需求。为充分发挥非全日制用工的这种灵活性,进而促进就业,促进劳动力资源的优化配置,非全日制用工双方当事人任何一方都可以随时通知对方终止用工。终止用工,用人单位不向劳动者支付经济补偿。"终止用工"既包括因劳动合同期届满而导致的终止,也包括劳动合同期没有届满而解除劳动合同的情形。

对用人单位来说,不得约定试用期就不能以劳动者在试用期间被证明不符合录用条件而与劳动者解除劳动合同。有了可以随时通知劳动者终止用工的权利,用人单位就算没有试用期也可以同样解除与不符合录用条件的劳动者的劳动合同。而对于劳动者而言,在试用期情况下可以随时通知用人单位解除劳动合同的权利也通过这一条规定得到了救济。

非全日制用工的双方当事人出于自身的需要都认可这种用工形式,对此种劳动关系的不稳定性风险,应具备相应的认知,用人单位向劳动者发出终止用工的通知,故无需向其支付经济补偿金。

第七十二条 非全日制用工小时计酬标准不得低于用人单位所在地人民政府规定的最低小时工资标准。

非全日制用工劳动报酬结算支付周期最长不得超过十

五日。

此条是关于非全日制用工最低小时工资标准和报酬结算周期的规定。

非全日制用工以小时计酬,其最低标准也不应适用全日制用工的月最低工资标准。用人单位应当按时足额支付非全日制劳动者的工资。用人单位支付非全日制劳动者的小时工资不得低于当地政府颁布的小时最低工资标准。非全日制用工的工资支付可以按小时、日、周或月为单位结算。其一,非全日制用工小时计酬标准最低不能低于各地政府规定的最低小时工资标准;其二,对于工资的支付周期不超过15日。用人单位支付的劳动报酬低于当地最低工资标准的,应当支付其差额部分;逾期不支付劳动报酬的,劳动者可以要求用人单位支付工资和赔偿金。

二、实务问答

问题1:非全日制用工是不是就是我们平常所说的"钟点工"?

非全日制用工与"钟点工"是两个完全不同的概念。根据《劳动合同法》第六十八条的规定:非全日制用工,是指以小时计酬为主,劳动者在同一用人单位一般平均每日工作时间不超过4小时,每周工作时间累计不超过24小时的用工形式。而"钟点工"本身并不是一个法律用语,在现实中,它一般用来指代那些家庭中根据需要临时聘请的劳务人员,如临时保洁人员、临时保姆,他们一般只在聘请者家中劳动很少的时间,形成的是劳务关系,而不是劳动关系。就法律保护的角度来说,对非全日制用工中劳动者的保护要高于对"钟点工"的保护。

问题2:非全日制用工形式下,劳动者是否能享受单位为自己缴纳社会保险的待遇?

从事非全日制工作的劳动者应当参加基本养老保险,原则上参照个体工商户的参保办法执行。对于已参加过基本养老保险和建立个人账户的人员，前后缴费年限合并计算，跨统筹地区转移的，应办理基本养老保险关系和个人账户的转移、接续手续。符合退休条件时，按国家规定计发基本养老金。从事非全日制工作的劳动者可以个人身份参加基本医疗保险，并按照待遇水平与缴费水平相挂钩的原则，享受相应的基本医疗保险待遇。参加基本医疗保险的具体办法由各地劳动保障部门研究制定。

用人单位应当按照国家有关规定为建立劳动关系的非全日制劳动者缴纳工伤保险费。从事非全日制工作的劳动者发生工伤，依法享受工伤保险待遇；被鉴定为伤残5～10级的，经劳动者与用人单位协商一致，可以一次性结算伤残待遇及有关费用。

全日制用工劳动者的社会保险应当由用人单位向社会保险经办机构办理缴纳手续，由用人单位和劳动者按照国家法律规定各自缴纳自己承担的费用部分，劳动者应当承担的费用由用人单位在其工资报酬中代扣代缴。非全日制用工劳动者的社会保险应当由个人向社会保险经办机构办理缴纳手续，用人单位应当承担的费用在支付工资时一并支付给劳动者，由劳动者直接缴纳。从事非全日制工作的劳动者应当参照个体工商户的参保办法参加基本养老保险，可以个人身份参加基本医疗保险，单位只负责缴纳工伤保险。

问题3：一名小时工加班有加班费吗？

用人单位应当严格执行劳动定额标准，不得强迫或者变相强迫劳动者加班。用人单位安排加班的，应当按照国家有关规定向劳动者支付加班费。小时工在同一用人单位一般平均每日工作时间不超过4小时，每周工作时间累计不超过24小时。如果用人单位要求在其单位工作的时间1天内超过了4小时或者1周累计超过了24小时，就应当按照法律的相关标准支付加班费。

劳动者与用人单位订立的非全日制用工劳动合同的内容必须包括：工作时间和期限、工作内容、劳动报酬、劳动保护和劳动条件五项必备条款。如果劳动者与用人单位就劳动时间还有特殊约定的，劳动者按照双方劳动合同中约定时间劳动即是履行了劳动义务，用人单位在约定时间之外还额外要求劳动者付出劳动的，应当支付加班费。

按照《劳动法》第四十四条的规定：有下列情形之一的，用人单位应当按照下列标准支付高于劳动者正常工作时间工资的工资报酬：①安排劳动者延长工作时间的，支付不低于工资150%的工资报酬；②休息日安排劳动者工作又不能安排补休的，支付不低于工资200%的工资报酬；③法定休假日安排劳动者工作的，支付不低于工资300%的工资报酬。

问题4：大学生利用课外时间参加勤工助学，是否属于非全日制用工？

在校生利用业余时间勤工助学，不视为就业，未建立劳动关系，可以不签订劳动合同。因此，学生不是劳动法意义上的劳动者，其勤工助学行为不适用劳动法。可见，大学生本身是不具有劳动者的主体资格的，其在校期间参加勤工助学也不能被视为就业，不能与用人单位建立劳动关系。《劳动合同法》对大学生是否能作为劳动者的主体身份仍旧未作规定。所以，大学生参加勤工助学并不能与用人单位建立劳动关系，自然也就不是非全日制用工。

根据教育部、财政部于2007年联合制定的《高等学校学生勤工助学管理办法》的规定，勤工助学活动是指"学生在学校的组织下利用课余时间，通过劳动取得合法报酬，用于改善学习和生活条件的社会实践活动。勤工助学是学校学生资助工作的重要组成部分，是提高学生综合素质和资助家庭经济困难学生的有效途径"。"勤工助学活动由学校统一组织和管理。任何单位或个人未经学校学生资助管理机构同意，不得聘用在校学生打工。学生私自在校外打工的行为，不在本办法规定之列。"如果大学生打工不是由学校统一组织的，就不构成勤工助学，就属于非全日制用工。[①]

---

① 参见张涛：《从非全日制用工角度探讨对于大学生兼职的法律保护》，载《湖北经济学院学报（人文社会科学版）》2013年第8期，第70页。

问题5：通过劳务派遣组织来招用一批非全日制用工，合同应该怎么签订才符合法律的规定？

劳动者通过依法成立的劳务派遣组织为其他单位、家庭或个人提供非全日制劳动的，由劳务派遣组织与非全日制劳动者签订劳动合同。这一规定也符合《劳动合同法》中相关劳务派遣制度的规定。因为在劳务派遣中，与劳动者有劳动关系的是劳务派遣单位，所以用人单位通过劳务派遣组织招用非全日制用工，劳动者仍应当与劳务派遣单位按照劳务派遣制度的相关规定签订劳动合同。

三、典型事例

事例1：非全日制用工中发生工伤事故的处理问题。

【事件经过】

王某从2007年开始在某百货公司担任售货员。在与百货公司签订的合同上规定：王某白天上班，周一至周五的工作时间为早上8:30—12:00，周六工作时间为10:00—14:00，工资4.5元/时，按周发放。后来，王某经人介绍又与另一家外贸公司口头达成协议，王某在该单位担任门卫，工作时间是晚上19:30—22:00。王某觉得两不相误，就一直与两单位保持劳动关系。一天，在去外贸公司值班的路上发生了车祸，受伤住院。王某认为自己是因工受伤，要求外贸公司给予工伤待遇。但外贸公司认为其与王某之间并未签订劳动合同，不存在劳动关系，而且王某也不是在上班时间受的伤，并非工伤，其不应为王某承担责任。双方为此发生争议。据了解，百货公司和外贸公司均未为王某缴纳过工伤保险。

【点评】

王某分别与百货公司和外贸公司建立了非全日制用工关系，两单位与王某都存在劳动关系。其中，外贸公司以双方并未签订劳动合同为由，否认其与王某之间存在劳动关系的理由是不能成立的。非全日制用工双方当事人可以订立口头协议。

根据国务院自2004年1月1日起施行的《工伤保险条例》第

十四条第六款的规定,职工"在上下班途中,受到机动车事故伤害的",应当认定为工伤。依据《劳动保障部关于非全日制用工若干问题的意见》中第十二条的规定,用人单位应当按照国家有关规定为建立劳动关系的非全日制劳动者缴纳工伤保险费。从事非全日制工作的劳动者发生工伤,依法享受工伤保险待遇;被鉴定为伤残5~10级的,经劳动者与用人单位协商一致,可以一次性结算伤残待遇及有关费用。按照规定,两单位均应当为王某缴纳工伤保险费,但二者都没有按照法律的规定为王某缴纳工伤保险,是违法的。

事例2:因非全日制用工工资标准发生争议问题。
【事件经过】
某广告公司招聘非全日制用工,殷某前去应聘。广告公司给出的条件是:劳动者平时每天工作4~5小时,周六周日工作2~5小时。为公司结算上的方便,工资按月发放,每月400元。试用期1个月。殷某与公司签订了劳动合同。工作3个月后,朋友告诉殷某他的工资其实太低了。当地政府规定的最低工资标准是5元/时,而按照殷某的工作时间折算下来才3.6元/时。于是,殷某找到公司的管理人员,要求为自己增加工资,遭公司拒绝。殷某为维护自己的权利,向劳动仲裁委员会提起了仲裁申请。

【点评】
广告公司有以下做法是违反《劳动合同法》规定的。
首先,与殷某签订的劳动合同中关于工作时间的安排,违反了《劳动合同法》的强制性规定。一周超过24小时的工作时间,这种约定由于违反了《劳动合同法》中的强制性规定而无效。其次,非全日制用工小时计酬标准不得低于用人单位所在地人民政府规定的最低小时工资标准;非全日制用工劳动报酬结算支付周期最长不得超过15日,用人单位同时违反了上述两款的要求。再次,在殷某与公司签订的劳动合同中还规定了试用期条款,非全日制用工双方当事人不得约定试用期。最后,殷某要求公司为其增加工资是完全合理合法的，公司不能拒绝。从本案的情况来看，殷某还有权要求公司补足劳动报酬低于当地最低工资标准的差额部分，如果该单位逾期不支付，还可由劳动保障部门责令其按应付金额50%以上100%以下的标准向劳动者加付赔偿金。

第九讲　劳动合同的管理

第一节　行政部门的管理

一、条文解读

第七十三条　国务院劳动行政部门负责全国劳动合同制度实施的监督管理。

县级以上地方人民政府劳动行政部门负责本行政区域内劳动合同制度实施的监督管理。

县级以上各级人民政府劳动行政部门在劳动合同制度实施的监督管理工作中，应当听取工会、企业方面代表以及有关行业主管部门的意见。

本条是对劳动行政部门负责劳动合同制度实施情况监督管理的规定。

劳动行政部门是指政府体系中相对集中行使劳动行政职能的部门。一般是指劳动和社会保障部门。国务院劳动和社会保障部[①]主管全国的劳动工作，县级以上地方各级人民政府劳动和社会保障局（厅），包括县、自治县、市辖区、自治州、设区的市、省、自治区、直辖市人民政府劳动行政部门，主管本行政区域内的劳动工作。县级以上各级人民政府劳动和社会保障机构是各级人民政府的劳动主管部门，监督管理劳动合同实施情况由其负责。[②]

[①]　根据十一届全国人大一次会议批准的国务院机构改革方案，原人事部、劳动和社会保障部现已整合为人力资源和社会保障部。

[②]　参见程延园《劳动合同法教程》，首都经济贸易大学出版社2009年版，第215页。

劳动行政部门监督管理，是指国务院劳动行政部门和县级以上人民政府的劳动行政部门，以自己的名义，代表国家对劳动合同制度的实施进行监督管理的行政执法活动。

县级以上各级人民政府劳动行政部门在劳动合同制度实施的监督管理工作中，应当听取工会、企业方面代表以及有关行业主管部门的意见，真实、全面地了解劳动合同法实施的情况。要明确下面两点：其一，听取工会、企业方面代表以及有关行业主管部门的意见是县级以上各级人民政府劳动行政部门监督管理劳动合同法实施工作中的法定权力，也是法定职责。如果不听取，应当承担相应的法律责任。其二，工会、企业方面代表以及有关行业主管部门的意见对劳动行政部门没有强制的约束力，对于这些意见，劳动行政部门可以既听又取，又可以只听不取。

第七十四条 县级以上地方人民政府劳动行政部门依法对下列实施劳动合同制度的情况进行监督检查：

（一）用人单位制定直接涉及劳动者切身利益的规章制度及其执行的情况；

（二）用人单位与劳动者订立和解除劳动合同的情况；

（三）劳务派遣单位和用工单位遵守劳务派遣有关规定的情况；

（四）用人单位遵守国家关于劳动者工作时间和休息休假规定的情况；

（五）用人单位支付劳动合同约定的劳动报酬和执行最低工资标准的情况；

（六）用人单位参加各项社会保险和缴纳社会保险费的情况；

（七）法律、法规规定的其他劳动监察事项。

本条是关于县级以上地方人民政府劳动行政部门依法对劳动合同制度实施情况监督检查事项的规定。

第九讲 劳动合同的管理

1. 劳动行政部门开展监督检查的主要方式

（1）经常性地进行监督检查。对单位执行劳动合同的情况进行检查，坚持制度化、经常化、规范化，及时发现问题及时处理。

（2）集中力量，进行突击性的监督检查。当某一时期企业等用人单位遵守和执行劳动合同制度普遍存在严重问题，迫切需要解决这种问题的时候，可以组织力量进行突击性检查。

（3）有针对性地对某些用人单位进行监督检查。用人单位发生了工伤伤亡事故，或者有检举控告用人单位有违反劳动合同制度的行为，劳动行政部门应派人对该企业进行调查。①

2. 劳动行政部门监督检查劳动合同制度实施情况的监察事项

（1）用人单位制定规章制度及其执行的情况。用人单位应当依法建立和完善直接涉及劳动者切身利益的规章制度，保障劳动者享有劳动权利、履行劳动义务。这些内容在本讲第三节有详细介绍，在此不赘述。监督检查的后续性结果就是相应法律责任的追究，依据《劳动合同法》第八十条的规定，用人单位制定的直接涉及劳动者切身利益的规章制度违反法律、法规规定的，由劳动行政部门责令改正，给予警告；给劳动者造成损害的，用人单位应当承担赔偿责任。

（2）用人单位与劳动者订立和解除劳动合同的情况。劳动行政部门应当依法对用人单位订立和解除劳动合同的情况进行监督检查。例如，目前存在很多不订立书面劳动合同的情况，劳动行政部门应当依据《劳动合同法》第十条的规定，要求已建立劳动关系、未同时订立书面劳动合同的用工单位，自用工之日起1个月内订立书面合同。另外，根据《劳动合同法》第十四条的规定，用人单位自用工之日起满1年不与劳动者订立书面劳动合同的，视为用人单位与劳动者已订立无固定期限劳动合同。

---

① 参见法律快车《解读〈劳动合同法〉第七十四条》，法律快车网：http://www.lawtime.cn/info/laodonghetongfa/jiedu/2010082045655.html，访问时间：2015年2月11日。

(3)劳务派遣单位和用人单位遵守劳务派遣有关规定的情况。这一事项对应着《劳动合同法》第五章第二节关于劳务派遣合同的规定。劳动行政部门应当监督检查以下内容,概括为:劳务派遣单位的资格;劳务派遣单位与被派遣劳动者签订劳动合同的情况;劳务派遣协议是否合法;用工单位是否履行其法定义务;被派遣劳动者是否享有与用工单位的劳动者同工同酬的权利;实施劳务派遣的岗位要求是否符合法律要求等多项内容。未经许可,擅自经营劳务派遣业务的,由劳动行政部门责令停止违法行为,没收违法所得,并处违法所得1倍以上5倍以下的罚款;没有违法所得的,可以处50000元以下的罚款。劳务派遣单位、用工单位违反劳务派遣规定的,由劳动行政部门责令限期改正;逾期不改正的,以每人5000元以上10000元以下的标准处以罚款,对劳务派遣单位,吊销其劳务派遣业务经营许可证。用工单位给被派遣劳动者造成损害的,劳务派遣单位与用工单位承担连带赔偿责任。

(4)用人单位遵守工作时间和休息休假规定的情况。《劳动法》在第三十六条至第四十五条对休息休假作出了专章规定,可见保护劳动者休息休假权利的重要性。作为劳动合同制度的一项必备条款,用人单位与劳动者约定休息休假等内容不能违反劳动法的规定。劳动行政部门应当监督检查用人单位遵守工作时间和休息休假有关规定的情况。

(5)用人单位支付劳动合同约定的劳动报酬和执行最低工资标准的情况。这一事项涉及《劳动合同法》第三十条、第五十五条的规定。依据第三十条规定,用人单位应当向劳动者及时足额支付劳动报酬。依据第五十五条规定,用人单位与劳动者订立的劳动合同中劳动条件和劳动报酬等标准不得低于集体合同规定的标准;集体合同中劳动条件和劳动报酬等标准不得低于当地人民政府规定的最低标准。如果发现用人单位低于当地最低工资标准向劳动者支付工资的,应当依据本法第八十五条的规定,责令用人单位支付其差额部分;逾期不支付的,责令用人单位按应付金额50%以上100%以下的标准向劳动者加付赔偿金。

(6) 用人单位参加各项社会保险和缴纳社会保险费的情况。《劳动法》在第七十条至第七十六条对"社会保险和福利"作出了专章规定，依据本法第十七条的规定，社会保险条款也是劳动合同的必备内容。劳动行政部门应当监督检查用人单位参加各项社会保险和缴纳社会保险费的情况。

(7) 法律法规规定的其他劳动监察事项。劳动合同法对劳动行政部门监督检查劳动合同实施情况的事项也不可能一一列举，难免挂一漏万，为了防止这种情况出现，规定劳动行政部门监督检查法律法规规定的其他劳动监察事项。同时，随着社会、经济、政治等的发展，会出现一些新的劳动合同制度，这些劳动合同制度的实施情况也应当纳入劳动行政部门监督监察的范围之内。

第七十五条 县级以上地方人民政府劳动行政部门实施监督检查时，有权查阅与劳动合同、集体合同有关的材料，有权对劳动场所进行实地检查，用人单位和劳动者都应当如实提供有关情况和材料。

劳动行政部门的工作人员进行监督检查，应当出示证件，依法行使职权，文明执法。

本条是对劳动行政部门监督检查措施和执法行为规范的规定。

1. **监督检查措施**

本条规定了两种监督检查措施：一是书面检查；二是劳动场所实地检查。劳动监察员是县级以上各级人民政府劳动行政部门执行劳动监督检查公务的人员。县级以上各级人民政府劳动行政部门根据工作需要配备专职劳动监察员和兼职劳动监察员。专职劳动监察员是劳动行政部门专门从事劳动监察工作的人员，兼职劳动监察员是劳动行政部门非专门从事劳动监察工作的人员。劳动保障监察以日常巡视检查、审查用人单位按照要求报送的书面材料以及接受举报投诉等形式进行。

2. **关于依法执法与文明执法**

劳动行政部门的人员进行监督检查，应当依法执法，文明执法。

（1）严格执法。根据《关于实施〈劳动保障监察条例〉若干规定》（劳动和社会保障部令第 25 号）的规定，劳动保障监察员进行调查、检查不得少于 2 人。监察机构应指定其中 1 名为主办劳动保障监察员。监察员对用人单位遵守劳动保障法律情况进行监察时，应当遵循以下规定：①进入用人单位时，应佩戴劳动保障监察执法标志，出示劳动保障监察证件，并说明身份；②就调查事项制作笔录，应由劳动保障监察员和被调查人（或其委托代理人）签名或盖章。被调查人拒不签名、盖章的，应注明拒签情况。

劳动保障监察员进行调查、检查时，承担下列义务：①依法履行职责，秉公执法；②保守在履行职责过程中获知的商业秘密；③为举报人保密。

监察员在实施劳动保障监察时，有下列情形之一的应当回避：①本人是用人单位法定代表人或主要负责人的近亲属的；②本人或其近亲属与承办查处的案件事项有直接利害关系的；③因其他原因可能影响案件公正处理的。

调查、检查时，有下列情形之一的可以采取证据登记保存措施：①当事人可能对证据采取伪造、变造、毁灭行为的；②当事人采取措施不当可能导致证据灭失的；③不采取证据登记保存措施以后难以取得的；④其他可能导致证据灭失的情形的。

（2）文明执法。文明执法包括的范围非常广泛，包括政治素养、仪表风纪、语言举止等各方面。文明执法必须以依法执法为前提，文明执法能够在依法执法的基础上构建和谐的执法氛围。

第七十六条 县级以上人民政府建设、卫生、安全生产监督管理等有关主管部门在各自职责范围内，对用人单位执行劳动合同制度的情况进行监督管理。

本条是对相关行政部门对用人单位执行劳动合同制度情况监督管理的规定。

1. 相关行政部门对劳动合同实施情况监督管理的分类

行政部门监督管理的主体不仅包括劳动行政部门，还包括建设、卫生、安全生产监督管理等有关主管部门。建设生产监督、安全生产监督、卫生行政、工商行政、公安等专项执法部门依据法律、法规的规定对劳动合同实施情况进行监督管理。例如,《建筑法》第六条规定,国务院建设行政主管部门对全国的建筑活动实施统一监督管理。第四十三条规定,建设行政主管部门负责建筑安全生产的管理,并依法接受劳动行政主管部门对建筑安全生产的指导监督。《职业病防治法》第八条规定,国家实行职业卫生监督制度。国务院卫生行政部门统一负责全国职业病防治的监督管理工作。县级以上地方人民政府卫生行政部门负责本行政区域内职业病防治的监督管理工作。人民政府有关部门在各自的职责范围内负责职业病防治的有关监督管理工作。《安全生产法》规定,国务院负责安全生产监督管理的部门依照本法,对全国安全生产工作实施综合监督管理;县级以上地方各级人民政府负责安全生产监督管理的部门依照本法,对本行政区域内安全生产工作实施综合监督管理。

2. 相关行政部门对劳动合同实施情况监督管理的方式

(1) 依法独立开展劳动合同实施情况监督管理。相关行政部门依法定期或者不定期地对劳动合同实施情况开展监督管理活动。监督管理包括事前检查、事中检查和事后检查,现场检查、样品检查和书面检查。具体措施有询问、查阅、审查、检测、检验、勘验、考核、验收、评价等。

(2) 依法对劳动行政部门、其他行政部门和工会组织的建议进行调查处理。劳动行政部门、其他行政部门和工会发现了用人单位实施劳动合同中的问题,没有权利进行调查的,应当转到相关部门,并建议其进行调查处理。

(3) 劳动行政部门等监督管理主体对劳动合同实施情况进行监督管理。有职责进行监督管理的部门可以会同劳动行政部门等监督管理主体对劳动合同实施情况开展监督管理,有效解决问题。

---

① 参见田开友《〈中华人民共和国劳动合同法〉释义》,农村读物出版社2007年版,第266页。

第七十七条 劳动者合法权益受到侵害的，有权要求有关部门依法处理，或者依法申请仲裁、提起诉讼。

本条是对劳动者合法权益受到侵害的权利救济途径的规定。

目前，劳动合同制度实施过程中主要存在着五大问题，一是用人单位为规避义务，不订立书面劳动合同，甚至不承认与劳动者已经存在的事实劳动关系；二是劳动合同短期化趋势明显，影响了劳动关系的和谐稳定；三是用人单位滥用试用期，严重侵害劳动者的合法权益；四是用人单位随意设立违约金，限制了劳动者的择业自由和劳动力的合理流动；五是用人单位为规避法定义务，滥用"劳务派遣"用工形式。以上问题突出反映了劳动者在劳动就业市场上的弱势地位，其合法权益遭受侵害的情形比较严重。

本条规定突出体现了对劳动者权益受侵害情形予以法律救济的思想：

（1）侵害劳动者合法权益的行为，有各种各样的表现形式。与本法第七十四条相呼应，劳动行政部门对实施劳动合同制度进行监督检查的事项，就是劳动者的合法权益容易受侵害的地方。只要是劳动法律法规赋予劳动者的合法权益，任何人都不得侵犯，否则都将承担相应的法律责任。

（2）对于本条规定中的"有关部门"的范围应作广义的理解。劳动、建设、卫生、安全生产监督管理等部门负有保护劳动者合法权益的责任，对于劳动者的维权要求应当依法处理，不能互相推诿，更不能将维权要求拒之门外。

（3）除了要求行政部门依法处理外，还规定了"依法向仲裁机构申请仲裁"或者"向人民法院提起诉讼"两种救济途径。

二、实务问答

问题1：劳动行政部门监督检查工作对劳动者有何意义？

劳动者通过了解劳动行政部门的监督检查工作，一旦合法权益受到侵害,可以要求有关部门依法处理。任何组织或者个人对于违反《劳动合同法》的行为都有权举报,县级以上人民政府劳动行政部门应当及时核实、处理,并对举报有功人员给予奖励。根据《劳动保障监察条例》规定,劳动保障行政部门对违反劳动保障法律、法规或者规章行为的调查,应自立案之日起60个工作日内完成;对情况复杂的,经负责人批准,可延长30个工作日。

问题2:劳动行政部门在劳动用工监督管理过程中,如果出现了失位或者缺位的情况怎样处理?

这属于劳动行政部门的责任,法律规定很明确,本法第九十五条规定劳动行政部门如果出现了渎职,或者是有些该作为不作为,给劳动者及用人单位造成损失的要承担民事赔偿责任,包括国家赔偿和政府赔偿。对直接主管责任人或者直接责任人,法律也规定得很明确,《劳动合同法》第十五条明确规定,可以给予行政处分,负民事责任的,必要的时候还需要承担刑事责任。

问题3:单位扣押劳动者的身份证等证件,将受到什么处罚?

根据规定,用人单位违反《劳动合同法》规定,扣押劳动者居民身份证等证件的,由劳动行政部门责令限期退还劳动者本人,并依照有关法律规定给予处罚。如果用人单位以担保或者其他名义向劳动者收取财物的,由劳动行政部门责令限期退还劳动者本人,并以每人500元以上2000元以下的标准处以罚款;给劳动者造成损害的,应当承担赔偿责任。劳动者依法解除或者终止劳动合同时,用人单位扣押劳动者档案或者其他物品的,依照规定处罚。

问题4:单位不按规定向劳动者发薪或支付经济补偿,要加付赔偿金吗?

用人单位有下列情形之一的,由劳动行政部门责令限期支付劳动报酬、加班费或者经济补偿;劳动报酬低于当地最低工资标准的,应当支付其差额部分;逾期不支付的,责令用人单位按应付金额50%以上100%以下的标准向劳动者加付赔偿金：①未按照劳动合同的约定或者国家规定及时足额支付劳动者劳动报酬的；②低于当地最低工资标准支付劳动者工资的；③安排加班不支付加班费的；④解除或者终止劳动合同，未依照《劳动合同法》规定向劳动者支付经济补偿的。

问题5：劳动合同被确认无效后，给劳动者造成损害的，是否需要赔偿？

如果单位以欺诈、胁迫的手段或者乘人之危，使劳动者在违背真实意思的情况下订立或者变更劳动合同，或者单位在劳动合同中免除自己的法定责任、排除劳动者权利以及劳动合同的约定违反法律、行政法规强制性规定的，均将被认定为无效。

因上述原因之一导致劳动合同被确认为无效后，如果给劳动者造成损害的，单位应对劳动者承担赔偿责任。如果因为劳动者以欺诈、胁迫的手段或者乘人之危，使单位在违背真实意思的情况下订立或者变更劳动合同导致合同无效的，一旦给单位造成损失，也需对单位承担赔偿责任。

问题6：单位违法解除或终止劳动合同应承担什么责任？

用人单位违反《劳动合同法》规定解除或者终止劳动合同的，应当依照《劳动合同法》第四十七条规定的经济补偿标准的两倍向劳动者支付赔偿金。

经济补偿按劳动者在本单位工作的年限，每满1年支付1个月工资的标准向劳动者支付。6个月以上不满1年的，按1年计算；不满6个月的，向劳动者支付半个月工资的经济补偿。

三、典型事例

事例：劳动行政部门依法维护劳动者权益。

【事件经过】

某加工厂明文规定，女职工产假为45天，产假休息期间每月只发给 80 元的基本生活费;超过 45 天后如果不上班,每天扣 10 元。女职工张某生育时难产,且又是双胞胎,身体恢复较慢,休息了 50 天后才上班。厂方据"厂规"从其工资中扣除了 70 元。为此,张某不服,向当地劳动安全监察机构提出申诉,要求厂方执行女职工特殊保护的规定,让其享受法定的产假,补发其产假期间的基本工资。

劳动安全监察机构受理此案后,经调查作出如下处理:①责令某厂限期修改"厂规";②补发女职工张某生育产假期间的基本工资,并对其在法定产假期内厂方未让休息而让其上班的实际天数,按《劳动法》第四十四条第(三)项的规定支付不低于工资 300%的报酬;③张某未休完的产假,继续让她休完。

【点评】

《劳动法》第六十二条规定:"女职工生育享受不少于 90 天的产假。"《女职工劳动保护特别规定》第八条规定:"女职工生育享受 98 天产假,其中产前可以休假 15 天;难产的,增加产假 15 天;生育多胞胎的,每多生育 1 个婴儿,增加产假 15 天。女职工怀孕未满 4 个月流产的,享受 15 天产假;怀孕满 4 个月流产的,享受 42 天产假。"《女职工劳动保护特别规定》第五条还规定:"用人单位不得因女职工怀孕、生育、哺乳降低其工资、予以辞退、与其解除劳动或者聘用合同。"

某加工厂的"厂规"与《劳动法》和《女职工劳动保护特别规定》明显相抵触,是严重违法且没有法律效力的。根据国家法律规定,女职工张某所享受的正常产假是 98 天,加上难产和双胞胎生育,故张某实际享受的产假应该是 128 天,在这 128 天的产假里,厂里不能扣发张某的工资。事实上,女职工张某产假只休息了 50 天,因此,劳动安全监察机构处理决定是正确的。

第二节 工会监督和社会监督

一、条文解读

第七十八条 工会依法维护劳动者的合法权益,对用人单位履行劳动合同、集体合同的情况进行监督。用人单位违反劳动法律、法规和劳动合同、集体合同的,工会有权提出意见或者要求纠正;劳动者申请仲裁、提起诉讼的,工会依法给予支持和帮助。

本条是关于工会对劳动合同制度实施情况监督的规定。

劳动法规定,各级工会依法维护劳动者的合法权益,对用人单位遵守劳动法律、法规的情况进行监督。工会基层委员会和组织职工依照法律规定,通过职工代表大会和其他形式,参加本单位民主管理和民主监督。企业、事业单位工会委员会是职工代表大会工作机构,负责职工代表大会的日常工作,检查、督促职工代表大会决议的执行。参与协调劳动关系和调解劳动争议,帮助和指导职工与企业、事业单位签订劳动合同,代表职工与企业、事业单位签订集体合同或其他协议,并监督执行。监督有关法律、法规的贯彻执行。协助和督促行政方面做好劳动保险、劳动保护工作,办好职工集体福利事业,改善职工生活。工会劳动法律监督是法律赋予工会组织的一项基本权利,是我国劳动法律监督体系的重要组成部分,也是工会维护职工合法权益重要法律手段和方式之一。[①]

工会要将劳动合同执行情况作为工会劳动监督的重点,建立和完善监督检查机构和组织,积极开展监督检查工作,监督劳动合同双方认真履行劳动合同。企业工会要加强与行政方的沟通和协调,督促认真履行劳动合同。对于企业未遵守劳动合同法的行为,工会

[①] 参见刘海霞《关于加强工会劳动法律监督工作的思考——以新疆维吾尔自治区工会法律监督工作实践为例》,载《中国劳动关系学院学报》2014年第5期,第29页。

要依法要求行政部门进行整改，或支持职工通过仲裁或诉讼方式解决。地方工会要加强与劳动保障部门的协调，推动开展劳动合同专项监察，对不签订和不履行劳动合同的企业，工会要督促劳动保障部门责令改正，依法予以行政处罚。

各地的工会工作条例中规定了两种制度，以保证工会监督权的实现：①建立劳动法律监督委员会。地方总工会及产业、乡镇（街道）工会应当设立工会劳动保障法律监督委员会。职工人数较少的企业应设立工会劳动法律监督员，基层工会根据实际需要可以设立工会劳动保障法律监督委员会。工会劳动保障法律监督委员会的成员为本级工会劳动保障法律监督员。工会劳动法律监督组织可以委派工会劳动法律监督员进入本辖区内的用人单位，履行监督、调查职责。②建立劳动保护监督检查委员会。生产班组中设立工会小组劳动保护检查员。建立完善工会监督检查、重大事故隐患和职业危害建档跟踪、群众举报等制度，建立工会劳动保护工作责任制。依法参加职工工伤事故和其他严重危害职工健康问题的调查处理。协助与督促企业落实法律赋予工会与职工安全生产方面的知情权、参与权、监督权和紧急避险权。开展群众性安全生产活动。

对于用人单位违反劳动法律、法规和劳动合同、集体合同的，工会有两种处理方式：①对用人单位违法行为有权提出意见或者要求纠正。工会有权对用人单位制定的劳动规章制度，以及用人单位裁减人员、用人单位单方面解除劳动合同等提出意见，有权要求用人单位纠正违反法律、行政法规或者劳动合同约定的单方面解除劳动合同。此外，根据工会法的规定，工会有权要求企业、事业单位采取措施改正克扣职工工资、不提供劳动安全卫生条件、随意延长劳动时间、侵犯女职工和未成年工特殊权益以及其他严重侵犯职工劳动权益的行为，有权对企业违章指挥、强令工人冒险作业或者生产过程中存在明显重大事故隐患和职业危害提出解决建议，有权对职工工伤工亡事故和其他严重危害职工健康问题的调查处理提出意见等。②劳动者申请仲裁或者提起诉讼的，工会依法给予支持和帮助。帮助包括提供法律咨询、帮助劳动者写法律文书等，也可以对经济特别困难的劳动者给予经济上的帮助。根据民事诉讼法的有关规定,工会作为同劳动者有关的社会团体,还可以推荐有关人员接受劳动者委托,作为诉讼代理人参加诉讼活动,并有权调查收集证据和查阅与案件有关的材料,行使诉讼代理人的权利,有效地依法维护职工的合法权益。①

第七十九条 任何组织或者个人对违反本法的行为都有权举报,县级以上人民政府劳动行政部门应当及时核实、处理,并对举报有功人员给予奖励。

本条是对劳动合同制度实施情况的其他社会监督的规定。

1. 劳动合同制度实施情况的其他社会监督的主体

社会监督,是指各政党、各社会组织和人民群众对劳动合同制度实施情况的监督。社会监督不具有严格的法律形式,它是依据群众的主动精神或者社会组织的章程实施的监督。社会监督不具有直接的法律效力,不具有强制性的法律后果。但是,社会监督具有分散性和广泛性,当事人和知情人存在于社会之中,能对违反劳动合同法的行为提供有力的支持或者大量线索。鼓励社会监督,能加大对劳动合同制度实施情况监督的力度,补充其他监督方式的不足。其他社会监督是指除工会监督以外的其他任何组织和个人对劳动合同实施制度情况进行监督。社会组织主要包括执政党和各民主党派、政协和社会团体。社会团体主要是指青年团、妇女联合会等组织以及城市居民委员会、农村村民委员会等群众自治组织。新闻媒体也是社会监督的组成部分,主要以舆论监督的手段,如通过广播、影视、报纸、杂志等舆论工具对劳动合同实施情况进行监督。人民群众对违反劳动合同法的行为也有权进行监督。

2. 劳动合同制度实施情况的其他社会监督的方式

社会监督的方式有多种,如批评、检举、控告、举报等。具体

---

① 参见吴高盛《〈中华人民共和国劳动合同法〉条文释义与适用》,人民法院出版社 2007 年版,第 149 页。

采取何种方式，由监督权的主体自己选择。工会以外的其他任何组织和个人对劳动合同实施情况进行监督，也可以采取多种形式。

3. 劳动合同制度实施情况的其他社会监督的受理

劳动行政部门接到工会以外的其他任何组织和个人的举报，属于其职权范围的，应当及时派出工作人员进行调查，凡经调查举报属实的，应当及时作出处理；不属于其职权范围的，应当将举报材料转至相关部门，让其进行调查，并依法对违法行为和个人予以处理。劳动行政部门接到举报，应当为举报人保密，对举报有功的组织或者个人，劳动行政部门应当给予其物质或者精神上的奖励。

二、实务问答

问题：用人单位非法解除劳动合同时，工会可发挥哪些作用？

用人单位解除劳动合同，工会认为不适当的，有权提出意见，要求用人单位重新处理；劳动者申请仲裁或者提起诉讼的，工会应当依法给予支持和帮助。

工会可代表企业职工一方与用人单位签订集体合同。用人单位违反集体合同侵犯职工权益的，《劳动合同法》第五十六条赋予工会依法要求用人单位承担法律责任的权利。工会有依法提请劳动争议仲裁机构进行仲裁，或者到法院提起诉讼的权利。

第三节 用人单位的内部管理

一、条文解读

第四条 用人单位应当依法建立和完善劳动规章制度，保障劳动者享有劳动权利、履行劳动义务。

用人单位在制定、修改或者决定有关劳动报酬、工作时间、休息休假、劳动安全卫生、保险福利、职工培训、劳动纪律以及劳动定额管理等直接涉及劳动者切身利益的规章制度或者重大事项时，应当经职工代表大会或者全体职工讨论，提出方案和意见，与工会或职工代表平等协商确定。

在规章制度和重大事项决定实施过程中，工会或者职工认为不适当的，有权向用人单位提出，通过协商予以修改完善。

用人单位应当将直接涉及劳动者切身利益的规章制度和重大事项决定公示，或者告知劳动者。

本条是对用人单位建立劳动规章制度需经协商制定的规定。

规章制度的含义原来是十分宽泛的，但当它与用人单位相联系时，则是一个专门的劳动法律术语。它是指用人单位为加强劳动管理，在本单位实施的保障劳动者依法享有劳动权利和履行劳动义务的行为准则。这种行为准则对单位的全体人员都具有约束力。

1. 用人单位应当依法建立和完善劳动规章制度

用人单位的规章制度是用人单位制定的组织劳动过程和进行劳动管理的规则制度的总和。主要包括：劳动合同管理、工资管理、社会保险福利待遇、工时休假、职工奖惩，以及其他劳动管理规定。用人单位制定规章制度，要严格执行法律规定，保障劳动者的劳动权利，督促劳动者履行劳动义务。制定规章制度应当体现权利与义务一致、奖励与惩罚结合，不得违反法律、法规的规定。

2. 制定规章制度和决定重大事项的程序

规章制度的制定和重大事项决定的程序关键是要保证内容具有民主性和科学性。规章制度的大多数内容与职工的权利密切相关，让广大职工参与规章制度的制定，可以有效地杜绝用人单位独断专行，防止用人单位利用规章制度侵犯劳动者的合法权益。

（1）关于规章制度制定和重大事项决定的程序引起的争议。职工参与企业民主管理，是企业管理制度的一个重要内容。职工如何参与企业管理，在哪些事项上以什么形式和途径参与，我国的相关法律都作了规定。劳动者依照法律规定，通过职工大会、职工代表大会或者其他形式，参与民主管理或者就保护劳动者合法权益与用人单位进行平等协商。企业、事业单位研究经营管理和发展的重大问题应当听取工会的意见；召开讨论有关工资、福利、劳动安全卫生、社会保险等涉及职工切身利益的会议，必须有工会代表参加。《公司法》第十八条第三款规定："公司研究决定改制以及经营方面的重大问题、制定重要的规章制度时，应当听取公司工会的意见，并通过职工代表大会或者其他形式听取职工的意见和建议。"

（2）平等协商。劳动合同的内容直接涉及劳动者切身利益的劳动报酬、工作时间、休息休假、劳动安全卫生、保险福利、职工培训、劳动纪律以及劳动定额管理等规章制度或者重大事项。规章制度如工作时间、休息休假、劳动安全卫生、劳动纪律以及劳动定额管理等规章制度，重大事项如劳动报酬、保险福利、职工培训等。用人单位在制定、修改或者决定直接涉及劳动者切身利益的规章制度或者重大事项时，应当经职工代表大会或者全体职工讨论，提出方案和意见，与工会或者职工代表平等协商确定。

（3）具体制定程序。根据本条的规定，制定规章制度或者决定重大事项，应当经职工代表大会或者全体职工讨论，提出方案和意见，与工会或者职工代表平等协商确定。企业建立了工会的，与企业工会协商确定；没有建立工会的，与职工代表协商确定，是"先民主，后集中"。

3. 规章制度的异议程序

用人单位的规章制度既要符合法律、法规的规定，也要合理，符合社会道德。实践中有些用人单位的规章制度不违法，但不合理，不适当。例如，有的企业规章制度严格规定工作餐时间只有几分钟，上厕所限定时间和次数，等等。这些虽然不违反法律、法规的规定，但不合理。对于用人单位规章制度不合理的内容，需要纠正。工会或者职工认为用人单位的规章制度不适当的，有权向用人单位提出，通过协商作出修改使之完善。

4. 规章制度的告知程序

规章制度是劳动合同的一部分，要让劳动者遵守执行，应当让劳动者知道。因此，本条规定，直接涉及劳动者切身利益的规章制度应当公示，或者告知劳动者。

5. 用人单位劳动规章制度的效力

遵守劳动纪律是公民的一项义务。《劳动法》规定，用人单位应当依法建立和完善规章制度，劳动者应当遵守劳动纪律。可见，劳动规章制度是法律法规的延伸和具体体现，是实现劳动过程的自治规范，它对单位的全体成员均具有约束力。

关于劳动规章制度和集体合同、劳动合同的效力冲突问题，许多学者赞同劳动规章制度的效力低于集体合同，集体合同的效力低于劳动合同。这固然有一定的道理，因为劳动规章制度仅是用人单位单方面制定的，而集体合同和劳动合同分别体现了劳动者的群体意愿和个体意愿，是劳动者真实意志的表达。不过，也有不同的声音。当用人单位劳动规章制度与集体合同、劳动合同的内容出现冲突时，应本着标准上"就高不就低"的原则，以最大限度体现劳动者利益为出发点，并考虑合同订立时间的先后等因素加以解决，而不能盲目地将劳动规章制度、集体合同和劳动合同的效力予以简单的排序。只有用人单位制定的劳动规章制度的内容和程序合法，并且与已经签订的集体合同、劳动合同相比而言，它更加能够体现劳动者的权益时，在劳动争议案件中，才能考虑适用之。①

用人单位根据《劳动合同法》通过民主程序制定的规章制度，不违反国家法律、法规及政策规定，并已向劳动者公示或者告知劳动者的，可以作为人民法院审理劳动争议案件的依据。用人单位制定的内部规章制度与集体劳动合同或者劳动合同约定的内容不一致的，劳动者请求优先适用合同约定的，人民法院应予支持。②

---

① 参见王全兴《劳动法》，法律出版社 2008 年版，第 418 页。
② 参见孙瑞玺《劳动合同法原理精要与实务指南》，人民法院出版社 2008 年版，第 617 页。

6. 用人单位规章制度生效要件图（见图9-1）

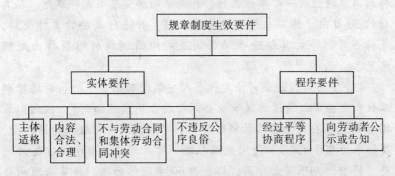

图9-1 用人单位规章制度生效要件

二、实务问答

问题1：用人单位规章制度对劳动者有约束力吗？

用人单位依照法定程序制定、内容不违反法律法规并向本单位职工公示使其知悉的规章制度，对本单位以及本单位的劳动者具有约束力，本单位以及本单位劳动者应当遵守。

问题2：本法实施前已经制定的规章制度，未严格遵守本规定的程序，在本法实施后是否需要按照本条该规定的程序重新进行制定、修改？

无须重新制定，但是，违反法律规定的条款无效。

三、典型事例

事例1：企业依法制定内部管理制度，维护自身权益。
【事件经过】
2011年5月韩某进入某公司工作。2012年6月23日与公司签订了劳动合同，合同期限为"终身"，合同中并没有约定违约责任，但合同第39条规定："本公司有关规章制度作为本合同的附件。"2013年9月，韩某以"因母亲身体不好，需要自己的照顾"，

"但单位离家太远,来回不便"为由,要求与单位解除劳动合同,转到离家较近的一个单位工作,并向公司递交了书面辞职信。在其后的30日内,韩某每天依然坚持上班,并进行必要的工作交接,等待公司领导对其解除劳动合同及对申请调离的问题作出处理意见。

4个多月后,该公司法定代表人安某向其出示了公司新近经职工代表大会审议通过的《××公司劳动合同实施细则》,该细则第40条规定:公司业务人员解除劳动合同应缴纳一定数额的违约金,其标准为800元/月×合同未满月数。按此规定,由于双方签订的是"终身"期限劳动合同,那么以60岁退休为界,韩某必须向公司缴纳32.8万元的违约金,否则公司不予办理调离手续。对此,韩某不服。

【点评】

劳动合同是劳动者与用人单位确立劳动关系,明确双方权利和义务的协议,劳动合同依法订立就具有法律约束力,任何一方违反合同规定就应当承担一定的违约责任和赔偿责任,其中违约责任是不需造成实际损失就应承担的,而赔偿责任是在给对方造成实际损失后应承担的。劳动者在劳动合同期限未满的情况下提出解除劳动合同,虽然按《劳动合同法》规定提前30日通知了用人单位,这也只能说是免除了对因其调离可能造成的经济损失的赔偿责任,而不能免除违约责任。违约责任的设定主要有两种方式:一是合同约定,二是企业单方制定。依据《劳动合同法》,这种方式生效的前提是该规章制度必须经过职工代表大会或职工大会审议并通过。

被诉人单位制定的细则,于2014年1月经职工代表大会审议通过,符合国家的有关规定,企业与职工均应遵照执行。

用人单位违约最多支付劳动者12个月的月平均工资,而劳动者违约却要支付30多年的工资收入,这种做法违背了《劳动法》第十七条规定的平等原则。

事例2：公司规章制度不合理不能适用。

【事件经过】

李某在某外资公司从事销售工作。由于他性格比较内向，一直完不成公司规定的销售定额。公司确认了李某不能胜任本职工作后，给他调换了一个工作难度相对较低的工作岗位。一段时间后，公司发现李某在新的工作岗位仍然不能胜任工作。人事经理找其谈话，以经过调整工作岗位后，仍不能胜任为理由，作出了与其解除劳动合同的决定。李某办完离职手续，来到人事部，向公司索要解除合同的经济补偿金，人事经理给了他这样的答复："解除合同是由员工过错造成的，公司没有任何责任，不需支付经济补偿金"。听了人事经理的话，李某离开了公司。

【点评】

《劳动合同法》规定："有下列情形之一的，用人单位提前三十日以书面形式通知劳动者本人或者额外支付劳动者一个月工资后，可以解除合同：……（二）劳动者不能胜任工作，经过培训或者调整工作岗位，仍不能胜任工作的。"《劳动合同法》第四十六条要求此种情况下用人单位应支付经济补偿，以每满1年工作时间支付1个月工资的标准向劳动者支付。

李某在销售工作中不能胜任本职工作，在公司给他调整工作岗位后，仍然不能胜任。根据上述法律规定，这种情况下，公司有权单方与李先生解除劳动合同，但应当提前30天书面通知，并且还要支付经济补偿金。劳动者不能胜任工作，属于客观上的工作能力问题，主观上没有过错，不属于《劳动合同法》第三十九条因劳动者过错解除合同的情况。单位规章制度因违法而无效，李某应该得到经济补偿。

第十讲　劳动合同纠纷的解决

第一节　劳动合同纠纷的表现和成因

劳动合同纠纷即因劳动合同关系而产生的纠纷,《劳动法》及其司法解释以及国务院、劳动部也出台了许多相关法规和规章用以解决现实生活中的劳动纠纷。因劳动关系又称劳动合同关系,所以劳动合同纠纷即是劳动纠纷。

按照不同标准,可把劳动纠纷分为不同类型。按照劳动合同订立、履行、解除以及解除后四个不同阶段,可分为因订立劳动合同而产生的纠纷、因履行合同而产生的纠纷、因解除合同而产生的纠纷和解除合同后产生的纠纷四个类型。按照法律保护的权益分类,可分为因劳动者权益受到侵害而产生的纠纷和因用人单位权益受到侵害而产生的纠纷。实践中,法院或劳动仲裁委员会又往往把用人单位与劳动者之间"解除劳动合同关系是否正当"、"是否应该支付经济补偿金和经济赔偿金"、"是否拖欠工资"、"劳动者是否违反了竞业限制以及商业秘密的约定"等因纯劳动合同关系产生的纠纷定性为"劳动争议纠纷";而把"劳动者因工伤未能获得相应赔偿款"等具有侵权性质的纠纷称作为"工伤损害赔偿纠纷"。"劳动合同纠纷"包括"劳动争议纠纷"和"工伤损害赔偿纠纷"。

在劳动合同关系中,用人单位掌握着资源所有权和用人决定权,劳动者相对处于弱势,纠纷中的受害者基本都是劳动者,所以劳动者在纠纷中往往是申诉人或原告,当然也不乏用人单位首先申请仲裁或起诉的案例。

根据《劳动争议调解仲裁法》劳动争议包括:①因确认劳动关系发生的争议;②因订立、履行、变更、解除和终止劳动合同发生的争议；③因除名、辞退和辞职、离职发生的争议；④因工作时间、休息休假、社会保险、福利、培训以及劳动保护发生的争议；⑤因劳动报酬、工伤医疗费、经济补偿或者赔偿金等发生的争议；⑥法律、法规规定的其他劳动争议。

第二节 调 解

一、条文解读

第十条 发生劳动争议，当事人可以到下列调解组织申请调解：

（一）企业劳动争议调解委员会；

（二）依法设立的基层人民调解组织；

（三）在乡镇、街道设立的具有劳动争议调解职能的组织。

企业劳动争议调解委员会由职工代表和企业代表组成。职工代表由工会成员担任或者由全体职工推举产生，企业代表由企业负责人指定。企业劳动争议调解委员会主任由工会成员或者双方推举的人员担任。

本条是《调解仲裁法》关于调解机构的规定。

如果案件已经进入仲裁或者诉讼程序，劳动争议仲裁委员会和人民法院也会依法主持调解。但仲裁庭和法院的调解与上述三种组织的调解在法律效力上存在很大的区别，因此本节所谓的调解并不包括劳动仲裁委员会和人民法院的调解。

第十二条 当事人申请劳动争议调解可以书面申请，也可以口头申请。口头申请的，调解组织应当当场记录申请人基本情况、申请调解的争议事项、理由和时间。

本条是关于调解程序的规定。当事人申请劳动争议调解可以书面申请，也可以口头申请。口头申请的，调解组织应当当场记录申请人基本情况、申请调解的争议事项、理由和时间。如果申请人是自然人，基本情况一般包括申请人的姓名、性别、年龄、职业、工作单位和住所等情况；如果是用人单位，则包括用人单位的的名称、住所和法定代表人或者主要负责人的姓名、职务。

调解委员会受理当事人调解申请后，一般按以下程序进行调解：①及时指派调解员对争议事项进行全面调查核实；②由调解委员会主任主持召开有争议双方当事人参加的调解会议；③调解委员会充分听取争议双方当事人陈述，依法公正调解；④调解达成协议的，制作调解协议书；调解不成的，也应做好记录，并在调解意见书上说明情况。调解委员会调解劳动争议，应当自劳动争议双方当事人申请调解之日起30日内结束，到期未结束的，视为调解不成。

调解应该参考法律规定，强调双方自愿，不得采用隐瞒、欺骗、强迫等手段。当事人经调解达成协议后，调解组织应依法制作调解协议书，经双方当事人以及调解员签名或盖章和调解组织印章之后出具给双方当事人。

第十四条 经调解达成协议的，应当制作调解协议书。

调解协议书由双方当事人签名或者盖章，经调解员签名并加盖调解组织印章后生效，对双方当事人具有约束力，当事人应当履行。

自劳动争议调解组织收到调解申请之日起十五日内未达成调解协议的，当事人可以依法申请仲裁。

第十五条 达成调解协议后，一方当事人在协议约定期限内不履行调解协议的，另一方当事人可以依法申请仲裁。

第十六条 因支付拖欠劳动报酬、工伤医疗费、经济补偿或者赔偿金事项达成调解协议，用人单位在协议约定期限内不履行的，劳动者可以持调解协议书依法向人民法院申请支付令。人民法院应当依法发出支付令。

以上是关于调解效力的规定。

调解协议是在人民调解委员会的主持下,当事人依照国家的法律、法规、规章、政策和道德,在查清事实、分清责任的基础上,通过平等协商,对纠纷的解决自愿达成一致意见的意思表示。

调解协议书由双方当事人签名或者盖章,经调解员签名并加盖调解组织印章后生效,对双方当事人具有约束力,当事人应当履行。达成调解协议后,一方当事人在协议约定期限内不履行调解协议的,另一方当事人可以依法申请仲裁。其中,因支付拖欠劳动报酬、工伤医疗费、经济补偿或者赔偿金事项达成调解协议,用人单位在协议约定期限内不履行的,劳动者可以持调解协议书依法向人民法院申请支付令。人民法院应当依法发出支付令。支付令因债务人不提出异议且无履行行为而产生与判决书一样的法律效力,但只要债务人在期间内提出书面的、实体的异议,不管是否成立,都会导致支付令失去效力,最终也只能通过仲裁或诉讼程序解决问题,因此支付令并没有现实可操作性。

二、实务问答

问题:调解协议书与仲裁庭和法院的调解书有什么不同?

调解协议书是双方经基层调解组织调解成功后出具的文书,并不是法律文书,调解协议书发出后,一方当事人反悔拒不执行的,当事人不能向法院申请执行,而只能向劳动争议仲裁委员会申请仲裁,当事人对仲裁不服的还可依法继续向人民法院起诉,直至裁判机关出具的法律文书生效后,方可向人民法院申请执行。

而调解书则是由裁判机关(劳动仲裁委员会或人民法院)主持调解成功后出具的法律文书。权利人可持发生法律效力后的调解书要求义务人履行,义务人不执行的,权利人可以直接向人民法院申请执行。当事人可以在调解书送达之前反悔,调解书一经送达即产生法律效力。

第三节 劳动仲裁

劳动争议仲裁,是指劳动争议仲裁机构根据当事人的请求,依法对劳动争议在事实上作出判断、在权利义务上作出裁决,历经审理、调解、裁决等一系列活动的一种法律制度,在我国的劳动争议纠纷解决中其属于诉讼前必经程序。①

出现劳动争议,当事人调解不成或不愿调解就应当申请仲裁,经过仲裁程序后方可向法院起诉,即仲裁是一个必经环节。

一、条文解读

第二十一条 劳动争议仲裁委员会负责管辖本区域内发生的劳动争议。

劳动争议由劳动合同履行地或者用人单位所在地的劳动争议仲裁委员会管辖。双方当事人分别向劳动合同履行地和用人单位所在地的劳动争议仲裁委员会申请仲裁的,由劳动合同履行地的劳动争议仲裁委员会管辖。

本条是关于地域管辖权的规定。

县、市、市辖区仲裁委员会负责本行政区域内发生的劳动争议。设区的市的仲裁委员会和市辖区的仲裁委员会受理劳动争议案件的范围,由省、自治区人民政府规定;发生劳动争议的企业与职工不在同一个仲裁委员会管辖地区的,由职工当事人工资关系所在地的仲裁委员会处理。所谓职工当事人工资关系所在地,根据劳动部《关于〈企业劳动争议处理条例〉若干问题的解释》第十四条规定,即发给职工工资的单位所在地。根据方便职工原则,可以比照《中华人民共和国民事诉讼法》有关规定,按因履行合同发生的纠纷由合同签订地或履行地人民法院管辖的原则。

---

① 参见王全兴《劳动法》,法律出版社 2008 年版,第441页。

《企业劳动争议处理条例》以及相关的规定与《调解仲裁法》的规定有矛盾的,应当适用《劳动争议调解仲裁法》的规定。

第二十四条 当事人可以委托代理人参加仲裁活动。委托他人参加仲裁活动,应当向劳动争议仲裁委员会提交有委托人签名或者盖章的委托书,委托书应当载明委托事项和权限。

本条是关于委托代理的规定,发生争议的双方当事人可以委托代理人参加仲裁活动。委托代理包括一般代理和特别代理,为了防止代理人私自和解、调解,损害被代理人的利益,被代理人作出的授权大多为一般授权,这样代理人就没有私自决定的权利。委托代理人人数依法不得超过两人。

第二十五条 丧失或者部分丧失民事行为能力的劳动者,由其法定代理人代为参加仲裁活动;无法定代理人的,由劳动争议仲裁委员会为其指定代理人。劳动者死亡的,由其近亲属或者代理人参加仲裁活动。

本条是关于法定代理和指定代理的规定,死亡职工可由其利害关系人代为申诉。表10-1为授权委托书范本。

表10-1 授权委托书范本

授权委托书

****劳动争议仲裁委员会:
你会受理_____与我(单位)的劳动争议一案,依照法律规定,特委托下列人员为我(单位)的代理人:
(1)姓名: 性别: 民族:
出生年月: 工作单位:
职务: 电话:
与委托人关系:

续表10-1

(2) 姓名：	性别：	民族：
出生年月：	工作单位：	
职务：	电话：	

与委托人关系：

委托事项和权限如下：（注明委托代理范围，注明本授权是一般授权还是特别授权。）

委托人：　　　　　（签章）
受委托人：　　　　（签章）
二〇　　年　　月　　日

附注：1. 本委托书一式两份，一份提交给劳动争议仲裁委员会，一份交受委托人。
　　　2. 委托代理人代为承认、放弃、变更仲裁请求，进行和解，提起诉讼，必须有委托人的特别授权。

第二十七条 劳动争议申请仲裁的时效期间为一年。仲裁时效期间从当事人知道或者应当知道其权利被侵害之日起计算。

前款规定的仲裁时效，因当事人一方向对方当事人主张权利，或者向有关部门请求权利救济，或者对方当事人同意履行义务而中断。从中断时起，仲裁时效期间重新计算。

因不可抗力或者有其他正当理由，当事人不能在本条第一款规定的仲裁时效期间申请仲裁的，仲裁时效中止。从中止时效的原因消除之日起，仲裁时效期间继续计算。

劳动关系存续期间因拖欠劳动报酬发生争议的，劳动者申请仲裁不受本条第一款规定的仲裁时效期间的限制；

但是,劳动关系终止的,应当自劳动关系终止之日起一年内提出。

本条是关于仲裁时效的规定。

1. 仲裁时效的起算

时效的起算以当事人知道或者应当知道权利受侵害之日起计算。劳动关系存续期间因持续拖欠劳动报酬发生争议的,劳动者申请仲裁不受仲裁时效1年的限制;但劳动关系终止的,应当自劳动关系终止之日起1年内提出。法律规定劳动关系存续期间内发生的劳动报酬的争议受仲裁时效1年的限制,但根据民法通则诉讼时效为两年,以及劳动法相关规定用人单位依法只保留相关材料两年的规定,劳动者须在争议发生之日起两年内主张权利。

2. 时效中断

时效中断是指仲裁时效进行期间,因当事人一方向对方当事人主张权利,或者向有关部门请求权利救济,或者对方当事人同意履行义务而中断。待时效中断事由消除后从中断时起,仲裁时效期间重新计算。

3. 时效中止

时效中止是指因不可抗力通常指不能预见、不能避免和不能克服的客观情况如发生特大自然灾害、地震等或者其他正当理由,当事人不能在本条第一款规定的仲裁时效期间申请仲裁的,仲裁时效中止。仲裁时效中止会产生一定的法律后果,即从中止时效的原因消除之日起,仲裁时效期间继续计算。

第二十八条 申请人申请仲裁应当提交书面仲裁申请,并按照被申请人人数提交副本。

仲裁申请书应当载明下列事项:

(一)劳动者的姓名、性别、年龄、职业、工作单位和住所,用人单位的名称、住所和法定代表人或者主要负责人的姓名、职务;

(二)仲裁请求和所根据的事实、理由;

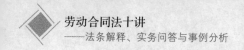

（三）证据和证据来源、证人姓名和住所。

书写仲裁申请确有困难的，可以口头申请，由劳动争议仲裁委员会记入笔录，并告知对方当事人。

本条是关于申请仲裁的申请材料和申请方式的规定。表10-2为申请书格式范本：

表10-2 劳动仲裁申请书范本

劳动仲裁申请书

申请人：（姓名、性别、年龄、职业、工作单位和住所。）
被申请人：（用人单位名称，住所。）
法定代表人（负责人）：（姓名，职务。）
申诉请求：1. ……………………（列明请求事项）；
　　　　　2. ……………………（列明请求事项）；
　　　　　…………
　　　　　n. 仲裁费由被申请人承担。

事实及理由：

（叙述是否签订劳动合同，签订劳动合同的时间，劳动合同中与本案有关的法定内容和约定内容。双方发生争议的时间、经过。说明双方不能达成和解的原因。涉及仲裁时效的论述的，应该说明有向被申请人主张过权利。）

（简单的法律分析，列明对方的行为侵犯了申请人的哪些权利。根据什么法律的哪一条、款、项，被申请人应该予以纠正、补偿、赔偿或者其他。）

证据和证据来源、证人姓名和住所
证据1：证据名称，来源……
证据2：证据名称，来源……
……
证人1：姓名，住所
……

续表10-2

```
         此致
    ****劳动争议仲裁委员会

                              申请人：***
                              ****年**月**日

附：申请书副本*份（有n个被申请人，则应该有n份申请书副本）；
   证据及证据副本*份（有n个被申请人，则应该有n份证据附本）。
```

以上是劳动者为申请人，用人单位为被申请人的情况。如果用人单位为申请人，劳动者为被申请人，则只需在当事人信息栏里边把申请人与被申请人的位置互换即可。其中，企业的名称、地址法定代表人姓名以工商登记资料为准。

第二十九条 劳动争议仲裁委员会收到仲裁申请之日起五日内，认为符合受理条件的，应当受理，并通知申请人；认为不符合受理条件的，应当书面通知申请人不予受理，并说明理由。对劳动争议仲裁委员会不予受理或者逾期未作出决定的，申请人可以就该劳动争议事项向人民法院提起诉讼。

本条是关于仲裁受理与不予受理的规定。劳动争议仲裁委员会收到仲裁申请之日起5日内，认为符合受理条件的，应当受理，并通知申请人；认为不符合受理条件的，应当书面通知申请人不予受理并说明理由。受理仲裁申请后，应当在5日内将仲裁申请书副本送达被申请人。

《不予受理通知书》中应当明确收到申请书的日期和说明不予受理的理由。不予受理的主要理由有：①申请仲裁的事项不属于劳动争议；②当事人超过仲裁申请的期限；③申请仲裁的主体不适格,用人单位不属于《劳动法》第二条规定的用人单位;④申请仲裁的案件不属于本仲裁委员会管辖。"

"不予受理的理由属第(一)、(二)、(三)项的,《不予受理通知书》中应当告知申请人自收到《不予受理通知书》之日起15日内向人民法院起诉。不予受理的理由属第(四)项的,《不予受理通知书》中应当告知申请人向有管辖权的劳动争议仲裁委员会提出仲裁申请。

《不予受理通知书》的法律效力主要有:①《不予受理通知书》作为确定管辖权的依据:如因管辖权问题不予受理的,申请人当按照仲裁委员会的指引去有管辖权的仲裁委员会申请仲裁,如两地都出具《不予受理通知书》的,当事人可根据劳动争议仲裁委员会出具的《不予受理通知书》,申请他们的共同上级劳动争议仲裁委员会指定管辖。②《不予受理通知书》作为起诉的证据:不予受理的理由属于主体不适格、不属于劳动争议或者超过仲裁时效的,申请人可凭劳动仲裁机关的《不予受理通知书》直接向法院提起诉讼。按照现行的操作模式,劳动争议案件必须先经过劳动争议仲裁委员会仲裁。

二、实务问答

问题1:仲裁庭的庭审程序是怎样的?

仲裁庭庭审大致有如下几个环节,由于种种现实原因,各仲裁庭开庭真正经历的阶段并不一定全部具备。当事人应当注意各个庭审环节,特别是对实体权利有相当影响的环节。

(1)报到及对旁听人员的审核。当事人应当持身份证原件以及相关诉讼材料按照《开庭通知书》规定的时间到达指定地点;有代理人出庭的,代理人除带身份证原件外,还需带授权委托书原件。劳动仲裁一般公开审理,如需不公开审理,当事人应当提前提交不公开审理申请书,由仲裁庭决定是否公开审理。公开开庭审理的案件,公民可持有效身份证向仲裁委员会申请旁听。

(2)宣读仲裁庭纪律。当事人就座后,书记员会宣读仲裁庭纪律。包括：不得鼓掌、喧哗和吵闹；不得使用任何通讯工具，不得进行其他妨碍仲裁的活动；未经仲裁庭许可，仲裁参加人不得发言和提问，旁听人员不得发言和提问；未经仲裁庭许可不得录音、录像或摄影；等等。

（3）宣布开庭。仲裁庭首席仲裁员或独任审理的仲裁员宣布开庭，并告知仲裁庭成员姓名、书记员姓名和本案的案由等等。

（4）核对当事人身份。仲裁庭按照程序核对当事人的身份信息，具体信息基本与申请书的身份信息一致。有代理人的，还需核对代理人的代理权限，如为公民代理，需说明与委托人的关系；如为律师代理，则应当说明律师事务所的名称。

（5）权利义务告知和回避申请。仲裁庭告知当事人有如下权利：有委托代理人、申请回避的权利，有申诉、申辩、质询、质证的权利，有请求调解、自行和解、要求裁决的权利，有向人民法院提起诉讼、申请执行的权利；申请人有放弃、变更、撤回仲裁请求的权利；被申请人有承认、反驳申请人仲裁请求、提起反诉的权利。

告知当事人应承担如下义务：遵守仲裁程序和仲裁庭纪律，如实陈述案情、回答仲裁员提问，对自己提出的主张举证，尊重对方当事人及其他仲裁参加人，缴纳仲裁费用，自觉履行发生法律效力的调解、裁决文书的义务。

如果当事人认为仲裁庭组成人员与案件有利害关系，可能影响到案件的公正审理，可以申请回避。《劳动争议调解仲裁法》第三十三条规定的回避事项如下："（一）是本案当事人或者当事人、代理人的近亲属的；（二）与本案有利害关系的；（三）与本案当事人、代理人有其他关系，可能影响公正裁决的；（四）私自会见当事人、代理人，或者接受当事人、代理人的请客送礼的。"

仲裁委员会主任的回避，由仲裁委员会决定；仲裁员和其他人员的回避由仲裁委员会主任决定。仲裁委员会或仲裁委员会主任对回避申请应在7日内作出决定，并以口头或书面方式通知当事人。

（6）申诉与答辩。由申请人陈述仲裁请求、事实和理由。一一般情况下,申请人的仲裁请求事实与理由与申诉状一致,但有时也会当庭撤销、变更仲裁请求或增加仲裁请求。

被申请人对申请人的仲裁请求进行答辩如果是书面答辩,则按照开庭前提交的书面答辩状进行答辩,也可对书面答辩状进行补充,开庭前没有提交书面答辩状的也可在此时进行口头答辩,当事人也可以选择不答辩。

没有规定被申请人一定需要书面答辩,如果选择书面答辩,则被申请人应自收到仲裁申请书副本后,10日内向劳动争议仲裁委员会提交答辩书,并按照申请人的人数提交答辩状副本。

书面答辩状应当具有以下三个要点:①理清事实脉络,针对申请人在申请书中的不实事实情况予以反驳;②理清法律关系,重点反驳申请人的哪些主张不符合法律规定;③从被程序合法性的角度予反驳申请人的主张。口头答辩的要点则是注重精要、全面。书面答辩书格式①见表10-3。

表10-3 书面答辩书范本

答辩书				
答辩人:				
名称或姓名:				
地(住)址:				
法定代表人:	姓名:	职务:		
委托代理人:	姓名:	性别:	民族:	
	年龄:	住址:		
	工作单位及职务:		联系电话:	
委托代理人:	姓名:	性别:	民族:	
	年龄:	住址:		
	工作单位及职务:		联系电话:	

---

① 本范本来自于"广东省劳动争议仲裁网"。

续表10-3

被答辩人： 姓名或名称： 住　所（址）： 联系电话： 　　申请人_____诉我（单位）_____争议一案，答辩人针对申请人的仲裁请求及申请理由，提出如下答辩意见： 　　1. …… 　　2. …… 　　3. …… 附件：1. 答辩书副本 n 份； 　　　2. 有关证据 n 份共 * 页。 　　　　　　　　　　　　　　　　　　　答辩人签章： 　　　　　　　　　　　　　　　　　　　二〇　　年　　月　　日

（7）调查与质证。调查与质证，是庭审的最重要阶段，调查与质证的内容，直接关系案件的审理结果。

调查：在仲裁庭的主持下，对案件争议的事实进行调查。当事人或其代理人应当根据仲裁庭的提问陈述案件事实，经仲裁庭的允许，当事人及其代理人可就仲裁庭未主动调查的其他事实作补充陈述。经仲裁庭询问，当事人明确表示对案件事实没有其他补充后，仲裁庭对案件事实的调查结束，庭审进入证据质证程序。

质证：质证前，仲裁庭将询问当事人是否有其他证据需要当庭提交或有证据线索需要一定期限内补充提交，当事人应当将已准备好的证据一次性提交仲裁庭，或者提出延期提交证据的申请，但是否准许，需经仲裁庭许可。质证由证据的提供方向仲裁庭提交证据并说明证据所要证明的事项，然后由另一方对出示的证据进行反驳。质证主要围绕证据的真实性、关联性、合法性（证据规则）三个方面，针对证据的证据能力对证据进行质疑，供仲裁庭参考采纳。质证按如下程序进行：被申请人对申请人提供（出示）的证据进行质证；申请人对被申请人提供（出示）的证据进行质证；申请人、被诉人对第三人提供（出示）的证据进行质证；第三人对申请人、被申请人提供（出示）的证据进行质证。当事人若申请证人出庭作证，应在开庭前提交申请证人作证申请书，申请书内容包括证人姓名、身份证件、联系方式、拟证明事实等内容。证人出庭须携带身份证原件，并提交仲裁庭核实。作证过程中，证人须如实作证。经仲裁庭许可，当事人或代理人可向证人提问。经过质证的证据才能作为认定事实的依据，否则不得采纳。

（8）仲裁庭审辩论。经过仲裁庭询问和质证之后，基本可以确定双方的争议所在，仲裁庭一般会在辩论之前总结出争议焦点，双方可围绕争议焦点展开辩论。仲裁辩论由申请人先发言，然后由被申请人发言。

（9）当事人和解、仲裁庭调解与裁决。当事人在申请劳动仲裁后，劳动仲裁过程中可以自行和解，双方自愿达成和解的，可以撤回仲裁申请。

依照法定程序，仲裁庭在宣布庭审结束前会询问当事人是否接受仲裁庭的调解。若双方愿意接受调解，则进入仲裁调解程序。若调解成功，会制作调解书并送达给双方当事人。调解书一经送达，即具有法律效力，义务人即应当履行义务。若调解不成功或有一方不同意调解，仲裁庭应当及时裁决。

在案情简单、事实明了的情况下，仲裁庭可以当庭裁决。仲裁庭裁决劳动争议案件，应当自劳动争议仲裁委员会受理仲裁申请之日起45日内结束。案情复杂需要延期的，经劳动争议仲裁委员会主任批准，可以延期并书面通知当事人，但是延长期限不得超过15日。逾期未作出仲裁裁决的，当事人可以就该劳动争议事项向人民法院提起诉讼。① 申请人收到书面通知，无正当理由拒不到庭或者未经仲裁庭同意中途退庭的，可以视为撤回仲裁申请。被申请

---

① 参见《劳动争议调解仲裁法》第四十三条第一款。

人收到书面通知，无正当理由拒不到庭或者未经仲裁庭同意中途退庭的，可以缺席裁决。①

仲裁庭裁决采取合议的方式，按照多数意见作出，但仍应将少数仲裁员的意见记录写明，如若仲裁庭不能形成多数意见时，裁决应当按照首席仲裁员的意见作出。对于辖区内有重大影响的案件或者疑难案件，仲裁庭可以在查明事实后提交仲裁委员会决定。仲裁庭对部分争议事实清楚、证据确凿充分的，可以对该部分先行裁决。②

仲裁庭作出裁决后应制作裁决书。劳动争议仲裁裁决书首部应写明制作裁决书的劳动争议仲裁委员会的全称以及文书名称、年号及仲裁书编号、双方当事人的名称和地址，当事人是法人的，应写明法人的全称、法定代表人姓名和职务。如果委托代理人进行仲裁活动时，还应写明委托代理人的姓名、职业等有关信息。正文是裁决书的核心部分，应写明仲裁请求、争议事实、仲裁理由和裁决结果。尾部应由仲裁员签名，对裁决持不同意见的仲裁员，可以签名，也可以不签名。并加盖劳动争议仲裁委员会的公章并写明裁决作出的日期。③ 仲裁裁决作出之后，送达给双方当事人。

（10）执行。仲裁庭对于当事人之间权利义务关系明确、不先予执行将严重影响申请人生活的追索劳动报酬、工伤医疗费、经济补偿或者赔偿金的案件，可以根据当事人的申请，裁决先予执行，移送人民法院执行。劳动者申请先予执行的，可以不提供担保。④

对于已经发生法律效力的调解书、裁决书，当事人应当依照规定的期限履行。逾期不履行的，另一方当事人可以依民事诉讼法的有关规定向人民法院申请执行。受理申请的人民法院应当依法执行。

---

① 参见《劳动争议调解仲裁法》第三十六条。
② 参见王全兴《劳动法》，法律出版社 2008 年版，第 448 页。
③ 参见《劳动争议调解仲裁法》第四十五条、第四十六条。
④ 参见《劳动争议调解仲裁法》第四十四条。

问题2：仲裁裁决书有什么效力？

仲裁裁决书的效力可分为三种情况。

（1）仲裁裁决书作为经过仲裁程序的依据。未经过仲裁程序，法院不予立案，仲裁裁决书可作为经过仲裁程序的依据，对于除一裁终裁的劳动案件，争议双方或一方若对裁决书不服，应当在15天内向有管辖权的人民法院起诉。向法院起诉后，仲裁裁决书不发生法律效力。

（2）仲裁裁决书作为非一裁终裁案件的生效法律文书。若双方都没有在收到判决后15天内向法院起诉，则仲裁裁决书生效，有义务履行裁决书的一方应当及时履行义务，否则另一方可按民事诉讼法的规定向法院申请执行。

（3）仲裁裁决书作为一裁终裁案件的生效法律文书。对于一裁终裁的劳动案件，仲裁裁决书自作出之日起具有法律效力。用人单位不得直接向法院提起诉讼，只能向中级人民法院申请撤销裁决书，中级人民法院依法撤销裁决书后方可向一审人民法院起诉。劳动者不服的，可以在法定期限内直接向一审法院提起诉讼。由于一裁终裁案件裁决书自作出之日起发生法律效力，因此，劳动者向法院起诉或者用人单位向中级人民法院申请撤销期间，权利人仍可要求执行裁决书。

问题3：用人单位向劳动者出具欠条后还需要向仲裁委员会申请仲裁吗？还受仲裁时效的约束吗？

用人单位向劳动者出具了工资欠条，则在工资欠条所记载的工资范围内劳动者与用人单位之间的争议已经转化为一般的民事纠纷，因此不再受劳动仲裁的约束，不必向劳动仲裁委员会申请仲裁，不受仲裁时效的限制，但受诉讼时效限制。如果劳动者与用人单位之间除了工资欠条记载的数额外还有其他拖欠数额的，劳动者可把两部分分开，将有明确记载数额的部分直接向法院起诉，按一般民事纠纷解决，没有欠条的部分向仲裁庭申请仲裁，按照劳动争议纠纷解决。劳动者也可以一并向仲裁庭申请劳动仲裁。

问题4：劳动争议经调解达成调解协议书后一方反悔，另一方怎么办？

基层调解组织出具的调解协议书不具有法律执行力，一方反悔后，另一方只能向劳动仲裁委员会申请劳动仲裁。因支付拖欠劳动报酬、工伤医疗费、经济补偿或者赔偿金事项达成调解协议后，一方反悔的，另一方还可依照《仲裁调解法》第十六条的规定向人民法院申请支付令。但支付令的执行力及其微弱，一旦反悔一方提出异议，支付令便失去了执行力，最终还是要按照《仲裁调解法》第十五条的规定向仲裁委员会申请仲裁。

问题5：经仲裁委员会调解达成一致并制作调解书后，一方反悔，另一方怎么办？

调解书一经送达便发生法律效力，因此当事人反悔应当在调解书送达之前作出，如果调解书已经送达，则发生法律效力，另一方当事人可依照《仲裁调解法》第五十一条的规定向人民法院申请执行；若调解书尚未送达，则视为调解不成，仲裁庭会及时裁决。

三、典型事例

事例1：关于仲裁中的管辖权问题。

【事件经过】

江西某公司在广州市某区设立服务部。劳动合同显示与广州服务部员工签订劳动合同的主体是江西总公司。2008年12月1日，广州服务部一夜之间突然关闭服务部大门，停止一切经营活动，并通知原服务部员工于两个礼拜内到江西总公司上班。员工认为，服务部突然停止服务部的经营活动，让他们到江西上班实质上是对劳动合同的重大更改，没有经过劳动者的同意，于是不同意去江西上班，并向区劳动争议仲裁委员会申请仲裁，要求江西公司、广州服务部支付解除劳动合同补偿金、待通知金。江西总公司认为，劳动合同双方是员工与江西总公司，合同也约定员工应该服从公司调动，员工没有在通知的期限内到江西上班，视为劳动者自动离职，于是向江西当地仲裁委员会申请仲裁，请求解除双方的劳动关系。

【点评】

本案双方几乎同时向不同地区的劳动争议仲裁委员会申请劳动仲裁，分别是劳动合同履行地和用人单位所在地的劳动争议仲裁委员会。本案应该由劳动合同履行地，即由员工申请的区劳动争议仲裁委员会管辖。

事例 2：关于仲裁时效问题。

【事件经过】

2003 年 8 月，王某被某软件技术有限公司聘用，从事软件开发业务，合同期为 3 年。2006 年年底，王某在合同期尚有半年的情况下决定离职。同年 12 月 13 日，该公司作出同意解除与王某的劳动合同的决定，该决定确定双方解除劳动合同的生效日期为 2006 年 12 月 23 日。并于 2007 年 1 月 9 日支付王某 2006 年 12 月的工资。2007 年 2 月 6 日，王某通过电子邮件的方式与该软件公司相关负责人联系，询问在职期间的奖金问题，该负责人在 2007 年 2 月 7 日回邮明确拒绝了他的要求，理由是他已经离职。按照公司《员工手册》第三章第五款的规定，"员工当年的年终奖金兑现，若员工离职，未兑现完的年终奖将不再兑现。"因此，王某到该公司工作至辞职，第一年的年终奖尚未能全部领取，其中 2003 年至 2005 年度累计留存在公司的奖金为 8000 余元，2006 年度未领取的年终奖为 6000 余元。索要奖金遭到明确拒绝后，王某于 2007 年 4 月 4 日向劳动争议仲裁委员会申请仲裁，但该仲裁委认定王某的申诉超过仲裁时效，故决定不予受理此案。该案是否超过仲裁时效？

【点评】

王某与软件公司于 2006 年 12 月 23 日解除劳动合同，双方办理了工作交接手续，但并未结算工资，直至 2007 年 1 月 9 日软件公司才支付王某 2006 年 12 月的工资。同时，王某与软件公司的电子邮件也表明，公司对王某所主张的奖金问题直到 2007 年 2 月 7 日才明确拒绝，故申诉时效应当从 2007 年 2 月 7 日起算，王某于 2007 年 4 月 4 日申请仲裁，其请求未超过申诉时效。

第四节 诉 讼

一、劳动争议案件的一审

1. 法院对劳动争议的管辖权与管辖权异议

（1）级别管辖。劳动争议案件由用人单位所在地或者劳动合同履行地的基层人民法院管辖。劳动合同履行地不明确的，由用人单位所在地的基层人民法院管辖。

（2）地域管辖。根据《最高人民法院关于审理劳动争议案件适用法律若干问题的解释》第八条，劳动争议案件由用人单位所在地人民法院管辖，或者劳动合同履行地人民法院管辖。劳动合同履行地不明确的，由用人单位所在地的基层人民法院管辖。此规定与仲裁阶段仲裁庭管辖权大致相同，但也有些出入。《仲裁调解法》第二十一条规定：劳动争议仲裁委员会负责管辖本区域内发生的劳动争议。劳动争议由合同履行地或用人单位所在地的劳动争议仲裁委员会管辖。当事人分别向劳动合同履行地和用人单位所在地的劳动争议仲裁委员会申请仲裁的，由劳动合同履行地的劳动争议仲裁委员会管辖。

（3）移送管辖与指定管辖。人民法院发现受理的案件不属于本院管辖的，应当移送有管辖权的法院，受移送的法院应当受理。受移送的法院认为受移送的案件依照规定不属于本院管辖的，应当报请上级人民法院指定管辖，不得再自行移送。下级人民法院对它所管辖的第一审民事案件，认为需要由上级人民法院审理的，可以报请上级人民法院审理。

（4）管辖权异议。管辖权异议应当在提交答辩状期间向法院提交管辖权异议书。若一方当事人向法院提交管辖权异议书，法院就不能置之不理，法院应当对是否具有管辖权进行审查，并出裁定书裁定其是否具有管辖权。当事人对一审法院的管辖权异议裁定不服的，还可以上诉。上诉期间，裁定书不发生法律效力。而在裁定书不发生法律效力之前，法院不会对案件进行实体审理。

2. 民事诉讼代理

诉讼阶段的代理分为法定代理、指定代理和委托代理三种。

（1）法定代理。无诉讼行为能力人由其监护人作为法定代理人代为诉讼。所谓诉讼行为能力，是指能够以自己的行为实现诉讼权利和履行诉讼义务的能力。成年（18周岁）正常人都具有诉讼行为能力，已满16周岁不满18周岁，但以自己的劳动收入为主要生活来源的，也具有诉讼行为能力。一般未成年人（16周岁以下以及16周岁以上18周岁以下不以自己的劳动收入为主要生活来源的未成年人）和精神病人不具有诉讼行为能力。法人或其他单位的诉讼行为能力是通过法定代表人或单位负责人实现的，法人或者单位一方需要出具法定代表人身份证明书。

（2）法院对法定代理人的指定。法定代理人之间互相推诿代理责任的，由人民法院指定其中一人代为诉讼。《调解仲裁法》规定，当事人无代理人的由仲裁庭指定代理人。这种指定是指定法定代理人以外的公民作为当事人的代理人。

（3）委托代理。委托代理是指代理人依据被代理人的委托，以被代理人名义实施民事法律行为，其法律后果直接归属于被代理人的法律制度。委托代理的形式有两种，一是书面形式；二是口头形式。经纪人进行委托代理时，应当以书面形式签订委托代理合同。在一般授权情况下，代理人可申请证人作证、收集提供证据、进行质证和辩论等程序性的诉讼权利。而具有特别授权的代理人可代为承认、放弃、变更诉讼请求，进行和解，提起上诉或反诉等处分实体权利的诉讼权利。

3. 法院立案与受理

经过劳动仲裁程序的劳动争议案件，当事人可以在法定期间内（一般为15天）向法院起诉。向人民法院起诉，书写有困难的可以口头起诉,由法庭做好笔录并告知对方当事人。一般情况下应向法院提交书面起诉状。起诉状内容包括:①当事人的姓名、性别、年龄、民族、职业、工作单位和住所,法人或者其他组织的名称、住所和法定代表人或者主要负责人的姓名、职务;②诉讼请求和所根据的事实与理由;③证据和证据来源,证人姓名和住所。此阶段原告向法院提交的证据材料只需是符合起诉条件的证据材料即可。其他证据材料,可以在立案后举证期限内向法院提交。

证据主要有以下的种类:

第一类:证明当事人主体资格的证据:①当事人为自然人的,应提交身份证或户口本、护照、港澳同胞回乡证,或由登记机关出具身份证明资料原件和复印件。②当事人为法人或其他组织的,应提交主体登记资料,如工商营业执照副本或由工商登记机关出具的企业注册基本资料或登记机构出具的主体登记证明的原件和复印件等,以及法定代表人(或负责人)身份证明书、主管部门证明等。③当事人名称变更的,应提交变更登记资料。

第二类:证明双方当事人劳动关系成立的证据,如劳动合同、劳动手册、入职证明、工资单等。如双方未签订劳动合同,还需提供证明劳动关系的起止时间。属工伤或因伤、病解除劳动合同的,还应提供伤势鉴定、医疗费单据等证据。

第三类:因用人单位作出的除名、辞退、解除劳动合同、减少劳动报酬、计算劳动者工作年限等决定而发生劳动争议的证据。

第四类:经过仲裁程序的证据,例如,劳动争议仲裁委员会的仲裁裁决书或《不予受理通知书》、劳动仲裁委员会的送达证明。

第五类:可以支持诉讼请求款额的计算清单。

起诉状格式如表10-4所示。

表 10-4 民事起诉状范本

民事起诉状

原告：（姓名、性别、年龄、民族、职业、工作单位和住所，法人或者其他组织的名称、住所和法定代表人或者主要负责人的姓名、职务。）

被告：（姓名、性别、年龄、民族、职业、工作单位和住所，法人或者其他组织的名称、住所和法定代表人或者主要负责人的姓名、职务。）

诉讼请求：1.
　　　　　2.
　　　　　3.

事实与理由：

……（正文）……

证据和证据来源，证人姓名和住所：

证据1：＊＊＊　　证据来源：＊＊＊
……

证人1：＊＊＊　　住所：＊＊＊＊＊＊
……

此致

＊＊＊＊＊＊人民法院

附：本诉状副本n份（视被告和诉讼第三人的人数而定）

起诉人：（当事人签章）

年　月　日

人民法院收到起诉状或者口头起诉，经审查，认为符合起诉条件的，应当在7日内立案，并通知当事人；认为不符合起诉条件的，应当在7日内裁定不予受理；原告对裁定不服的，可以提起上诉。

4. 审前准备阶段

法院会向原告和第三人送达《受理案件通知书》、《举证通知书》、开庭传票等，告知当事人本案适用普通或是简易程序、合议庭成员、举证注意事项，以及开庭时间、地点；向被告和第三人送达起诉状及证据副本、《应诉通知书》、《举证通知书》、开庭传票等，告知其已经被列为被告或第三人、合议庭组成人员、举证注意事项以及开庭时间、地点。被告可以在此阶段向法院提交书面答辩状。

（1）举证及举证期。人民法院根据当事人的主张和案件审理情况，确定当事人应当提供的证据及其期限。当事人在该期限内提供证据确有困难的，可以向人民法院申请延长期限，人民法院根据当事人的申请适当延长。当事人逾期提供证据的，人民法院应当责令其说明理由；拒不说明理由或者理由不成立的，人民法院根据不同情形可以不予采纳该证据，或者采纳该证据但予以训诫、罚款。

（2）提交书面答辩状。提交书面答辩状应该自收到起诉状副本之日起15日内提出答辩状。人民法院应当在收到之日起5日内将答辩状副本发送原告。同仲裁时期的答辩状一样，答辩状的书写应注意：从事实上否定原告的主张；从法律上否定原告的主张；从程序上否定原告的主张；最好提出合理合法的解决方案，并提供相应的证据予以支持。民事答辩状见表10-5。

表10-5 民事答辩状范本

民事答辩状

答辩人：（是用人单位的列明单位的全称、法定代表人或负责人姓名和职务；是劳动者的列明劳动者姓名、出生年月等基本信息。）

被答辩人：（是用人单位的列明单位的全称、法定代表人或负责人姓名和职务；是劳动者的列明劳动者姓名、出生年月等基本信息。）

申诉人_____诉我（单位）_____争议一案，答辩人针对申诉人的诉讼请求、事实及理由，提出如下答辩意见：

1. ……………………………………………
2. ……………………………………………
3. ……………………………………………

续表 10－5

附件：1. 答辩状副本 n 份； 　　　2. 有关证据 n 份共 * 页。 　　　　　　　　　　　　　答辩人签章： 　　　　　　　　　　　　　二〇　　年　　月　　日

5. 庭审阶段

劳动争议案件一般进行公开审理。涉及国家秘密和个人隐私的案件，不公开审理。涉及商业秘密经当事人申请并经人民法院同意的，也可以不公开审理。

诉讼庭审一般情况下要经历以下几个阶段：

（1）庭前准备。开庭审理前，书记员核对当事人和其他诉讼参与人是否到庭并宣布法庭纪律。如果原告未到，则可按撤诉处理；如果过被告未到，则可缺席审判。

（2）宣布法庭纪律。

（3）宣布开庭。

（4）身份核对。由法官询问，当事人回答。回答的内容主要包括姓名、出生年月、民族住所等基本信息。有代理人的，公民代理应该提交身份证并说明与被代理人的关系，律师代理应当出示授权委托书和律师事务所函，核对委托权限。

（5）权利义务告知及申请回避。开庭审理时，由审判长核对当事人，宣布案由以及审判人员、书记员名单，告知当事人有关的诉讼权利义务，询问当事人是否提出回避申请。如果当事人不申请回避，则进入下一个阶段；当事人申请回避的按相关规定处理。

（6）原告提出诉讼请求讲述事实及理由，被告予以答辩。一般情况下，原告按照起诉状的内容提出诉讼请求，而起诉状中的诉讼请求又与仲裁请求的内容一致。诉讼阶段，如果当事人在原仲裁请求之外有增加或变更请求，则面临着增加或变更的诉讼请求事项未经仲裁程序而被法院驳回的风险。书面答辩状应该在审前准备阶段提交，没有提交书面答辩状不影响案件的审理。如果被告之前有提交书面答辩状，可以按照书面答辩状进行答辩，也可以对书面答辩状进行补充；没有提交书面答辩状的，也可在此时进行口头答辩。当事人还可选择不答辩。

（7）法庭调查。法庭调查主要包括当事人陈述和质证两种形式。现实操作中，基本案情已经通过原告的起诉和被告的答辩得以体现，在当事人陈述阶段，一般由法官对还不清楚的事实向当事人发问，由当事人如实回答。对当事人的陈述，法庭应当结合本案的其他证据，审查确定能否作为认定事实的根据。当事人拒绝陈述的，不影响人民法院根据证据认定案件事实。未经质证的证据不得作为定案的依据。质证主要从证据的真实性、合法性和关联性三方面进行（真实性、合法性和关联性已经在仲裁的质证中提及）。质证顺序是：首先由原告出示证据，被告、第三人与原告进行质证；然后由被告出示证据，原告、第三人与被告进行质证；最后由第三人出示证据，原告、被告与第三人进行质证。特别需要说明的是，证人应当出庭作证，接受当事人的质询，证人在证据交换的时候出席出具证言的，也算作出庭作证。

（8）法庭辩论。经过法庭调查，法院可能会归纳争议焦点，由当事人针对案件的争议作进一步辩论。法庭辩论按照下列顺序进行：①原告及其诉讼代理人发言；②被告及其诉讼代理人答辩；③第三人及其诉讼代理人发言或者答辩；④互相辩论。法庭辩论结束后，由审判长按照原告、被告、第三人的先后顺序征询各方最后意见。

（9）法庭调解。法庭辩论后，法官询问各方当事人是否接受调解，如果各方当事人都接受调解，则可以在法庭的主持之下进行调解。若其中有一方不愿意调解，则庭审结束。

6. 法院判决

除标题、当事人及其代理人的信息以外，民事判决书主要由"原告诉称内容"、"告辩称内容"、"本院经审理查明内容"以及

"本院认为"和"判项"几大部分组成。对于当事人来讲，最重要的是判项部分。因为它是直接确定当事人之间权利义务的依据。当判项内容与判决的其他部分内容不一致的，以判项为准。当事人收到法院的判决书后可以在法定期间内（一般为15日）向原审人民法院提交上诉状。上诉后，原一审法院的判决不发生法律效力。若双方都没有在期间内上诉，则一审判决书发生法律效力，发生法律效力的时间为最后收到判决书的当事人的上诉期限届满日。一审判决书生效后，义务人应当履行义务，若不履行，权利人可以向法院申请执行。当事人不能对生效的一审判决书提起上诉，但可以视情况要求再审。

二、劳动争议案件的二审

1. 提交上诉状与上诉案的受理

（1）提交上诉状。提交上诉状的时间：提交上诉状应当在一审判决生效前，即当事人收到判决书后15日内提交。上诉的当事人应当向原审人民法院提交上诉状。上诉状内容：当事人的姓名、法人的名称及其法定代表人的姓名或者其他组织的名称及其主要负责人的姓名；原审人民法院名称、案件的编号和案由；上诉的请求和理由。在事实和理由部分，主要围绕以下三个方面进行阐述：①一审法院认定事实是否错误、是否清晰；②一审法院认定法律关系和适用法律是否错误；③一审法院的做法是否程序违法。上诉状格式见表10-6。

（2）上诉案件的受理。当事人向一审法院提交上诉状应按照对方当事人或者代表人的人数提出上诉状副本。原审人民法院收到上诉状，应当在5日内将上诉状副本送达对方当事人，对方当事人在收到之日起15日内提出答辩状。人民法院应当在收到答辩状之日起5日内将副本送达上诉人。对方当事人不提出答辩状的，不影响人民法院审理。原审人民法院收到上诉状、答辩状后，应当在5日内连同全部案卷和证据，报送第二审人民法院。

表10-6 民事上诉状范本

民事上诉状

上诉人：（是劳动者的写明劳动者姓名、出生年月等基本信息；是用人单位的，写明用人单位名称全称及其法定代表人或负责人姓名和职务。）

被上诉人：（是劳动者的写明劳动者姓名、出生年月等基本信息；是用人单位的写明用人单位名称全称及其法定代表人或负责人姓名和职务。）

上诉人因_____一案，不服_____人民法院____年___月___日（___）____字第___号____民事判决书，现提出上诉。

上诉请求：1. ……

     2. ……

     ………

上诉理由：……………………………………………………………
………………………

此致

******人民法院

附：本上诉状副本 n 份

             上诉人：

             年 月 日

2. 撤回上诉

上诉人上述后，二审判决宣告前，可向二审人民法院申请撤回上诉。是否准许，由第二审人民法院裁定。

3. 二审法院对劳动案件的审理

二审法院从事实上和法律上对一审案件进行审查，一审法院如对案件事实认定有误或者对案件法律关系认定有误或法律适用错误的，都可以予以纠正。二审时期可以提交如下新证据：一审庭审结束后新发现的证据；当事人在一审举证期限届满前申请人民法院调查取证未获准许，二审法院经审查认为应当准许并依当事人申请调取的证据；当事人经人民法院准许延期举证但因客观原因未能在准许的期限内提供，且不审理该证据可能导致裁判明显不公的，其提供的证据可视为新的证据。

4. 二审裁判

二审法院作出的裁判有三种形式：维持原判、依法改判和发回重审，其中改判包括部分改判和全部改判。维持原判和依法改判的二审判决书为终审判决，当事人不得再行提起上诉，义务人应当履行，不履行的，权利人可向法院申请执行。二审裁定发回重审的，一审法院必须另行组成合议庭对该案进行审理。当事人不服的，可以对重审判决、裁定提起上诉。

三、劳动争议案件的再审

1. 再审的基本问题

再审，是指为了保障法院裁判的公正，使已经发生法律效力但有错误的判决裁定、调解协议得以纠正而特设的再一次提起和审理的程序。

对法院已经生效的判决书、裁定书、调解书，可以提起再审。对生效的劳动仲裁裁决书和劳动仲裁调解书不能提起再审，再审后维持原判的劳动争议案件不能提起再审。

2. 再审的提起

再审的提起包括法院提起再审、检察院提起再审和当事人申请再审三种，现实操作中主要由当事人申请再审。

（1）法院提起再审。各级人民法院院长对本院已经发生法律效力的判决、裁定，发现确有错误，认为需要再审的，应当提交审判委员会讨论决定是否再审。上级人民法院对下级人民法院已经生效法律效力的判决、裁定，发现确有错误的，有权提审或指令下级人民法院再审。最高人民法院对地方人民法院已经发生法律效力的判决、裁定，发现确有错误的，有权提审或指令下级人民法院再审。

(2) 检察院启动再审。最高人民检察院对各级人民法院已经发生法律效力的判决、裁定，上级人民检察院对下级人民法院已经发生法律效力的判决、裁定，发现有《民事诉讼法》第二百条规定情形之一的，或者发现调解书损害国家利益、社会公共利益的，应当提出抗诉。地方各级人民检察院对同级人民法院已经发生法律效力的判决、裁定，发现有《民事诉讼法》第二百条规定情形之一的，或者发现调解书损害国家利益、社会公共利益的，可以向同级人民法院提出检察建议，并报上级人民检察院备案；也可以提请上级人民检察院向同级人民法院提出抗诉。

(3) 当事人申请再审。当事人对已经发生法律效力的判决、裁定，认为有错误的，可以向上一级人民法院申请再审；当事人一方人数众多或者当事人双方为公民的案件，也可以向原审人民法院申请再审。当事人申请再审的，不停止判决、裁定的执行。当事人对已经发生法律效力的调解书，提出证据证明调解违反自愿原则或者调解协议的内容违反法律的，可以申请再审。经人民法院审查属实的，应当再审。当事人可以向人民检察院申请检察建议或者抗诉，人民检察院对当事人的申请应当在3个月内进行审查，作出提出或者不予提出检察建议或者抗诉的决定。其间，当事人不得再次向人民检察院申请检察建议或者抗诉。当事人申请再审的，应当提交再审申请书等材料。人民法院应当自收到再审申请书之日起5日内将再审申请书副本发送对方当事人。对方当事人应当自收到再审申请书副本之日起15日内提交书面意见；不提交书面意见的，不影响人民法院审查。人民法院可以要求申请人和对方当事人补充有关材料，询问有关事项。

3. 再审案件的审理

人民法院按照审判监督程序再审的案件，发生法律效力的判决、裁定是由第一审法院作出的，按照第一审程序审理；发生法律效力的判决、裁定是由第二审法院作出的，按照第二审程序审理；上级人民法院按照审判监督程序提审的，按照第二审程序审理。人民法院审理再审案件，应当另行组成合议庭。人民检察院决定对人民法院的判决、裁定、调解书提出抗诉的,应当制作抗诉书。人民检察院提出抗诉的案件,人民法院再审时,应当通知人民检察院派员出席法庭。

4. 再审裁判

再审按第一审程序审理的,法院所作再审判决、裁定,当事人可以上诉,当事人不上诉的,发生法律效力;按照第二审程序审理的(包括原生效法律文书是由二审法院作出的和按照审判监督程序提审的),法院所作的判决、裁定,即为发生法律效力的判决、裁定。